中浜万次郎の生涯

［新版］

中浜明著

晩年の中浜万次郎とサイン

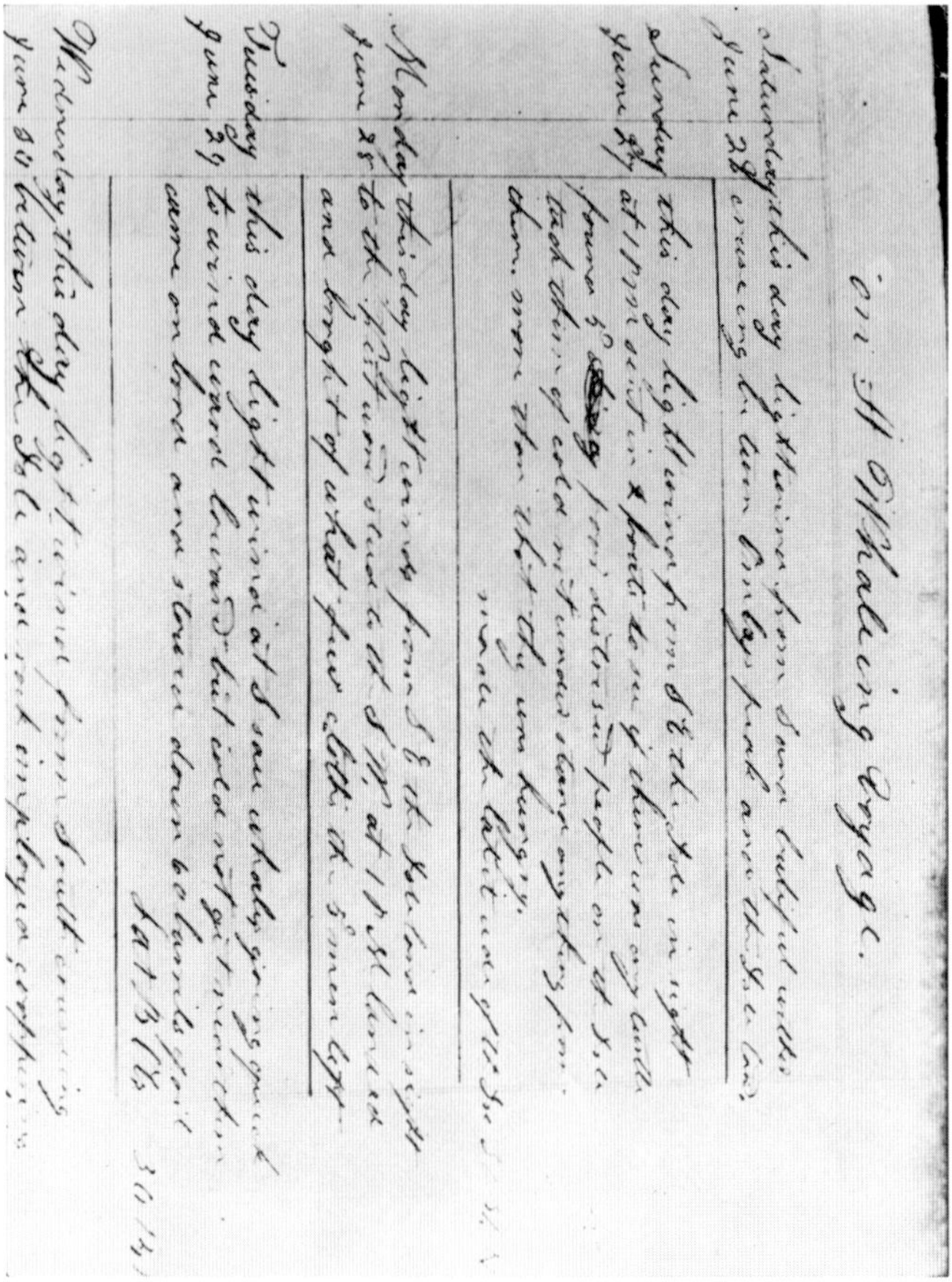

ジョン・ハウランド号の航海日誌― 1841 年 6 月 27 日付（本文 12 頁参照）

ホイットフィールド船長

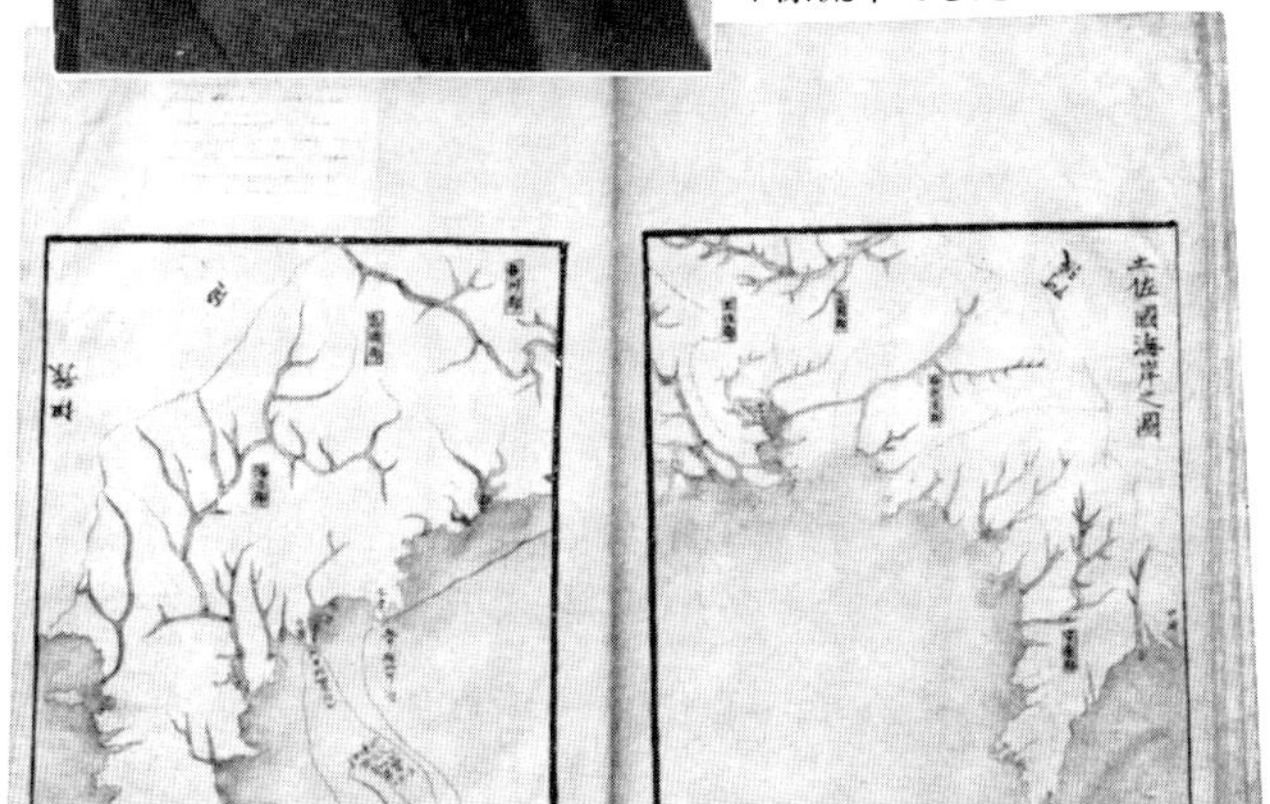

「漂流瑣談」に載っている土佐国海岸の図。海上の線は漁の航路。室戸岬沖のあたりは、もはや漂流中でした

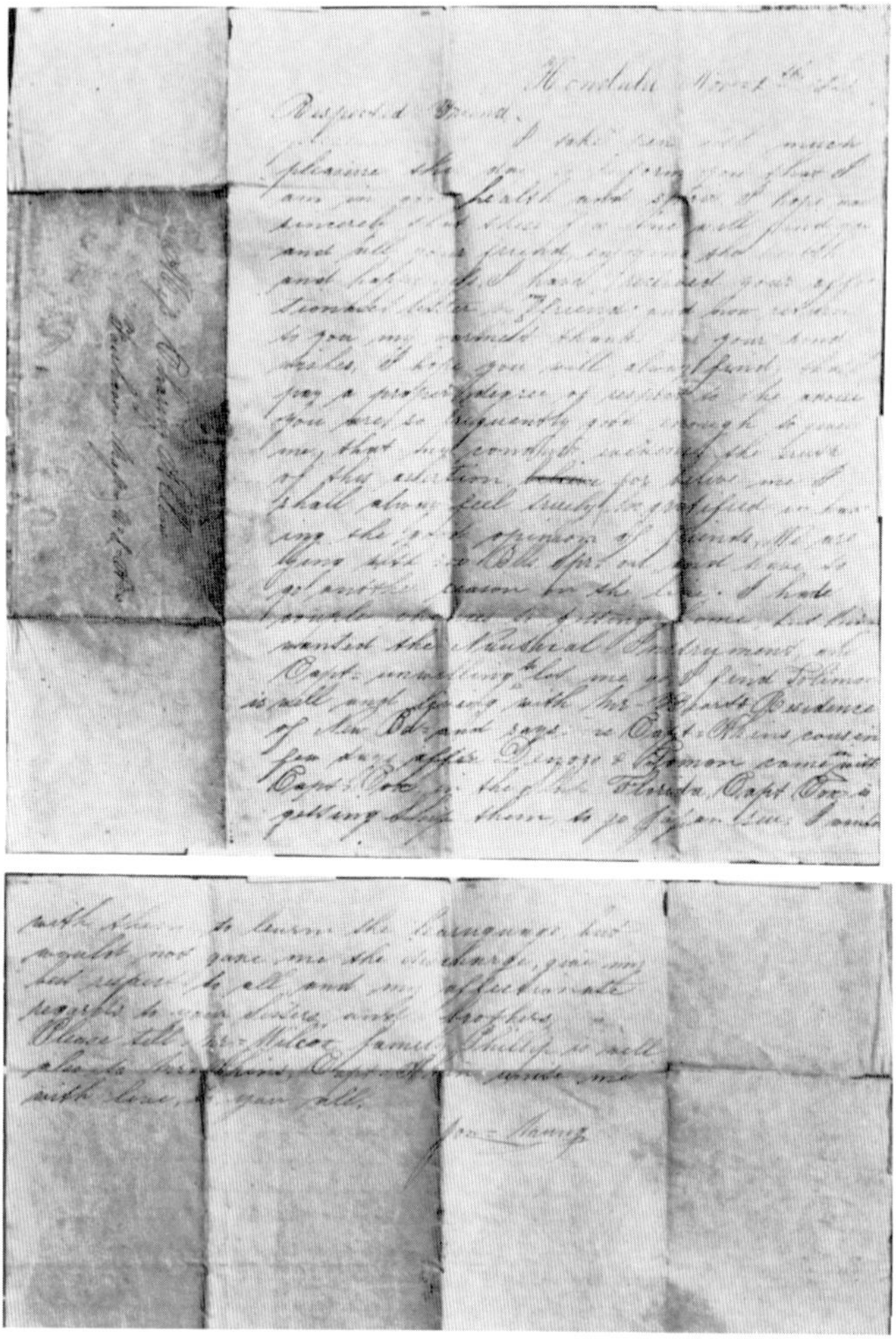

万次郎がホノルルからミス・チャリティ・アレンへ送った手紙（109頁参照）

目次

トピックス

装幀　滝口裕子

まえがき

万次郎の漂流物語は、明治以来単行本の形で出たものだけでも二十種にあまります。絵入り話といった姿で少年雑誌などにのせられたものは、数知れずといってよいでしょう。

それらの大部分が、少年冒険談、立身出世物語といった形式で評判を得て来たようです。郷土の偉人にされたり、海外発展とか、その時々の修身のお手本みたいに扱われたものもあります。

芝居では左団次の主演で、明治二十一年の春、新富座で舞台にのせられたものに始まっていくつもありますし、小説になったり、脚色されてラジオ、テレビに仕組まれたものも少なくありませんが、ゆかりの者としては、やはり史実をたいせつにしたい気持ちです。

進取の気性とかはもちろん、海外勇飛の思想など持ち合わせていなかった平凡な日本の一少年が、めぐり合わせたその時々の特異な境遇を、すなおに受けとめて、精一杯誠実に、そのくせことさらの努力とか、無理な背のびなどしないで生きて来た一生でした。

それはなんといっても、一方、国外ではアメリカ庶民の善意に育てられたものであり、他方、国内では江戸末期の進歩的な大大名とその重臣たち、革新派の幕府の高官や学者たちの庇護《ひご》によるものだったのです。

それがまた、ちょうど日本国の政治的大変革の時期にも当たったもので、彼なりの役割を自然に果たすことにもなりました。

明治期に入ると、革命のできない革命家に似た、きわめて寂しい晩年を送らざるを得ないのです。

そうした万次郎を伝えたいと思います。

このささやかな一代記が、万次郎の小さな定本といった物となって、あとは各分野の方々が専門の立場から、それぞれの解釈を展開してくだされば満足なのです。

やさしい話しことばで書きましたから、中学生の読み物にも向きましょうし、史実の骨筋は通してありますので、おとなの方々にもご覧いただくに堪えると思います。ただ、同じおとなでも、日米両国親善の掛け橋などと、うわべの体裁よいことばで、万次郎の貴重な体験を利用することを許すわけにもまいりません。このような行為のおかげで、日本人もアメリカ人も、ともに不幸なめにあってきたのです。こうしたうわべだけの繁栄の中に、どうしてほんとうの平和なんかあり得ましょう。

日本の貧しい漁師の少年と、アメリカの善意ある庶民大衆との交流そのものにこそ、両国民の、それこそ友好と善意の源が存在するのであります。

この一代記も、両国民同志が、本物の平和と幸福へ向かう小さな道付けの一つとして役立つならばこれ以上のことはありません。

この一代記では、史実の出所、出典など、いちいち示すことはしませんでした。別に万次郎関係史料の集大成といったものを公にする責も感じています。

一九七〇年一月

中浜　明

中浜万次郎の生涯

第一章　難　船

アメリカの捕鯨船《ほげいせん》ジョン・ハウランド号（The John Howland）の航海日誌の一八四一年のところに、次のようなことがしるされています。

日曜日。六月二十七日。東南の微風。島が見える。この島に海亀《うみがめ》がいるかどうか。午後一時二そうのボートを出す。島には、難儀して疲れはてた五名の人間がいるのを発見。本船に収容。飢えを訴えているほか、彼らから何事も理解することができない。

島を観測すると北緯三〇度三一分。

明治元年は一八六八年ですから、この記事は明治元年から二十七年前のことなのです。

土佐の高知の町から西南二五キロほどのところに宇佐という漁村がありました――今日では真珠養殖の基地になっています。天保十二（一八四一）年の正月五日、この浜辺から一そうの漁船が漁に出ました。乗組みは五人。いちばんの年上は筆之丞《ふでのじょう》という船頭で三十六歳。次がその弟の重助、二十三歳。そのまた弟の五右衛門《ごえもん》が十四歳。この三人兄弟のほかに二十四歳の寅右衛門《とらえもん》と、それからいちばん年下が十四歳になったばかりの万次郎。以上の五人でした。このうち万次郎だけは、この宇佐の者ではありません。同じ土佐でも、西南のはずれ――宇佐から陸路一五〇キロも離れた――足摺岬《あしずりみさき》の中ノ浜という小さい漁村の出身なのです。

この漁船は、宇佐の船主徳右衛門《とくえもん》の持ち舟で、長さ八メートルの小舟。もともとカツオとりの舟なのですが、この時はハエ縄《なわ》を用意して出かけました。白米四〇キロと味噌《みそ》その他の食料、それに炭と飲み水も積み込んでいます。

宇佐を船出したのは、前に述べた一月五日の午前十時、西南めざして海岸沿いに六〇キロほど進んで、与津岬《よつみさき》の沖、ドントと呼ばれているところに達し、ハエ縄漁に取りかかりました。ハエナワというのは、釣針《つりばり》の付いた短い糸がたくさんつりさがっている長い縄。そういった漁具なのです。

第一日には、一匹の獲物もありません。その岬のかげに錨《いかり》をおろして夜をすごしました。

次の日は朝早く、さらに西南に一五キロほど進んで佐賀浦の沖で漁を始めましたが、やはり不漁で、小さな魚一五、六尾《び》しかとれませんでした。そこから少し先の井ノ岬に近い白浜の海岸近くに錨をおろして、その日にとれた小魚を煮て晩ご飯をすませ、舟の中に寝ました。

三日目の朝は、まだ暗いうちに出帆。いよいよ足摺岬の東の沖に向かいました。このあたり一帯、海の底に一筋の大きな溝《みぞ》のような割れ目ができていて、たくさんの魚がすんでいるので、各地から漁船がたくさん集まって来るのでした。

この日も漁船は先を争って、この漁場へ向かいました。筆之丞たちも、ころ合いのところに舟をとめて、ハエ縄をおろしましたが、またたく間にたくさんのアジ（鰺）を釣り上げました。とかくするうちに午前十時ごろ、西北の風が吹き起こって、天の一方に黒い雲が現れたと見る間に、それが急に広がって太陽をおおい、風も吹きつのってきて、海のようすはものすごくなってきました。漁船は、めいめい陸地へ向かって逃げ出しました。筆之丞の舟も急いで縄を引き上げて、陸の方へ漕《こ》ぎもどるのでしたが、正午ごろになると雲も散り、風もややおさまってきて、海は静かになってきます。舟のまわりに魚の群れが、そこここに見えます。それがタイ（鯛）やサバ（鯖）だということもわかるようになりました。で、舟をとめて、またハエ縄をおろし始めたのです。ハエ縄を六桶《おけ》おろしたころ、またまた西北の風が吹き起こってきたので、一同は急いで縄を上げて引き返そうと思って、ハエ縄を三桶まで引き上げましたが、風はますます吹きつのって、波も高くなって、舟は危うい状態となってきましたので、まだ海に入れてあるハエ縄を引き上げる余裕もなく、縄を切って陸へ向かって漕ぎもどるのでした。

遠く近くで、いっしょに漁をしていた舟は、そのじぶんには、もう一そうも姿を見ることができません。風は強まり、波は高くなるばかり。小舟のことなので、木の葉のようにもてあそばれ、今にもひっくり返りそう。それに加えて日は暮れかかって、あたりはだんだん暗くなる始末。まだまだ陸地は遠く、二丁の櫓《ろ》を代わり合って、力いっぱい漕ぎ続けても大波を乗り切るのは容易なわざではありません。ちょうどまた、この時、一本の櫓の角《かく》が抜けてしまって、櫓綱《ろづな》が張れず、漕げなくなってしまいました。応急の手細工で、これはどうやら間に合わせに直すことができたのもつかの間、今度は、櫓がまん中からぽっきり折れてしまったのです。もう一丁、櫓があるのですが、こ

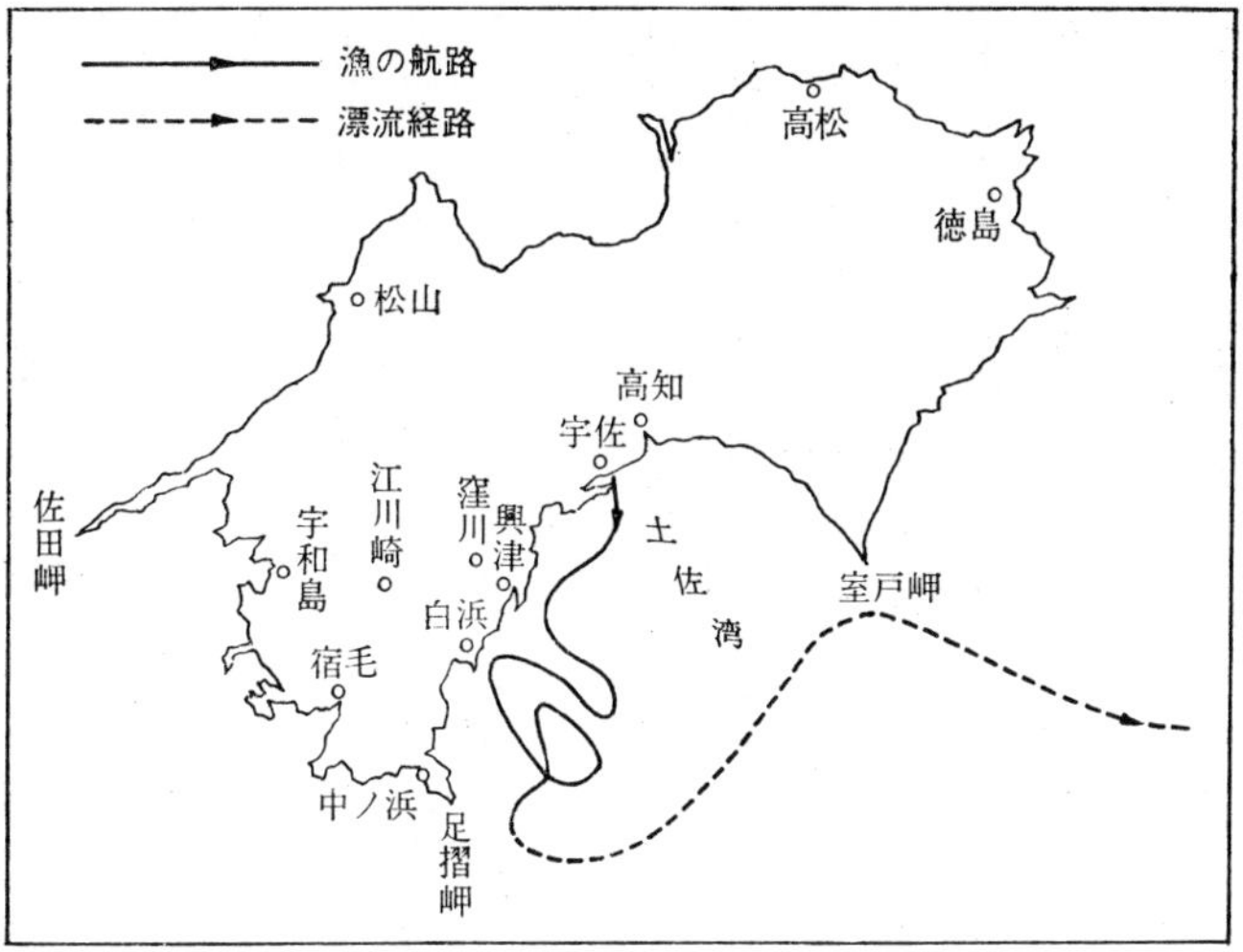

の方はまもなく大波にさらわれて流してしまいました。これではもう舟の操縦はできません。どうしてよいか方法もなかったのです。そのじぶんには、みなもうへとへとに疲れてしまいました。こんな場合になっても筆之丞は、さすがに船頭です。気を取り直して、桁《けた》を押し立てて帆を張りながら舟を陸地の方へ進めようと、いろいろ工夫してみましたが、荒海のために舟は自由を失い、それに夜はふけて、寒さは身にしみてきます。やがて雪を混じえたみぞれとなって、手足は凍ってしまいそう。ただただ夜の明けるのを待つばかり。そうしている間に、舟は激しい西北の風のために陸地の方角とは正反対の、東南へ東南へと押し流されて行くのでした。

これが出漁して第三日目のことで、難船の第一日目、正月七日のことです。

大荒れの一夜が明けた時、北の方はるかに陸地の影をみとめたので、一同はやや人心地《ここち》つきました。前夜のうちに風向きが少し変わって、舟は東北へ向かって流されて来たようです。そのあたりは室戸岬《むろとざき》の沖と思われます。その陸地にはちらほらと人家も見えてきたので、もしかすると浜の人が、この難破船を見つけて救いの舟を出してくれるのではないかと、一筋の望みを抱いて海岸をながめるのでした。このあたり一帯は鯨《くじら》のとれる場所で、山の峰のところどころに番小屋を建てて、鯨の群れが近寄って来るのを見張っているのです。これを山見《やまみ》といっていました。船頭の筆之丞は、こういうことをよく知っていました。しかし、今日はあまりの大シケなので、番小屋には詰めている人もいなかったのでしょう。助けの舟も、とうとう出て来てはくれません。こうしている間に室戸岬と考えられるこの陸地からもぐんぐん離れて、舟はまたまた東南へ東南へと押し流されて行きます。やがて、低くたれこめた雲の間に、また別の陸地らしいものが遠く望めるようになりました。紀州の山々にちがいありません。そのころから舟の進む方角が少し南へかかったようで、今度は沖へ沖へと流されるのでした。この日も時々、吹雪《ふぶき》に見舞われ、寒さはきびしく、手足の働きも自由がききません。なにしろ櫓をなくしてしまった舟は、風と波のなすままに、吹き流され、吹き流されるほかありませんでした。

難船の第二日目は、こうして日も暮れ、夜に入ると、今度は雨が降り出し、そして風は北の方に転じてきました。第三日、第四日も同じような天候。たいせつにしておいた飲み水のタンクには、舟に打ち込んで来た海水が混じってしまいましたし、薪《たきぎ》も使い尽くしたので、舟の中の板を燃やして、これまた残り少なくなったお米で、お粥《かゆ》をつくって、釣ってあった魚に火を加えて、どうやら飢えをしのぎながら苫《とま》をかぶって、その下に五人いっしょに、かたまって寒さをしのいでいました。

この第四日目の朝、風はいったん東北に変わりましたが、雨となり、雪も混じって、寒くて寒くてやりきれず、日暮れのころになると、風はまた西に変わったので、舟はまたまた東へ東へと流され続けるのでした。

この時です。目の前に一筋の早瀬《はやせ》が現れました。西西北から東東南へ向かって、矢のようにといってよいくらいの急流となっているのでした。話に聞いていた黒潮というのはこれだったのか、とおたがいに話し合う間に、舟は早くも、この潮の流れの中に吸い込まれて、潮流のままに東南へ向かって流され続けて行きました。

トピックス

女性の漂流物語

お染《そめ》さんの漂流

江戸、柳橋の芸者お染さんは、世の中がいやになって安政六（一八五九）年の三月、浦賀から船で関西へお寺巡りの旅に出かけましたが、遠州灘で大シケにあって東へ漂流すること六十日。船員も乗客もみんな水死、餓死してしまった中で、お染さん一人だけアメリカの商船に助けられてハワイ王国のホノルルに上陸しました。その時二十八歳。アメリカの宣教師ジャンセーに教育され、柳橋時代は大酒のみだったのが、すっかり変わって聖書にも親しみ、後にサンフランシスコへ渡って、土地のお金持ちのところで家庭教師になって浄《きよ》い生涯を終えています。お染さんの漂流は、万次郎の漂流（一八四一年）よりも十八年も後のことでした。

お春さんの漂流

鹿児島の漁師の娘、お春さんは漂流してアメリカに帰化し、ミス・ハルマルといっていましたが、後、日本へ帰って来て、外国奉行の小栗上野介忠順の保護を受け、幕府の通訳の仕事もしています。

第二章　無人島の生活

筆之丞たちの舟は黒潮に乗って東南の方角へ流され続けていました。もちろん陸地などは見えません。ただ水と空だけ。そのうちに雨や雪はやんできましたが、風は相変わらず激しいのです。黒潮に乗ってから三日たった昼のころ――難船して六日目――海上はるかなところに鳥が群れ飛んでいるのが目に入りました。近くに島でもあるにちがいない。五人の漂流者は少し希望が持てるようになり、いっそう目をこらして水平線をながめていましたが、島の影などとらえることもできずに、その日も空《むな》しく暮れていきます。

翌日――正月十三日――難船して七日目のことです。そのじぶんには用意してきたお米も食べ尽くし、塩気の入った飲み水もなくなり、早くに釣っておいた魚も、もう残ってはいません。飢えとともに喉《のど》の渇《かわ》きはひどく、気が変になりそう。たくさんの海鳥が、この日も海の上を群れをなして舞っていました。

ちょうど昼ごろ、はるか東南の水平線、行く手にあたって一点の黒い影を認めたのです。島かも知れない。それが次に、島に近づいていると感じて、一同にわかに元気づいてきました。桁《けた》を立てて帆の残り布を、これに張ったりして、その黒い点に向かって走っていましたが、島であるのにまちがいなく、だんだんと、それがはっきりしてきました。西北から東南へ向かって、急流のような黒潮に乗ったまま進んでいるのです。おまけに強い西風が船端《ふなばた》に当たって、舟はひっくり返りそうな目に何度もあいました。いよいよその島に近づくと、潮の流れぐあいが急に変わったかと思うと、舟は潮の流れから投げ出されていたのに一同は気がつきました。

その日の暮れ方には、島の北岸、岩の切り立ったあたりに接近していました。これに勢いを得て、前に折れてしまった櫓を縄で結んで舟につけて、島の沖合いを不器用に漕《こ》いで、舟の着けるような場所をさがしました。島の一方に、少し平らなところのあるのを見つけたのですが、そのころには、もう暗くなってきたので、だいたい上陸できそうな箇所を決めただけで、その夜は舟の中で明かすことにして、磯《いそ》から二〇〇メートルほどのところに初めて錨《いかり》をおろしました。

鳥　島

一夜が明けます。五人は力を合わせて舟を岸に着けようとしましたが、なにぶんにも岩ばかりの海岸で、それに波が高く、どうにもしようがありません。しまいにみな、気がぬけて腰がくだけてしまいました。

その時、万次郎はどう思ったのか、船中に取り残されてあった釣道具を取り上げて、食べられずに放ってあった魚を餌《えさ》にして釣糸をたれました。じきにアカバという磯魚が何匹か釣り上げられましたので、みんな大喜び。この魚をむさぼり食べて、どうやらおなかもできました。少しばかり元気を取りもどすこともできたので、この勢いに上陸しようと、おたがいに励まし合って、錨綱《いかりつな》を切り、舟板を櫂《かい》にして舟を磯に漕ぎ寄せ、まっ先に寅右衛門《とらえもん》。次に五右衛門《ごえもん》。それに続いて万次郎の三人が海に飛び込み、波と岩の間をたくみに泳ぎぬけて、この三人はどうやら岸に泳ぎ着きました。

まだ舟にいた筆之丞《ふでのじょう》と重助の二人は、これに続いて海に飛び込もうとしたその瞬間です。舟は寄せて来た大波のためにがっぷり転覆《てんぷく》。舟の下になった二人の姿は見えなくなってしまいました。最初の三人は岸辺から息の止まる思いでこれをながめていましたが、次にまた押し寄せて来た大波のため、一度転覆した舟は起き直りましたので、二人は舟底を離れ、やっと岸辺の岩に泳ぎ着くのです。岸から見ていた三人は走り寄って、この二人を岸の上に引き上げます。こうして、やっと上陸できた五人は、舟の方を振り返って見ますと、次に寄せて来たものすごい大波に乗せられた舟は、一度高く空へ上がると見る間に、波はくだけ落ち、舟は磯の岩に、ひどくたたきつけられて木っ端《こば》みじん。

あとは、木の切れが波間に漂《ただよ》うだけ。岩の上にかじりついていた五人は、ただただ肝《きも》を冷やすばかりです。

こうして五人は、とにかく命だけは取りとめることができました。これが正月十四日のこと。かえりみると、正月五日に宇佐を出帆してから十日目。正月七日にシケが始まってから八日目のことです。

船頭筆之丞のすぐの弟の重助は、舟が転覆した時に足を痛めたとみえ、岸に泳ぎ着いてから急に激しい痛みを覚え、岩の上にうつ伏《ぶ》したきりなのです。他の四人は力を合わせて介抱《かいほう》していましたが、しばらくするうちに重助の脚の痛みも、一時うすらいできたようなので、ともかく岩の上から抱きおろして、岩かげの、いくらか砂のあるところに移して寝かせます。

ここは、どこの何という島なのかわかりません。何はともあれ、まず、何か食べる物を、と四人は手わけしてさがしに出かけます。

方々さがしているうちに、大きな岩の上のくぼみに雨水がたまっているのを見つけたではありませんか。喉《のど》が渇《かわ》いてひりひりしているので、みんなこの水をむさぼり飲んだものです。ひとり海岸に残されている重助のところへも、この水を運んで行って飲ませました。それから、この島の西側を南の方へ岩づたいに進んで行ってみますと――それは、この島のちょうど西南部になるのですが――一つの洞穴《ほらあな》を見つけました。入口が狭いので、這《は》って行くと、中は広くて畳《たたみ》にして一四、五枚は敷《し》かれましょうか。天井の高いところは三メートル近くあります。まことにありがたい天然の岩屋です。急いでもとの海辺にもどって来て、舟板の破片や道具の残っていたものなど、岸辺に打ち上げられていた何もかも拾い集めて、この岩屋へ運びます。重助も、この洞穴の中へ静かに移されます。

その夜は、一同は十日ぶりで、揺《ゆ》れることのない陸地の上に身を横たえることができました。が、南の海とはいっても正月のこと、夜がふけるとともに寒さは身にしみて、我慢《がまん》できません。それに大きな失敗をしてしまいました。というのは、火打石を舟の中に残してきたのです。その舟もきれいさっぱり、今は形をとどめていません。火を作る手段もないのです。おたがい身をすり寄せて夜の寒さを凌《しの》ぐよりほかないのでした。

こうして島で第一夜を明かした一同は、夜の明けるのを待って岩屋を出て、まず食べ物さがしに出かけます。そして島の中を探検し始めるのです。これは、日のたつにつれて、だんだんわかってきたことなのですが、この島は直径二キロ半ほどあって、だいたいまるい形をしています。岩と火山灰でできていて、島の中央から少し東寄りに高い山があります。大きな樹木はなく、二メートル足らずの低い灌木《かんぼく》がところどころに生えているにすぎません。それから岩の間に、茅《かや》、篠《しの》、ぐみ、桑《くわ》などがまばらに生えているくらいのもの。茅の芽は食べられました。一方、海の方では海藻や貝の類が食料となりました。

島の片すみに数知れない海鳥が群れをなしてすんでいる箇所があります。この鳥は、土佐の海辺にもまれに飛んで来ることがあるので、みな知っていました。藤九郎《とうくろう》とも、アホウドリともいわれているものです。羽根を広げると、その幅二メートルにもなる大型の白い鳥で、人を見てもこわがらず、人が近づいても逃げようとしません。体が重いせいか、一般の鳥のような飛び立ち方はできないで、飛び立つ時には崖《がけ》の高いところまで登って行って、急な斜面を滑《すべ》り落ちるようにかけ降りながら羽根を広げて浮揚力《ふようりょく》をつけ、ヤッと空中に飛び上がるのでした。つかまえるのはわけありません。鳥を料理する道具は舟板についていた釘《くぎ》の先で肉を切って、生《なま》のままで食べたり、残った肉は岩の上にならべて、天日にさらして乾《ほ》し肉として貯《たくわ》えたりもしました。いちばん欠乏を感じたのは飲み水でした。最初、岩のくぼみに発見したたまり水も、まもなく汲《く》み尽くしてしまいました。幸いなことに今度は岩山の高いところで、少しばかりの清水が点々と滴《したた》り落ちているのを発見しました。砂浜に打ち上げられていた一つの桶《おけ》を拾って来て、これをあてがって、この清水をためて、毎日の飲み水にしました。雨水もためておきたいのですが、どうしたものか晴天続きで、雨はいっこうに降ってきません。飲み水はやはり足りないのです。そこで一同、相談して、アホウドリを食べたあとは貝がら一杯だけの水を飲むこと。海藻を食べる時は、よくこすって塩気を十分に取りのぞいてから口に入れること。五人の間でそういう取り決めもできました。

こうして飲み水の倹約をしていましたが、岩間から滴る清水も、そのうちに止まってしまって一滴も出ないようになってしまいました。いちばん困ったことです。それから、怪我《けが》をした重助はというと、やはり歩くことができないで岩屋の中に横になったきり。おりおり激しい痛みを訴えます。他の四人は、この負傷者にできるだけの手を尽くして、食べ物、飲み物にしても特別のはからいを

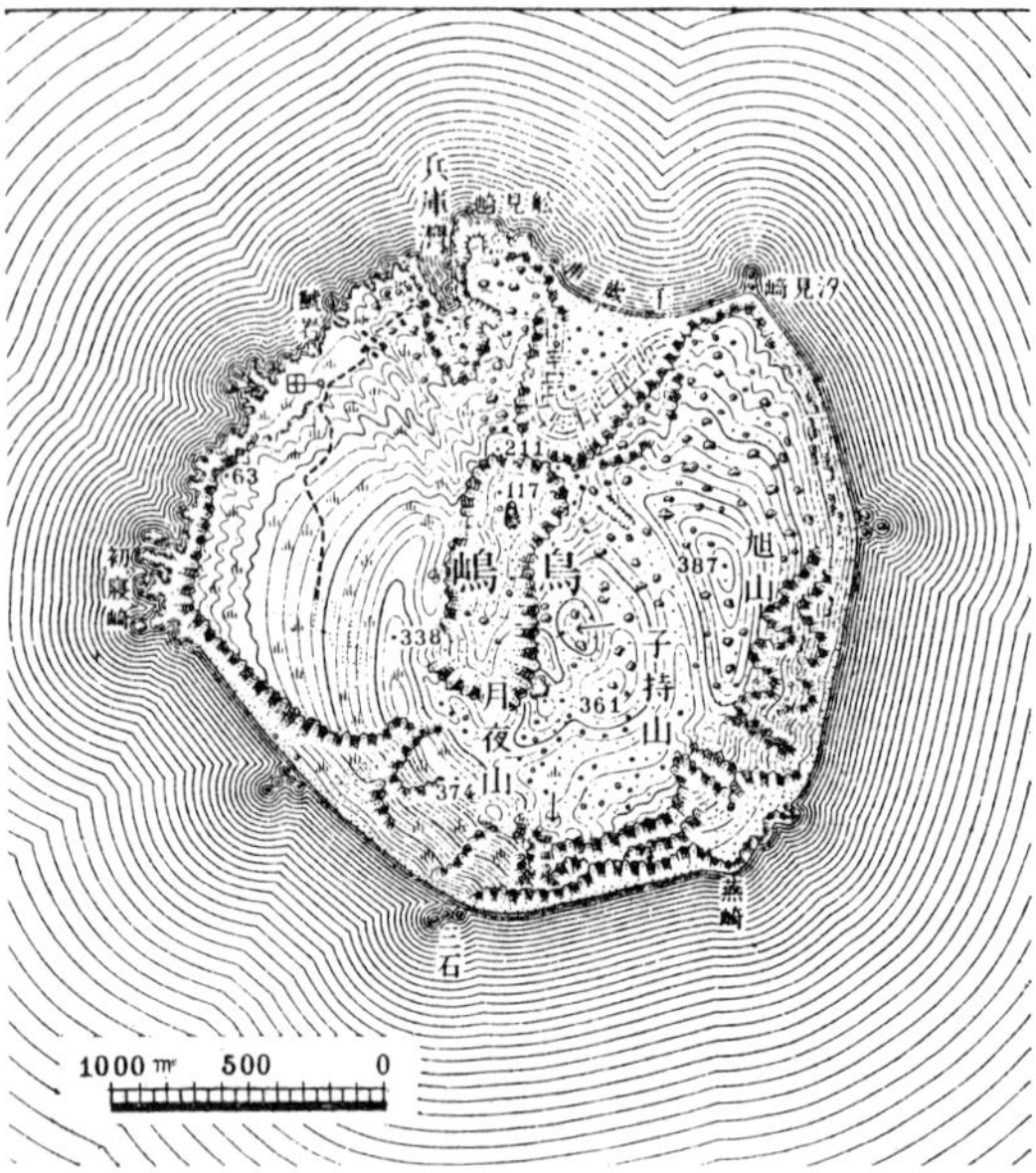

大正２年陸地測量部測図の５万分の１地形図
万次郎たちの住んでいた洞窟は島の西南のあたり

してきました。が、今や、飲み水が欠乏したとなると大変なことです。

　ある日、筆之丞は万次郎を連れて岩屋を出て、水と食べ物とをさがしに、今度は険《けわ》しい裏山の方へよじ登って行きました。途中、小高い丘のところに小さな平地があって、そのすみに石を楕円形《だえんけい》に積み上げて、その上に高さ七、八〇センチばかりの石を立てた石碑のような物があります。碑の面には文字らしいものも刻んであるらしいのですが、苔《こけ》むしていて読めません。そのそばに、小さな塚のような物が二つあります。また少し離れたところに深い穴があって、これは井戸のよう。底に色のついた水が少しばかりたまっているのでした。

　これらはみな、人間が作った物であるのは確かです。いつの昔か、難破船の生き残った乗組員がしたものでしょう。そして救われることなしに、ひとりずつ死んでいった跡にちがいありません。筆之丞と万次郎とは、うなずき合って、これも他人事《ひとごと》とは思えず、しばらくはその場を立ち去ることもできないでいました。

四月も末のころでした。この島に地震が起こります。その日、朝から何回となく地揺《じゆ》れがありました。が、さほど強いものでもなかったのです。それが一日中続いて、夜になってもなおやみません。それどころか、今度は地の底に鳴動が始まって、地震もだんだん強さを増してきました。しまいに、とうとうものすごい激しい地震となって、洞窟《どうくつ》の入口には岩石が崩れ落ちて来て、しまいには狭い出入口もふさがれるありさま。一同、ただただ、恐れおののくばかり。

この地震も夜の明けるころにはどうやらおさまりました。おそるおそる這《は》い出して岩屋の入口を調べてみますと、落ちて来た岩石が重なり合って狭い入口をふさいで、人が這って出るすきまもないほどになっていました。あれだけの激しい地震に、よくまあひとりも怪我をすることもなくすんだものだと不思議な思い。みんなして力を合わせて岩石を取り除きにかかり、昼までにはどうやら、人が這って通れるだけにかたづけることができました。

やがて春も半《なか》ばを過ぎて、気候は快くなってきましたが、それと同時に、ここにまた困ったことがひとつ起こってきました。困ったことどころではなく、命にもかかわる大問題なのです。というのは、この無人島に住むようになって以来、唯一《ゆいいつ》の友だちであると同時に、貴重な食料でもあったアホウドリですが、このアホウドリがだんだん島から飛んで行ってしまうようになりました。秋に大群をなしてこの島に集まって来ると、やがて卵を産んで、それがかえって、ひよこも成長して翼《つばさ》が強くなるじぶんは、親鳥は子鳥を連れて、しだいにこの島を去って行くのですが、それが四月から五月のことで、一同はたちまち食料に行きづまってしまいます。

一方、重助の傷は、まだまだ治りません。昼も夜も洞窟の中に横になったきり。その兄の船頭の筆之丞も、このころになると元気がなく、何か少し衰弱して、以前とは見ちがえるほどにやつれてきました。食料さがしにも出歩くことをしないで、洞窟の中にいて、弟の重助の身のまわりの世話をするくらいがせいぜいでした。

他の三人だけが毎日、磯辺へ下りて行って、海藻や貝の類をさがし求めて来ては、五人ようやっと命をつないでいる有様だったのです。

こうした間にも、万次郎は、はしこい性質《たち》で、いつも他の二人よりも多くの獲物を持って帰って来るのです。ところが万次郎は、いちばん年下だもので、他の者たちはこの少年をあなどって、馬鹿にしたことばを言ったり動作をしたり、いじわるをしたものです。万次郎はしまいに、とうとう怒ってしまって、とって来た獲物を分配することをしないようになりました。これには、みなすっかりまいってしまいます。そして自分たちの悪かったことを悟《さと》ってあやまったもので、万次郎もどうやら機嫌《きげん》をなおして、前のように獲物の分配をするようになりました。

自分が苦労してとって来た物を、不当なことをする者に分配しないのですからストライキともちがいます。何というのでしょうか。

トピックス

東洋のロビンソン

大正年間に出版された万次郎漂流記の単行本の一つに「東洋のロビンソン—中浜万次郎漂流奇談」というのがあります。

イギリスの小説家ダニエル・デフォー(Daniel Defoe, 1660-1731)の書いたロビンソン・クルーソー(Robinson Crusoe)の物語は、新社会の建設を目ざしたもので、理想郷(ユートピア)の一種として書かれたものです。

万次郎たち五人の無人島の暮らしというものは、百四十三日間の命をつないでいくのにやっとというところで、事柄の本質はロビンソンとは似ても似つかないものでした。

東洋的飢餓という意味の東洋ならば、当たっているかも知れませんが、まったく異質のものです。

トピックス

映画の「白鯨」

ワーナー・ブラザースのジョン・ヒューストン・プロダクションで一九五六年に"Moby Dick"という映画を製作しています。日本では「白鯨」という名で上映されました。白鯨に片足を喰い取られたキャプテンエーハブ（Caputain Ahabu）をグレゴリー・ペック（Gregory Peck）が主演していますが、この映画は時代風俗の綿密な考証をしていて、一八四〇年代の定型の捕鯨船の姿や、船内の生活ぶり、洋上における捕鯨の実況から捕鯨根拠地ニューベッドフォードの風物までくわしく現しています。

このキャプテンエーハブは、敵《かたき》の白鯨を追って世界の海洋をさがし回ったあげく、ボルネオ海から日本近海へ近づいたところで、やっとめぐり合って敵討《かたきう》ちを果たすのですが、その際、自分の打った銛《もり》の綱にからまれたうえ、断末魔《だんまつま》の白鯨に逆襲《ぎゃくしゅう》されて船も人も全部、海に沈んでしまうというのです。小説の原作者ハーマン・メルビル（Harman Melville）は、貨物船の水夫となって航海中に逃げ出して、孤島の生活を送った経歴もあります。そして一八四四年からボストンに住みついて、その次の年、二十七歳でこの小説を書いて、ここニューイングランドを郷里としているホーソン（Hawthorne, Nathaniel）にこれを捧《ささ》げています。ボストンとフェアヘーブンの間は陸路七〇キロほど、船便はいうまでもなく、汽車もその時分には盛んに通っていたのでした。

第三章　ジョン・ハウランド号に救われる

磯辺から拾い集めてくる海藻や貝といっても、ごくわずかなもので、五人のおなかを満たすことなどは、とうていできませんし、その上、雨が少ないもので、岩間から滴《したた》っている清水も日ごとに細くなっていくのですから、一同の栄養はいよいよ悪くなるばかり。おなかのへるのと喉《のど》の渇《かわ》きとは、我慢《がまん》できないまでになりました。去るお正月、漁に出るじぶん着てきた着物も、幾十日とたつにつれてだんだん破れてもきて、着物とは名ばかりのボロを身にまとっているだけ。みなの髪はぼうぼう。おとなのひげも伸びほうだい。そして洞窟の生活。この不毛の孤島で、このまま、やがて死んでしまうのかと思うと心も暗くなるばかりです。

それにしても、見渡す限り何一つ見えない、この離れ小島の近くを船が通るということは、なかったのでしょうか。

あるにはあったのです。三月のころでした。三〇キロ―あるいは四〇キロもあったでしょうか―沖合いはるかに、船にちがいないと思われる小さな黒い影を見つけたこともありました。その黒い点は、やがて消えてしまいました。それきり、船らしい姿を認めることはできませんでした。

ところが、六月の新月からいくらもたたないころでした―当時の日本人は、月の満ち欠けをもとにした太陰暦を使っていましたから、カレンダーのない絶海の孤島にいても、月さえ注意して見ていれば、月の順番も、日にちもわかったものです―ある朝、万次郎は早く目をさまして、ひとりで磯を歩いていましたら、はるか東南の水平線に、いつもはない黒い点があるのに気がついたので、急いで走って帰って寅右衛門と五右衛門に知らせ、二人を連れて磯に引き返して来ました。三人、ひとみをこらしてはるかの水平線をながめますと、その黒点は右の方へ動きながらも、だんだんその形が大きくなるらしく、こちらへ近づいて来るようすなので、なお目を離さないでながめているうちに、船らしい形もわかってくるようになりました。それから帆柱にたくさんの白い帆が張ってあるのも、はっきりわかるようになりました。三人が小躍《こおど》りして喜びます。船の方へ向かって何か合図をしなくては、と話し合っているうちに、船は島の南方を横切って、西へ西へと走って行ってしまうのです。三人はがっかりして、ただぼんやりと沖を見ているだけでした。

ところが、その同じ日の午後になって、船は再び島に近づいて来ました。島からだいぶ隔《へだ》たった沖合いで止まります。そして小舟二そうをおろします。両方の小舟には各二張りの帆を上げて島の方へ向かって来るのでした。

The Whaling Ship John Howland, Which Figured in the Rescue of Nakahama
While Commanded by Captain Whitfield.

捕鯨船ジョン・ハウランド号

この時、磯辺で貝を拾っていた万次郎は、今度も目ざとくこれを見つけて、大声で寅右衛門と五右衛門の二人を呼びました。三人とも有頂天《うちょうてん》。五右衛門は折れた棒の先に自分の破れた着物をくくりつけて、小舟に向かってそれを振って、声を限りに助けを求めます。小舟の上でも、やがて気がついたとみえて、帽子を振っているらしいのです。三人は、これに力を得て小舟の近づくのを待っていましたが、この小舟には人が六人ずつ乗っていて、これまでに見たこともないような、変わった筒袖《つつそで》の服を着ている異人だったのです。その中には墨《すみ》を塗ったようなまっ黒な大男も一人混じっていました。

二そうの小舟はほどなく磯に近づいて来たものの、切り立った岩ばかりの海岸で、これに波が打ちつけているのですから、舟を寄せつけるわけにいきません。小舟からは何か叫《さけ》んでいるようですが、聞き取れません。小舟の人は何か仕草《しぐさ》をしているようです。泳いで来いというジェスチャーらしく、どうやらそういう意味に取れました。が、小舟の中の異様な人間たちを見ると、急におじけがついて、みんなしりごみしてしまいます。この時、万次郎はどう思ったのか、自分のボロ着物をぬいで腰に巻きつけたかと思うと、岩と小石の断崖四〇メートルばかりをひと滑《すべ》りに滑り降りて、ざんぶと海へ飛び込み、抜き手を切って小舟へ向かって泳ぐのです。これを見ていた二人も、続いて海へ飛び込んで小舟へ泳ぎ着いて、無事、小舟に引き上げられました。万次郎と五右衛門は一そうの方へ。寅右衛門は黒人の乗っている方の小舟に上がったのでした。そして筆之丞と怪我をして動けない重助とが、まだ洞穴にいるのを忘れない三人は、洞窟の方を指さして、まだ島に仲間が残っているのをおしえようと手真似《てまね》で一生懸命示します。どうやらそれが通じたらしく、寅右衛門の乗っている方の小舟は磯の近くへ漕《こ》ぎ寄せ、やがて黒人と、もう一人の異人が海を泳いで磯へ上がりました。

一方、岩屋の中では、筆之丞が重助のわきに座って、貝取りに出かけた三人の帰りを待っているのでしたが、入口に人気がして、見ると異様な大男が立ちはだかっているのです。肝《きも》をつぶし、後ずさりするのを、異人は腕をのばして筆之丞の肩をつかんで、何かしきりに話しかけるのですが、言うことがちっともわかりません。ふるえているばかり。他の一人の異人はこれを見て、今度は手真似で三人の者が小舟に乗っていることを告げたもので、筆之丞もどうやらそのわけがわかって、いくらか気も落ち着いてきます。二人は異人に助けられながら、這って洞窟を出て、磯まで行きますと、万次郎と五右衛門を乗せた方の小舟は本船をさして、もう漕ぎ進んで行くところ。そして寅右衛門は別の小舟の中にいるのが見えて、二人はいっそう安心。四人とも海を泳いで小舟に取りすがることができて、手をかしてもらって重助も無事小舟に引き上げられました。負傷して寝た切りでいた重助も、この時ばかりは、小舟までちゃんと泳いで行けたのでした。

二そうの小舟は前後して沖合いに止まっている親船にもどり、一同は本船の上の人となります。漂流してから五ヵ月ぶりのこと。これが天保十二年五月九日。太陽暦では一八四一年六月二十七日の日曜日であるのは、最初の掲げた航海日誌の示す通りであります。

天保十二年正月十四日に無人島に上陸して、五月九日に捕鯨船に救われたのですから、この間が四ヵ月のようですが、天保十二年には二月のほかに閏《うるう》二月というのがおまけにあるので、五ヵ月となるのです。

太陽暦でいいますと、一八四一年二月五日に無人島に上陸。六月二十七日救助。で、無人島の生活は百四十三日となります。

万次郎たちも、いよいよ日本の島を離れることになるのですから、もう天保はやめにして、これから太陽暦を使うことにしましょう。

万次郎は文政十（一八二七）年一月一日生まれですから、海の遭難に続いて無人島の生活が始まったのは、十四歳になったばかり。今日でいうと、中学二年生の三学期にあたるのです。

万次郎の生まれたのは文政十年とだけで、生まれた月日については今日まで世間に知られていませんでした。昔の、それに田舎《いなか》のことですし、子どもの誕生日は祝ったにちがいありませんが、お正月の行事と重なったもので、誕生日が薄らいだせいではないかと想像されます。

本人は生前、家族に正月の元日生まれだと常々言っていました。万次郎死去のおり、長男東一郎が認めた、役所へ届け出る診断書の写しを見ても、一月一日生まれとなっています。明治になって戸籍法ができた時、やはり一月一日生まれと届け出たからです。

それにしても、五人の漂流者が百四十三日の間生きていたこの絶海の孤島は、どこの何という島でしょう。アホウドリが群れていて、子を孵《かえ》している島。切り立った断崖と岩ばかりの磯で舟の寄り着ける砂浜もない島。そして激しい地震もありました。

東京港から真南五七〇キロの海洋のまっただ中に、一つそそり立つ火山島。今日、気象庁の気象観測所が残されている鳥島だったのです。

ジョン・ハウランド号の航海日誌には、この島のありかを北緯三〇度三一分とだけしかしるしていません。経度は書いていませんが、救助の四日前の六月二十三日の船のありかは、北緯二九度三一分、東経一四〇度三一分としるされています。

鳥島のいちばん高いところ、旭山の頂上（三八七メートル）は北緯三〇度二八分五七秒、東経一四〇度一九分二三秒です。ジョン・ハウランド号の測量は北緯三〇度三一分でしたから、その差は二分三秒──三七八八・四メートル──に当たり、四キロに足りません。今日、地図の上で付近の海上をさがしてみても、他に島らしいものといったら、いちばん近いので、鳥島の南八〇キロほどのところにソオフ岩、北北西一〇〇キロあまりのところに須美寿《すみす》島というのがあるきりですから、やはり鳥島としか考えられません。

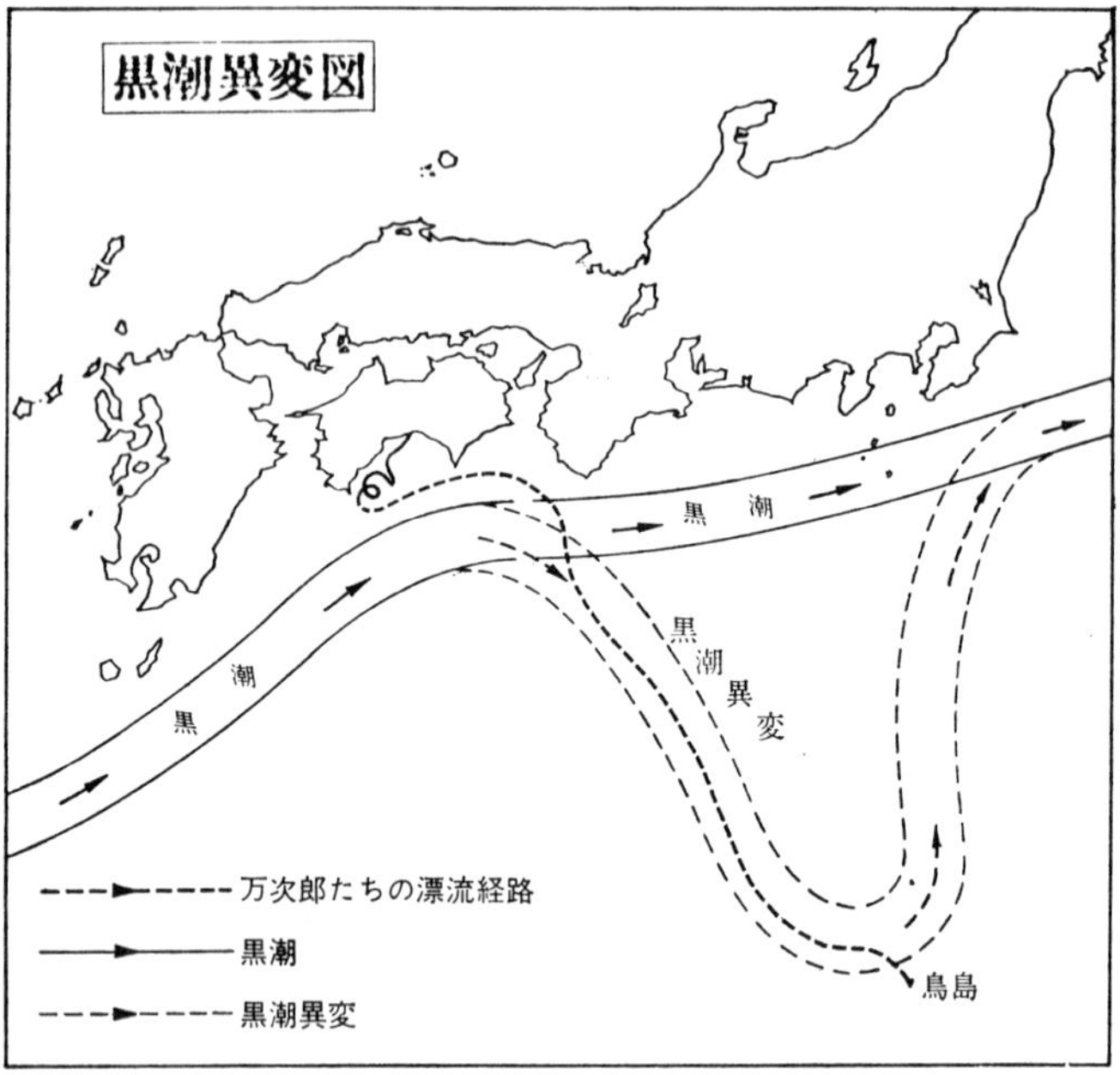

鳥島は東京港から五七〇キロのところにありますが、土佐の足摺岬からは直線距離七八〇キロほどです。漂流を始めてから、室戸岬の沖や紀州半島にも近づいたり、激しい風と波にもてあそばれて多くの曲線も画いていますので、漂流経路は一〇〇〇キロに近かったのではないかと思われます。

黒潮異変

黒潮は、日本列島の南岸沿いに東へ向かって進行しているのですが、たまに紀州半島の沖から急に東南へカーブを画くことがあります。この場合は、北緯三〇度あたりまで南下して、それから再び東北へ向かってカーブして、八丈島のあたりを通って房総半島に近づくのです。これは黒潮異変と呼ばれている現象ですが、最近では一九六三（昭和三十八）年の一月にも、一九六八（昭和四十三）年の四月にも、さらに一九六九（昭和四十四）年五月にもこの異変が見られました。この黒潮異変を起こす原因は、紀州沖、遠州灘沖に冷水の大きな塊《かたまり》、その直径二〇〇キロ前後のものが発生するため、黒潮がその外側を大きく回るのです。もともと冷水の塊というのは、冷たい海底の水が海面に浮き上がってできる現象なのですが、どうしてそれができるかについてはまだわかっていません。とにかく、この冷水塊《れいすいかい》のため、暖かい海にすむ魚類に被害も起こり、付近一帯、みぞれも降るような寒さにもおそわれるのです。

万次郎たちの漁船も、天保十二（一八四一）年一月の、この異変した黒潮に乗せられて南下して、鳥島の近くで黒潮が急に東北へ向かってカーブする際に、これから脱出したものと考えられます。

親船に上がると、みすぼらしい五人の漂流民にまず少量の水が与えられました。次に褐色の飲み物—なにやら食物の小片の混じっている、これまでに口にしたことのないような、うまい吸い物—が供され、それから筒袖《つつそで》の衣服に着替えさせられ、寝床も与えられました。最初、船室の中に湯気の立ったサツマイモを大皿に盛って届けて来た者がいましたが、これはたちまち船長にしりぞけられてしまって、五人はがっかりします。

翌六月二十八日の朝になりました。船は錨を入れたまま昨日と同じところに停泊しています。ボート一そうが本船から下ろされ、船長はいちばん年の若い万次郎に、これに乗るように命じます。なにぶんにも話の意味が通じないのでわけがわかりません。もとの無人島にひとりだけ追いやられるのではないかと思い込んで、万次郎は途方にくれます。船長の足もとにしゃがんで許しを乞《こ》うのでした。思わず泣いてしまいます。船長は手まねで何か親切に諭《さと》しているようです。この時、そばに立っていた船頭の筆之丞は、小さな声で万次郎に何か言いました。万次郎はつと立ち上がって、下ろされているボートに乗り移ります。島に救助もれの人でもあってはいけない。持ち物が置いてあるのなら、それも本船に運ぶようにと、行き届いた船長の心づかいだったのです。

水夫たちの漕ぐボートに乗って、洞窟の中に残っていた着物といえるほどでもないボロ布など、それから食物をとる道具みたいなもの、調理する器具のようなものなど——すべて生きるために工夫して作った物ばかり——を取りまとめて、万次郎は今は笑い顔を見せ、ボートの舳先《へさき》に立って本船へもどって来るのでした。

十幾張りの白い大きな帆が張られ、錨は巻き上げられ、そよ風は強さを増したらしく、救われた五人を乗せた親船は、もう進行を始めています。

第四章　留守宅のなげき

今度の大シケに、筆之丞たち五人の乗った舟だけは、まだ帰って来ない。宇佐浦の沿岸一帯、このうわさが広まりました。

宇佐から、あの時、漁に出た舟は何そうもありましたが、シケが始まるとともに、めいめい引き返して、恐ろしい波風とたたかいながらも、命からがら帰り着いているのですが、筆之丞たちの乗った舟だけは帰って来ません。五日、六日と日がたっても何の音さたもありません。家の者たちはみな心配して、海岸に出ては、はるかの沖を不安そうにながめながら、舟の破片か漁具でも流れ寄せて来てはいないかと、海辺をさがし歩いたりもしました。が、手がかりになる物は何一つありません。

一方、舟の持ち主である徳右衛門も責任を感じて、行方不明になった舟の消息を尋ねながら、海岸づたいに幡多郡《はたぐん》の方へ向かいました。道すがら漁師の家に立ち寄っては、そのじぶんの海のようすを聞くのですが、たしかに筆之丞たちの舟を見たという者はひとりもいません。こうして、徳右衛門は土佐湾の西海岸に沿って、だんだん南の方へ、足摺岬の方へ進んで行きながら、途中、心当たりをあちこちとさがすのですが、すべてむだでした。九死に一生を得て、大海原の中にまだ漂《ただよ》っていてくれればよいが。沖合い遠くで、あの大シケにあって沈没してしまったものだろうか。徳右衛門は心を痛めながら、南へ南へと道を行くうちに、とうとう足摺岬の中ノ浜にまで来てしまいました。

海岸通りから入って、両側に漁師の家の建ち並ぶ幅一メートルほどの小道を一五〇メートルも進んで行くと、右側の小高いところが万次郎の生まれた家。住居といっても、まことにおそまつな小さな小屋。すぐにも入れず、入口にたたずんで家のようすをうかがいますと、中のうす暗い土間には四十七、八歳の中年の女が、十歳ほどの小娘と、かまどに向かって夕飯の火を焚《た》きながら、何かぼそぼそと話しているところ。

徳右衛門は、この一家の事情については前から話に聞いていました。主人は六年前に病気で死んでいます。長男の時蔵は病身で仕事にならず、万次郎には姉二人と妹一人いるが、漁村の風習もあって、万次郎は十歳になると、よその漁師のところに雇われて行って、小さな稼《かせ》ぎをしていました。

足摺岬

最近は縁があって、家からだいぶ遠く離れた宇佐で、ちょうどこの徳右衛門の持ち舟に乗り組んだのでした。

徳右衛門は、今この母親と小娘の、しおれた姿をして声を落として語り合っているのを見ると、もう胸がせまって、だまったまま土間の中へ入って行くと、なんの挨拶《あいさつ》もしないで、二人の前に泣き伏してしまいました。

中ノ浜の海岸

しばらくして心を静めた徳右衛門は、母と娘に向かって、自分が船主であるのを初めて名乗り、ここへ来るまでの道々、沿岸の漁村をくまなく尋ねて来たが、手がかりになる物は何一つないところをみると、沖合いで沈没してしまったと考えないわけにいかない。けれども、どこの海岸にも、舟板らしい物一つ流れ着いていないところをみると、あるいは遠く異国にでも吹き流されて行ったのではないだろうか。何事も運命とあきらめて、気を長くして後々の便りを、おたがいに待つことにしよう。と、なぐさめて、いくらかのお金を置いて、やがて帰って行きました。

万次郎の母は—名前を汐《しお》といいますが—とうに心に決めていました。今日まで何の便りもないところをみると、息子はもう生きているわけがない。で、宇佐浦を出帆した正月五日を命日と決めて、中ノ浜の峠道のわきにある大覚寺の境内に、直径三〇センチほどの球形の自然石を形ばかりの墓にして、身内の近しい者たちだけでささやかな葬式をいとなむことにしました。

第五章　ジョン・ハウランド号の捕鯨航海

親船に救い上げられた五人の漂流民は、最初のころは、スープや少量の豚肉、野菜、それに饅《まん》頭《じゅう》の皮みたいなものを与えられていましたが、日がたつにつれてお米のご飯も食卓に出るようになりました。日本人は、お米のご飯が好きだということも知っているらしいのです。

なにしろ五ヵ月ぶりでお米のご飯にありついたのですから、みなの喜びようといったらありません。気分の上でも、きわ立って元気を回復してきました。

心が落ち着いてくると、自分たちが収容されている大船の模様を観察する気持ちのゆとりも出てきます。

この船は長さ五五メートル、幅一一メートル、帆柱三本。それに一五張りの大きな白い帆を張っています。その間を縦横に引き渡された綱はクモの巣のよう。両側の舷《ふなべり》には四そうずつのボートがつるしてあります。大砲が二門。剣のついた鉄砲が三〇挺《ちょう》備えつけてあり、船の中には、いろいろな種類の食料が豊かに貯えられていて、生きた牛や豚まで飼っているのです。

船底には、油を詰める大樽《だる》が六千個も積まれていました。そして乗組員は三四名。とにかく、今までに見たこともない大船であるばかりでなく、船の中は、どこもかしこも整頓《せいとん》されて、清潔になっているのには感心してしまいます。船室は華美といってよいくらいに立派でもありました。

この船は、アメリカ合衆国の東海岸もずっと北のはずれ、マサチューセッツ州（State of Massachusetts）フェアヘーブン町（Fairhaven）を根拠地とする三七六トンの捕鯨船で、名前をジョン・

ハウランド号（The John Howland）というのでした。フェアヘーブンは、ボストン市の南にほど近い港町です。

このジョン・ハウランド号は、遠い太平洋の、日本の近くまで鯨をとりにきていたのですが、数日前から小笠原群島のあたりで鯨を追っていて、六月二十七日には鳥島の島の姿を東北の方に望むあたりに達し、大きな海亀《うみがめ》―ショウガクボウ（正覚坊）―の卵が海岸の砂の中に産んであるのを食料の足しにしようと、それをさがすために、二そうのボートを下ろして島に近づいて来たのでした。

それにしても、この四〇〇トンに足りない帆船が、合衆国の東海岸の、そのまた北のはずれから、なんだってはるばる日本近海まできたのでしょうか。

そのじぶんは、まだ電灯の発明もない時代で、ガス灯もまだできていませんし、石油ランプさえ一般にはまだ使われていなかった時代で、夜の明かりには、おもにローソクが使われていたのでした。鯨の脂《あぶら》はローソクの原料として、ヨーロッパでもアメリカでも大変な需要があったので、捕鯨業もしぜん大繁盛《はんじょう》していたのです。一八四〇～五〇年はその全盛時期で、そのころフェアヘーブンと、それに接続していたニューベッドフォード（New Bedford）の町を基地とする捕鯨船の数は、三百せきを超えていました。そして、一度郷里の根拠地を出帆すると、二年、三年と捕鯨航海を続けるのは珍しいことではなくて、万次郎たちを救ったジョン・ハウランド号にしても、故郷の港を出たのが一八三九年十月三十日で、帰って来たのが一八四三年五月七日ですから、この時の航海は三年半を越えたことになります。

大海原でとった鯨油は、大樽に詰め、船底に貯《たくわ》えておいて、太平洋では、グアム（Guam）やホノルル（Honolulu）で商人に売って、食料や生活用品、作業機械などを買い入れて、長い航海を続けるのです。大変儲《もう》かる事業でした。けれども、この全盛をきわめた捕鯨業も、あとになって、石油ランプやガス灯が広く一般に使われ始めると、だんだん衰えてきて、さらに電灯が発明されると、ローソクもそうたくさんは必要がなくなって、しぜんとこの捕鯨業も止まってしまいます。それから次の時期になると、今度は鯨の肉や骨や臓物まで、すっかり利用する捕鯨業が、ローソクとはまた別の必要から、あらためて盛んになってくるのです。

ここでちょっと断っておきますが、アメリカの西部―カリフォルニア州あたり―は、そのじぶんはまだ合衆国の領土ではありませんでした。メキシコ領だったのです。合衆国が西の方へ領地を広めて太平洋の海岸に達するのは、これよりも何年も後のことになります。

ジョン・ハウランド号の人となって何日かたったある日、万次郎少年は、もう大帆柱の高いてっぺんの見張り籠《かご》（crow's nest）の中にいました。見張りの役を買って出たのです。大海原の水平線。その八方を注意深く見守っています。オランダ製の望遠鏡を目に当てて、やがて、

"There she blows,――blo-o-ws!"

（潮吹いているゾー）

練習も稽古《けいこ》もないんです。鯨とりの用語が、全身からしぜんとほとばしります。

船の中は、いっせいに活気だちます。四そうのボートが下ろされる。一そうに六人ずつ。四人がオールを漕いで、一人は舳先《へさき》で銛《もり》の座に、もう一人は舵《かじ》をとり、鯨めがけてボートを突っ込み、銛を打ち込みます。鯨は海中深くもぐったり、水面を逃げまわったり、銛につけた綱はぐんぐん延び、延び切るとボートごと猛烈な速度で引っ張られます。あばれまわる海の野獣に、さらに乗りかかって槍《やり》で喉にとどめを刺す、というのですからまことに壮快。時には危険なこともあり、それこそ命がけの仕事ですが、男の子にとっては面白くって仕方がありません。

捕らえられた鯨は、尾の方を本船につないで、一人の水夫が鯨の背中に乗って、首に近いところに穴をあけて綱を通し、本船では滑車を使って綱を手繰《たぐ》り寄せ、鯨を舷《ふなべり》側にピタリと横づけに保定させてから、解体に取りかかります。船の上から、長い柄のついた刀で白肉を切り取って、それを甲板《かんぱん》の上で細かにきざんで、用意の大釜《がま》に投げ込んで脂《あぶら》をとるやり方は、家庭で豚肉の白身からラードをとるのと同じ方法です。赤肉や骨や臓物は、すべて海へ捨ててしまいます。脂をとった後のカスは燃料として、たいせつに貯えておかなくてはなりません。とった脂は、かねて準備の大樽に詰めて船底に納められます。

作業がすむと、甲板はすぐに大ブラシできれいに洗い清められます。これらの仕事を通じて、人の動きにむだがありません。本船の中の、ふだんの規律ある寝起きといい、作業の初めから終わりまでのきちんきちんとした仕事ぶりといい、驚《おどろ》くことずくめのこの新しい生活は、万次郎にとって何ともいえない快適なものに感じられるのでした。

この最初の見張り役に、万次郎は、その視力が鋭敏なのをほめられて、船長から水夫帽を一つほうびに贈られます。その後、万次郎とその仲間は制服も与えられました。けれども、皮靴をもらった時には、万次郎たちは、ハダシの方が働きやすくてよっぽど気がきいていると思ったのですが、船長の厚意はありがたくちょうだいしておきました。

おそくなりましたが、この船長を紹介しなくてはなりません。

船長はウィリアム・エッチ・ホイットフィールド（William H. Whitfield）といって、一八〇四年十二月生まれですから、この時は三十六歳。夫人は四年前、一八三七年五月三十一日に病気でなくなっているので、そのじぶん船長はやもめでした。船長室のデスクの前の壁に、美しい婦人の肖像画が掛かっているのを、万次郎はいつも見ています。船長の家はマサチューセッツ州の旧家です。信仰の自由を得るために、一六二〇年、メーフラワー号（The Mayflower）を仕立てて、イギリス本国を抜け出して来て、新大陸の東北のはずれを開拓して、新社会を建設した清教徒（Pilgrim fathers）の子孫なのです。

無人島から五人の漂流民を救ったこのホイットフィールド船長は、この五人が日本人だということはだいたい見当がついていたのですが、このころの日本は、鎖国の政策を厳しくとっていた時代なので、日本の海岸に外国の船は寄せつけません。それに、日本人で、国外へ出た者はもちろん、外国へ行く計画を立てただけでも、打ち首になるというのですから、この五人の漁師を、うっかり日本の港へ送り届けるというわけにいかなかったのです。船の中に保護しておくよりほかありません。こうした間にもジョン・ハウランド号は、日本の東の沖で鯨を追って航海を続けます。北緯四二度あたりまでも上り、さらに東南へ下って太平洋の中心に出て、半年の間に鯨一五頭をとって、鯨油の樽も満たしたので、この年の暮れにはハワイ王国のオアフ島にあるホノルル港に入りました。入港にあたって、ちょうど風がまったくなかったもので、内港へ進むまでにだいぶ手間どったりもします。

ジョン・ハウランド号は、三〇日間このホノルルに停泊するのですが、ホイットフィールド船長は上陸すると、まず、便船で先に来ている郵便物を受け取ってから、五人の日本人を連れて丘の方へ向かって歩きました。道で出会う人のうち、皮膚の色が黄褐色していて背の高いのは、もともとのこの島の人らしく、衣服はハロン、ハツエロンと呼ぶ簡単なものを身にまとっていて、木造で草葺《ぶ》きの家に住んでいます。

十二月というのに気候は暖かく、いろいろな種類の草木の花がきれいに咲きそろっています。樹

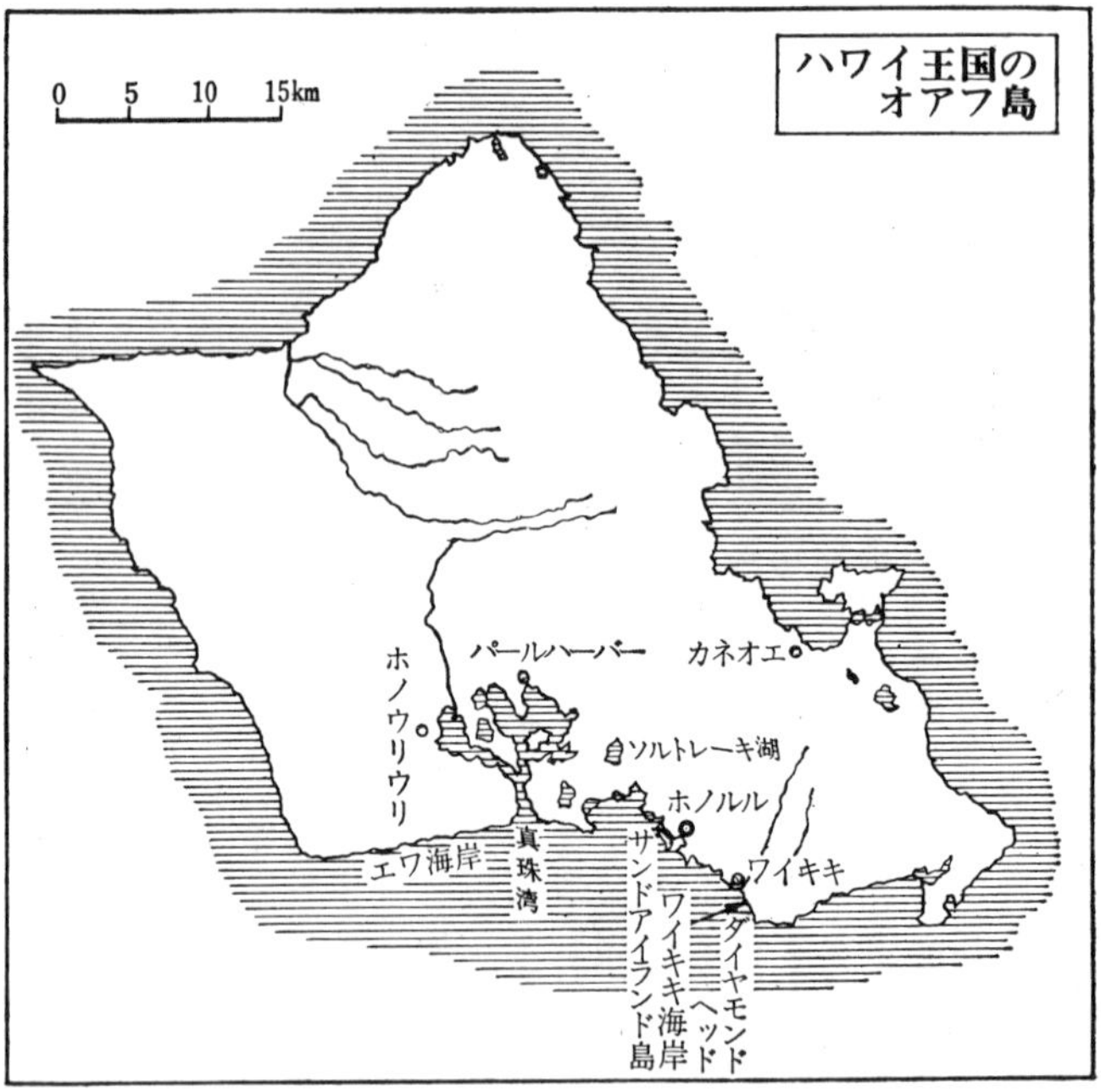

木には青々した葉が茂っていて、これまでに見たこともない果実が、いろいろと豊かにみのっているのです。羽根の美しい鳥が木々を飛びかわしていて、まるで地上の楽園のようでした。このホノルルはオアフ島の港で、世界各国の船でこの近くを通過するものは、必ず立ち寄るところです。港には船のマストが林のように立っていて、アメリカ人、ヨーロッパ人、清国《しんこく》人が商店を開いていて、海も街も大繁盛。戸数二千戸を越えているという話です。ここの王様のお城も立派なものですが、フランスのカトリックの建てた寺院は珊瑚《さんご》のブロックを積み重ねてできていて、

窓にはすべて、ガラス板というすきとおって向こうの見えるものが張ってあるのでした。

船長が五人を連れて、まず最初に訪れたのはジャド（DR. G. P. Judd）という人の家でした。この人はアメリカから来ている医師の資格もある宣教師。ホイットフィールド船長が前から親しくしている家庭です。

いっしょに伴われて来た五人の、海で遭難した話を船長から聞くと、ドクター・ジャドは、日本の貨幣である一朱銀、二朱銀、寛永通宝などを取り出して来て、見せてくれました。日本のキセルも見せてくれました。これらを使っている国から来たのだろう、と聞くらしいので、一同は「さよう」と答えました。これらの品物は、それよりも九年前に、ハワイに漂着した大阪の船乗りが置いていったもので、これらの漂着者は、ドクター・ジャドたちの手厚い世話になっていましたが、後に便船（都合よく出る船）を得て、カムチャッカへ送り届けられました。が、その後の消息は何もわからないという話です。

太平洋全体の地図を初めて見せてくれたのは、このジャド牧師だったのです。

このオアフ島では、新来の者はみんなマタイオ・ケクアナオア（Mataio Kekuanaoa）という役人のところへ行って、登録しなくてはなりません。五人は船長に連れられてそこへも行きました。ハワイ国の王様であるカメハメハ女王のお嬢さんの婿殿《むこどの》であるこのケクアナオアという人は、日本人たちが今までに見たことのないすばらしい大男で、行政と司法の両方を握っている権力者です。ホイットフィールド船長から、五人の日本人のこれまでの事情を聴き終わると、この巨人は微笑を浮かべて、静かに、「アロハ（aloha）」と言いました。何の意味かわかりませんが、そのことばには親愛の気持ちが感じられました。

ここで登録をすませると、五人のために役所から小さな草小屋が与えられます。今まで、これに住んでいたハワイ人は、気持ちよく明け渡して出て行ったかと思うと、まもなく大きな夕顔《ゆうがお》の実で作った器に、灰色をした食べ物を山盛りにして持って来て、指でつまんで、まず自分たちが食べてみせ、この五人の新来の客人にも食べろとすすめるのでした。

万次郎とその仲間は、とにかくこの土地を住居と決められたので、これから陸の生活が始まろうというわけです。

王様のお城の見物にも出かけました。お寺と同じに、珊瑚のブロックで積み上げられたお城は、高い楼《うてな》の下には何百人も集まれるような大広間もありました。

このホノルルで、なにやかや珍しいものを見た中でも、いちばんたまげてしまったのは、なんといってもドクター・ジャドの家庭生活だったのです。お茶にも呼ばれ、食事にも招かれましたが、玄関から居間、食堂、調理室、それから寝室まで夫妻が案内して見せてくれるのです。衣、食、住のすべてが変わっている、というよりも、きちんと整っているのには感心してしまいました。

このハワイでは、人々は七日ごとに一度、仕事を休んでお寺参りをします。神さまは世界を七日かかって作り上げたのだそうです。商店もこの休みの日には全部店を閉めるのですから、食べ物などの買い入れは前の日にしておかなくてはなりません。城塞《じょうさい》（fort）の大砲は時を知らせます。この五人の日本人は爆発音の数をかぞえて、その時刻を知ることも覚えました。

一方、ホイットフィールド船長は、救助した人々がドクター・ジャドの厚意によって、ホノルルの地で生活できるようになったのを見届けましたし、船の方の寄航の目的も達したので、近いうち出帆して、帰国の途につくことになりました。別れにあたって、五人の日本人に背広一そろいずつと、銀貨半ドルずつを贈りましたが、他の船員もこれにならって、お金を出し合ってオーバーコート一着ずつをプレゼントします。

さて、ここで万次郎ですが、ホイットフィールド船長は前の年の六月、無人島から本船に収容して以来、この少年の生活態度を見てきているのですが、出帆しようというすぐ前になって、船頭の筆之丞に向かって、万次郎をアメリカ本国へ連れて行って教育を受けさせたいという気持ちを出し抜けに話し出して、同意を求めたものです。筆之丞はすっかり当惑《とうわく》してしまいます。これまで、いっしょに仕事をしてきている仲間であり、海の遭難にあたっても生死をともにしていますし、今はどうやら息災《そくさい》でいられる間柄です。旅先で別れ別れになる、その寂しさはいうまでもありませんが、ことに万次郎の母親に対して、船頭としての責任上、今この少年一人だけを、さらに遠い異国へ手放すには、なんとしても忍びえないのです。しかし、この大恩があり、常日ごろ尊敬している船長の申し出を、あっけなく断るわけにもいかず、ホイットフィールド氏の人となりをよく心得ているので、万次郎を船長にあずけた方が本人の幸いになるのかもしれないと、あれこれ思い迷ったあげく、これは万次郎自身の気持ちによって決めるよりほかないと考えて、万次郎を呼んで船長の希望を伝えるのでした。

案ずるほどのこともなく、万次郎は船長の厚意を快く受け入れて、見知らない土地へ、これからいっしょに、さらに進んでいくといって承諾《しょうだく》したものです。

その日のうちに、仲間四人に別れを告げて、船長と万次郎だけ本船に帰りました。ボートが本船に近づくと、乗組員たちは歓迎の叫びをあげます。

捕鯨船ジョン・ハウランド号がホノルルの港を出帆したのが一月の中旬（一八四二年）、船は最初針路を南にとり、さらに少し西南に転じて太平洋の中央に乗り出すのでした。万次郎は国を出てから一年余り。そのじぶんはもう十五歳になっていました。前には収容者の身分でしたが、今度はもう乗組員の一員です。ジョン・マン（John Mung）という名前もつけられました。ジョンはジョン・ハウランド号のジョンからとったものです。

救助されてから早くも七ヵ月たつので、万次郎は、アメリカ人との話しにはどうやら慣れてきて、今では毎日の生活にも、船の上の仕事にも、不自由しないまでになっていました。ですが、まだ文字というものを正式には知りません。船員の中に、兄弟が校長先生をしていると名乗る男がいてアルファベット（Alphabet）を教えてくれました。文字は二六字。これでおしまい。けれども綴《つづ》り字法 Spelling を覚えるのには大変でした。話し方の方は土佐のことばとはすっかりちがっていますが、ちがった中にも複雑な言い回しや、ていねいな話し方が数限りなくあるのは日本とかわりありません。万次郎は漢字や漢語をろくに知っていませんでした。そんな邪魔《じゃま》がないばかりに、船内の人々の話し方をどんどん吸収して身につけていくことができました。

綴り字法については、いつも教えを受けながら、船に備えつけてある書籍もおいおいに読めるようになりました。

この航海でホイットフィールド船長は、世界地図についても初めて解説してくれました。平らに見える地面が、実は球の形をしていることの説明から、イタリアの旅行家マルコ・ポーロ（Marco Polo）が一三世紀の末、陸路、元《げん》の国へ行った話。そしてイタリアへ帰ると、元の国よりもっと東にあるという伝説の国のようすを、郷里の人々に話して聞かせたということ。クリストファー・コロンブス（Christopher Columbus）はインドへ行く早道を求めて、ポルトガルのリスボン港を船出して、西へ西へと航海を続けていって、西インド諸島に達し（一四九二年）、その後三回航海して中央アメリカ沿岸へも行くのですが、新大陸ということを知らないで死んでしまった話。その後、フロレンス（Florence）の人アメリゴ・ベスプッチ（Amerigo Vespucci）が、ポルトガル政府の命令を受けて南アメリカに達したので（一四九九年）、世間では新大陸をアメリカと呼ぶようになったという話。さらにバスコ・ダ・ガマ（Vasco da Gama）が、やはりリスボン港から出帆して、アフリカの南端、喜望峰（Cape of Good Hope）を回って、初めてインドの西海岸のカリカット（Calicut 現・コジコード）に達して（一四九八年）、ヨーロッパ人が長年望んでいたインド航路を開いた話。それからポルトガルのマジェラン（Magellan）が大西洋を斜めに横切って、南アメリカの南端―マジェラン海峡―から太平洋に出て、フィリピン群島を発見（一五二一年）、本人はこの土地で死んだが、その部下が航海を続けて、喜望峰を回って翌年本国に帰り着いた話。そして航海者の常識まで、それからそれへと話して聞かせてくれるのでした。

ホノルルを出て、ちょうど一ヵ月、ジョン・ハウランド号はギルバート群島（Gilbert Is.）に達しました。ここは大小二〇あまりの島があって、赤道の直下で、気候は焼けつくように暑く、土地の人々は裸で暮らしていて、椰子《やし》の葉で編んだみのの様な物を腰に巻いているだけ。ですから万次郎は、ここをはだか島と呼びました。穀物は作らないで、椰子の実と魚を食べています。住居はやはり椰子の幹を立てて柱として、その葉を葺《ふ》いてささやかな家屋としていました。地面にはやはり椰子の葉を敷くだけで、これを寝床としています。そこの人たちは、しきりにクズ鉄をほしがるので、船員はいらなくなった船の鎖《くさり》や、その他の鉄のスクラップを与えて、弓矢と物々交換しました。このギルバート群島はイギリスの領地です。

船はこの島で薪や水を積み込んでから、今度は西北をさして進みます。

何週間かして、やがてラドローナ群島（Ladrona Is.）―マリアナ群島（Mariana Is.）ともいいます―に達しました。この群島はスペイン領で、群島の中のいちばん大きな島をグアム（Guam）といいます。船着き場はアプラ（Apra）といって、島の西海岸の中ほどのところにあります。ここは捕鯨船にとっては、人気のあるランデーブー（rendezvous、会う約束の場所）といわれているくらいで、船が入るとニュース交換のため本船へボートが集まって来るのです。アメリカのニューイングランドの諸港から来ている人々も集まっていて、ホイットフィールド船長は、万次郎をこれらの人々に紹介もしてくれるのでした。

ジョン・ハウランド号は、このグアムのアプラ港に数週間停泊。薪水《しんすい》を積み込み、食料を買い入れて出帆。西北に針路をとって台湾の近くまで進んでから北上。沖縄本島の西、東シナ海に入ると、今度は航路を真東にとって鳥島のあたりにまで来ました。ちょうど一年前、今乗っているこの船に救い出されたところです。万次郎はこの時、望遠鏡を使って島をながめます。去年、仲間といっしょに生活した―というよりも、五ヵ月の間やっと命をつないでいた―あの不毛な孤島。この近くに船をとめて小魚などを釣ったりしてから、日本本島の沿岸に沿って鯨を追いながら東に向かい、秋

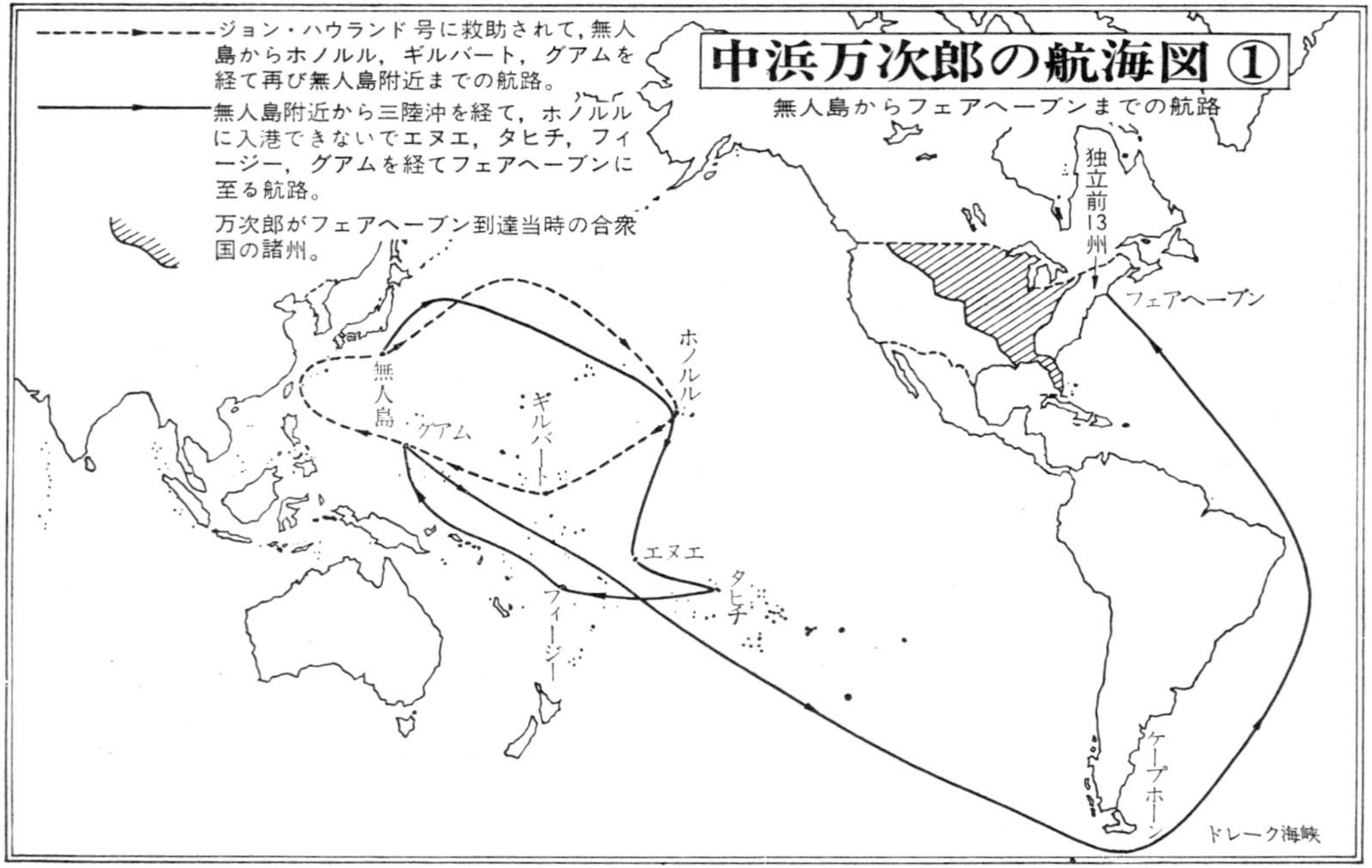
中浜万次郎の航海図①
無人島からフェアヘーブンまでの航路
ジョン・ハウランド号に救助されて，無人島からホノルル，ギルバート，グアムを経て再び無人島附近までの航路。
無人島附近から三陸沖を経て，ホノルルに入港できないでエヌエ，タヒチ，フィージー，グアムを経てフェアヘーブンに至る航路。
万次郎がフェアヘーブン到達当時の合衆国の諸州。
独立前13州
フェアヘーブン
ホノルル
無人島
グアム
ギルバート
エヌエ
タヒチ
フィージー
ケープホーン
ドレーク海峡

の初めごろハワイに接近するのですが、この時、あいにく北北東の激しい風が吹き起こって、波は高く、なんとしてもホノルル港へ入ることができません。万次郎にとっては、オアフ島をすぐ目の前にしながら、この島にいる四人の仲間に会うこともできません。本船は島を離れて、そのまま、またまた遠洋へ出るのです。

今度は航路を西南にとって、赤道の近くから真南に転じてナビゲーダー諸島（Navigators Is.）—後にサモア諸島（Samoa Is.）と呼ばれるようになるのですが—その中のエヌエ島（Anua）に着いたのが、その年（一八四二年）の暮れのころでした。ここは戸数二百あまり。人種、風俗はたいへんハワイに似ています。この島に留まること二十日間。薪水を積み入れ、一月に出帆。いったん東南へ向かって、フランス領のソシエテ諸島（Societe Is.）のタヒチ島（Tahiti）で食料を積み、西へ転じてフィジー諸島（Fiji Is.）。それを西北に上がってソロモン諸島のあたりをかすめて、再びグアムへ。ここのアプラ港に停泊すること一ヵ月の後、やっと郷里—捕鯨船の根拠地—へ向け、いよいよ帰航の途につくことになりました。

グアム島からだいたい東東南に針路をとって、南太平洋を斜めに横切り、南アメリカの南端ホーン岬（Cape Horn）のはるか沖を大きく回って、南緯六〇度くらいまで下がって大西洋に入るのです。このあたりはドレーク海峡（Drake Str.）で南極大陸にも近く、巨大な氷山が浮かんでいて、濃《こ》い紺《こん》色をした海に、たまには何百メートルも高くそびえて、まるで水晶の山でも見るよう。それが太陽の光線に照りかがやいて、スパークするようなひらめきを見せるのです。時にはこの水晶の大山が、とどろきわたる大音響とともに、くずれ落ちてくることもあります。船乗りは警戒して近づくことをしません。なお、このあたりの海には、いろいろな種類の寒帯地方の海獣《かいじゅう》がすんでいて、泳いでいるのもながめられました。南極大陸（Antarctica）のグレイアムランド（Graham Land）がドレーク海峡に長く突き出ているところなので、ケープホーンと南極大陸の間は一〇〇〇キロくらいしかないでしょうか。

西の天に大きくみごとな彗星《すいせい》が現れて、乗組みの一同、一言も発しないでこれを仰《あお》いでながめたのもこのあたりだったのです。

船は北北東へ。それから西南へ向きを変えて航海を続け、やがて合衆国のマサチューセッツ州のニューベッドフォード港（New Bedford）に入港したのが一八四三年五月七日のことでした。少前にも述べましたように、捕鯨船ジョン・ハウランド号にとっては、三年七ヵ月ぶりの帰港。少年船員として万次郎が、ホノルルを出帆してから一年四ヵ月目のことでした。そして、これは明治元年より二十五年前のことだったのです。

ジョン・ハウランド号の、このたびの捕鯨航海は大成功で、途中各地で売りさばいた鯨油（sperm-oil）や、ホノルルから便船に頼んで運ばせた分を別として、その時、船に積み込んで持ち帰った鯨油だけでも二七六一樽（barrels）ありました。

第六章　フェアヘーブンの生活

フェアヘーブン付近

捕鯨船ジョン・ハウランド号が、ニューベッドフォードの港に入って、船の定まった作業が終わると総員上陸。本船には番人だけが留守《るす》をします。

本船の基地であり、やがて自分たちが陸の生活をする土地、フェアヘーブンについては、万次郎は航海中にいつも船長から聞かされていました。

そのフェアヘーブンは人口一千人ほどの小さな町ですが、人口二万のニューベッドフォード市に接続しています。この二つの市と町とは同じ港を使っているのでした。

アキュシュネット川（Acushnet River）をはさんで、その間に船の通過するごとに、上に開かれる橋があって、ホイットフィールド船長に伴われた万次郎は、今この橋を渡っています。オクスフォード街にある、船長の古くからの知り合いのジェームス・エーキン（James Akin）の家を訪ねようというのです。このジェームス・エーキンは、以前、ジョン・ハウランド号の三等航海士をしていた人で、万次郎をしばらくあずかってもらうよう、寄宿の場所として、船長はこの家庭を選んだのです。というのは、船長はじきにニューヨークへ旅たたなくてはなりません。ニューヨークには経済的代理人をしている兄のジョージ・ホイットフィールドがいて、今度の航海で得た収穫物の処分について、兄のところへ相談に出かけなくてはなりません。

万次郎の宿所が決まると、次は、船長がかねがね考えていた万次郎の教育のことです。

エーキンの隣に三人姉妹の婦人が住んでいて、中の年齢三十歳ほどのジェーン・アレン嬢（Miss Jane Allen）が小さな塾を開いて、近所の子ども三〇人ばかりを集めて教育していたので、船長は万次郎をさっそくこの塾に入れます。英語、習字、数学などを教わります。町の人は、この塾をオクスフォード・スクール（Oxford School）と呼んでいました。校舎は石造りの平屋でした。ミス・ジェーン・アレンは、この外国の少年のために、教室の授業のほかにも勉強のめんどうをみてくれます。家で読むようにと、いろいろな種類の本も貸してくれました。食事にも呼ばれます。先生のお姉さんのチャリティ・アレン嬢（Miss Charity Allen）は家政がお得意で、万次郎の身のまわりのことを、なにくれとなく世話をやいてくれます。靴下の穴のつくろいから、万次郎のお菓子壺《つぼ》に手製のクッキーが欠乏していないか、いつも心を配ってくれるのでした。万次郎は、このお姉さんに母親にするような相談ごともしています。日本人として最初の留学生活は、このような家庭的雰囲《ふんい》気《き》の中に始まるのでした。

エーキンの家に寄宿していた万次郎は、寂しい思いをすることもありました。国にいる母親のことも思い出します。なによりも、自分が日本の国の外へ出たので、母親が法律によって罰を受けて

ミス・ジェーン・アレンの私塾

いるのではないだろうか。これがいちばんの気がかりでした。

家の付近を歩いてみます。独立戦争時代（一七七五〜一七八三年）のイギリス侵略軍を防いだ塞《とりで》の跡などの残っているのもありました。四〇キロほど離れたコッド岬湾に面したプリマス（Plymouth）は、清教徒の上陸地として旧跡《きゅうせき》になっていました。このあたりは合衆国発祥の地といわれるところで、すべての風物が古く、落ち着いていました。クルミの大木の生えているそばには、樫《かし》の材木で造ったがっしりした古い農家住宅も建っていて、イタヤカエデの新緑の季節でもあり、五月の花々が咲き始めて、静かな初夏のニューイングランド（New England）〔注〕。田舎《いなか》の景色は、寂しい今の万次郎の心にもまことに快いものに感じられました。

一方、ニューヨークへ出かけた船長は、今度の航海でとった鯨油が、よい値で売れたばかりでなく、ニューヨーク滞在中に、アルバティーナ（Miss Albertina B. Keith）という婦人と親しくなって、結婚の話は急に進んで、八月三十一日には新夫妻そろってフェアヘーブンの町に帰って来ました。そして船長は郊外の海岸に近い丘、スコンティカット・ネック（Sconticut Neck）に七ヘクタールほどの畑地を買い求め、住宅を新築して、ここに新家庭を営み、万次郎も呼び寄せられて、いっしょに暮らすこととなりました。

バートレット校

作男も雇《やと》われていて、牛、馬、豚、鶏などを飼い、畑にはキビ、ムギ、豆、ジャガイモ、その他いろいろな野菜を作り、万次郎はこうして農業の手伝いもしながらオクスフォード・スクールへ通うのでした。

翌年の二月にはバートレット校（Bartlett's Academy）へ進学します。この学校は、もともとリュイス・バートレット（Leuis Bartlett）という学者夫妻が中学程度の教育を行っていて、捕鯨業の中心地であるので高等数学から測量術、航海術などまで教授していたものです。これは後に市立となって、校舎も拡張され教員の数もふえ、万次郎は正味二年五ヵ月ここに在学しました。

万次郎の学校友だちの一人で、後に市の教育委員になった

ヤコブ・トリップ
万次郎の親友の一人

ヤコブ・トリップ（Jacob Tripp）の言うところによりますと、「万次郎は、読書を好むこと驚《おどろ》くばかりで、学業の進歩は著《いちじる》しく、いつでもクラスの首席であり、優等の成績で卒業した。」と言っています。そして、……that Manjiro was the brightest men-ber of his class, that he fairly soaked up learning; shy and quiet in his demeaner, always gentle and polite……と伝えていますから、態度が温和で、ていねい、つつしみ深い性質だったようです。

このバートレット校に入学してまもなく万次郎はナザニエル・ボーディッチ（Nathaniel Bowditch）という名前を教わりました。「新アメリカ航海士」（The New American Practical Navigator）という本の著者で、この著書は航海者のバイブルという評判を得ていましたし、独学の人で、同じマサチューセッツ州の生まれのこの学者は、若くしてアメリカ最高の数学者という名声をあげていたのです。万次郎はこの航海学書を一冊買いました。そして日本人にも、この知識を分《わ》かちたいという希望を早くから抱《いだ》くようになるのです。

これよりも前のことですが、ホイットフィールド船長は新家庭を始めたころ、何はさておいて、万次郎を連れて自分の属しているオーソドックス教会（Orthodox Church）へ出かけました。教会の中の家庭席を借りるためと、少年をそこの日曜学校へ入れたかったからです。ところが教会ではいい返事をしません。そして翌日、教会の代表と名乗る執事（deacon）がやって来て、わが教会では黒人まがいの者を同席させるわけにいかないし、黒人に近い少年を白人の子どもといっしょに教育するわけにまいらぬ、と断るのでした。船長は、こうした手合いと議論してもむだと考えて、だまって追い帰してしまいます。だまって追い帰すやり方というのは、御託《ごたく》を並べている客人に対し、船長は立って行ってドアを開いてやって、何も言わないで一礼するだけで十分だったのです。無言の方がききめがあります。

同じ席にいた万次郎は、この光景を初めから終わりまで、だまってながめていました。

船長は次の週、万次郎を連れて別の宗派の教会を訪れました。しかし、ここでもまた、同じような結果に終わります。断られたのです。ただ当時、問題を起こしていたユニテリアン教会（Uniterian Church）だけが快く万次郎を迎えてくれました。ホイットフィールド船長は、これまで属していたオーソドックス教会を脱会して、海で拾ってきた、それこそ黒人まがいの少年のために、ユニテリアン教会へ夫妻とも籍を移すのでした。信仰には、わりあいあっさりした一般日本人とちがって、キリスト教民族が宗旨変えをするというのは大問題、よくよくのことなのです。

フェアヘーブン生まれの子どもたちと同様、万次郎は早くもこの港に出入りする捕鯨船の名前と形を覚えてしまって、例の開閉する橋の下を通過して船が帰って来るのを見つけると、獲物を知りたくて、町の人々といっしょに岸壁沿いに走ったものです。この町の誰もが捕鯨業には経済的つながりを持っていて、大株主もいれば、一ドル、二ドルの虎の子を投資する者もいました。

ホイットフィールド船長は、陸上の生活を一年一ヵ月すると、一八四四年六月に、今度は捕鯨船ウィリアム・アンド・エリザ号（The William and Eliza）の指揮をとって航海に出かけます。留守はアルバティーナ夫人と万次郎、それに船長のおばさんに当たるアミリア（Amelia）が前に離婚して、この家に来ていっしょに暮らしているのでした。

八月には船長夫人が男の子を産みます。万次郎の仲よしがふえました。一年半たつと、アメリカの幼児語で盛んに万次郎とお話も始めましたが、このウィリアム・ヘンリー（William Henry）坊やは、万次郎が次の航海に出ていて留守の間に二歳二ヵ月で病死します。

フェアヘーブンとニューベッドフォードの市民は、みな捕鯨業に何か関係を持っていて、捕鯨船に乗り組まない者でも、造船とか鍛冶屋《かじや》、鯨油搾《しぼ》りの機械器具製作にも従事していました。たいせつな鯨油を詰める樽の製造も盛んに行われていました。

船長の留守中、万次郎はハジー（Hazzy）という桶《おけ》屋の住み込み丁稚《でっち》となって樽造りを習いました。そしてバートレット校へ通うのです。いうまでもなく船長夫人の許しを得て行くのですが、この桶屋はもともと弟子が居《い》つかない家で、粗末《そまつ》な食べ物しか与えられなかったもので、半年たつと万次郎は栄養失調になってしまい、スコンティカット・ネックの家に帰って、船長夫人とアミリアおばさんの手厚い介抱を受けて、どうやら健康を取りもどすと、性《しょう》こりもなくまたハジー桶屋へ出かけて行って、樽造り技術の大事な仕上げを身につけてしまいます。

デラノ家の屋敷

このフェアヘーブンの町に、キャプテン・ワレン・デラノ（Captain Warren Delano）という大きな船持ちがいました。捕鯨船や他の船をたくさんに所有しているのですが、ホイットフィールド船長の親友でもありました。この人は同時に、万次郎を含めて、船長一家が新たに入会したユニテリアン教会の有力な維持者でもあったのです。キャプテン・デラノはこの日本の少年に、前から厚意ある興味を覚えていましたが、ホイットフィールド船長の留守中は、日曜日には教会の自分の家族席へ万次郎

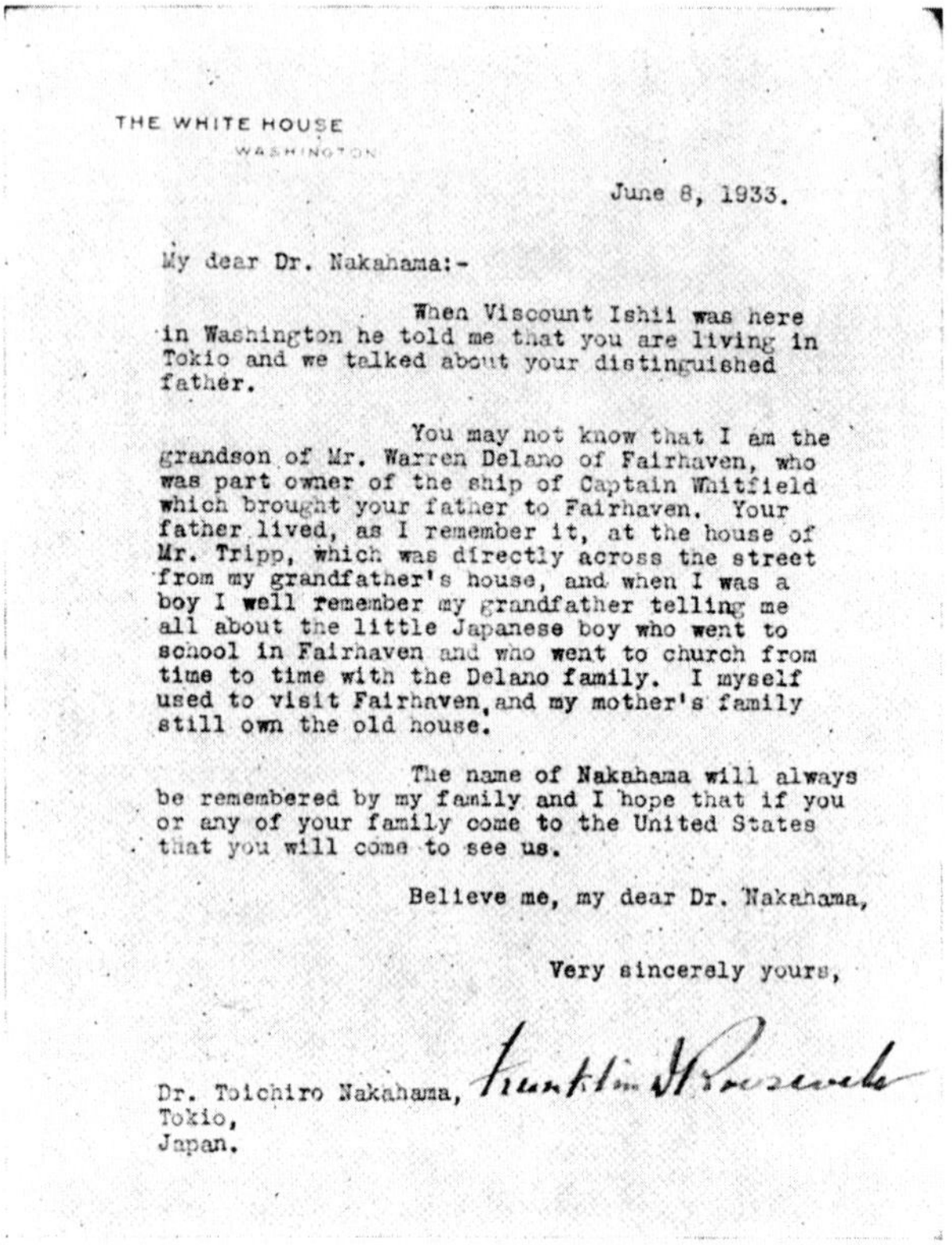
THE WHITE HOUSE
WASHINGTON

June 8, 1933.

My dear Dr. Nakahama:-

When Viscount Ishii was here in Washington he told me that you are living in Tokio and we talked about your distinguished father.

You may not know that I am the grandson of Mr. Warren Delano of Fairhaven, who was part owner of the ship of Captain Whitfield which brought your father to Fairhaven. Your father lived, as I remember it, at the house of Mr. Tripp, which was directly across the street from my grandfather's house, and when I was a boy I well remember my grandfather telling me all about the little Japanese boy who went to school in Fairhaven and who went to church from time to time with the Delano family. I myself used to visit Fairhaven, and my mother's family still own the old house.

The name of Nakahama will always be remembered by my family and I hope that if you or any of your family come to the United States that you will come to see us.

Believe me, my dear Dr. Nakahama,

Very sincerely yours,

Franklin D Roosevelt

Dr. Toichiro Nakahama,
Tokio,
Japan.

フランクリン・ルーズベルト大統領から万次郎の長男に送られた手紙

を伴っても行くのでした。
このデラノ家には広い立派な庭園があって、長く続いた石塀《べい》でかこまれた豪華な屋敷なのです。玄関のドアにきらめいた金属の紋章が取り付けてあるのを見ても、これは土地の名門、旧家にちがいないと万次郎は思いました。部屋部屋には豊かな趣味の家具、調度が備えられていて、世界各地の美術工芸品で飾られていました。

ここで話が先に飛びますが、この時から八十何年かたった一九三三（昭和八）年のある日、東京の田園調布に住んでいる万次郎の長男東一郎のところに、ホワイトハウスの住人―フランクリン・デラノ・ルーズベルト―から一通の手紙が届きます。アメリカの大統領の手紙にしては上出来です。日本の中学生に読んでもらっても害にならないと思いますので写真版にして載せておきます。

ホワイトハウス
ワシントン
一九三三年六月八日

親愛なる中浜博士――
石井菊次郎子爵が当ワシントンへお見えのおり、貴下の東京に御健在を伺い、貴下の有名なご尊父について語り合った次第です。

貴下はご存じないかもしれませんが、ホイットフィールド船長がご尊父をフェアヘーブンへお連れした、あの捕鯨船の所有者の一人、ワレン・デラノの、私は孫であります。私の祖父の家から道路向うのトリップさんの家に、ご尊父は住まっておいでだったと聞いております。フェアヘーブンの学校に通っていた小さな日本の少年について、祖父は幼い私にいろいろと話をしてくれたのを覚えています。いつもデラノ家の者といっしょに教会へ行ったとか、いろいろなことを。私自身フェアヘーブンへは、よく行きました。昔からの家屋は、私の母方の者が今なお所有しております。

中浜という姓は、私の家族にいつまでも記憶されることでしょう。貴下あるいはご家族のどなたか、ぜひ合衆国においでくださるよう。お目にかかりたく切望しております。

誠意をもって

フランクリン・D・ルーズベルト

万次郎の「フェアヘーブンの生活」のついでに、この地で少年万次郎が使っていた聖書が、今残っているので、それについて書いておきましょう。

この聖書は、隣のコネチカット州（State of Connecticut）のハートフォード市（Hartford）のハドソン・エンド・スキナー社（Hudson and Skinner）一八三一年版のもので、縦一七・五センチ、

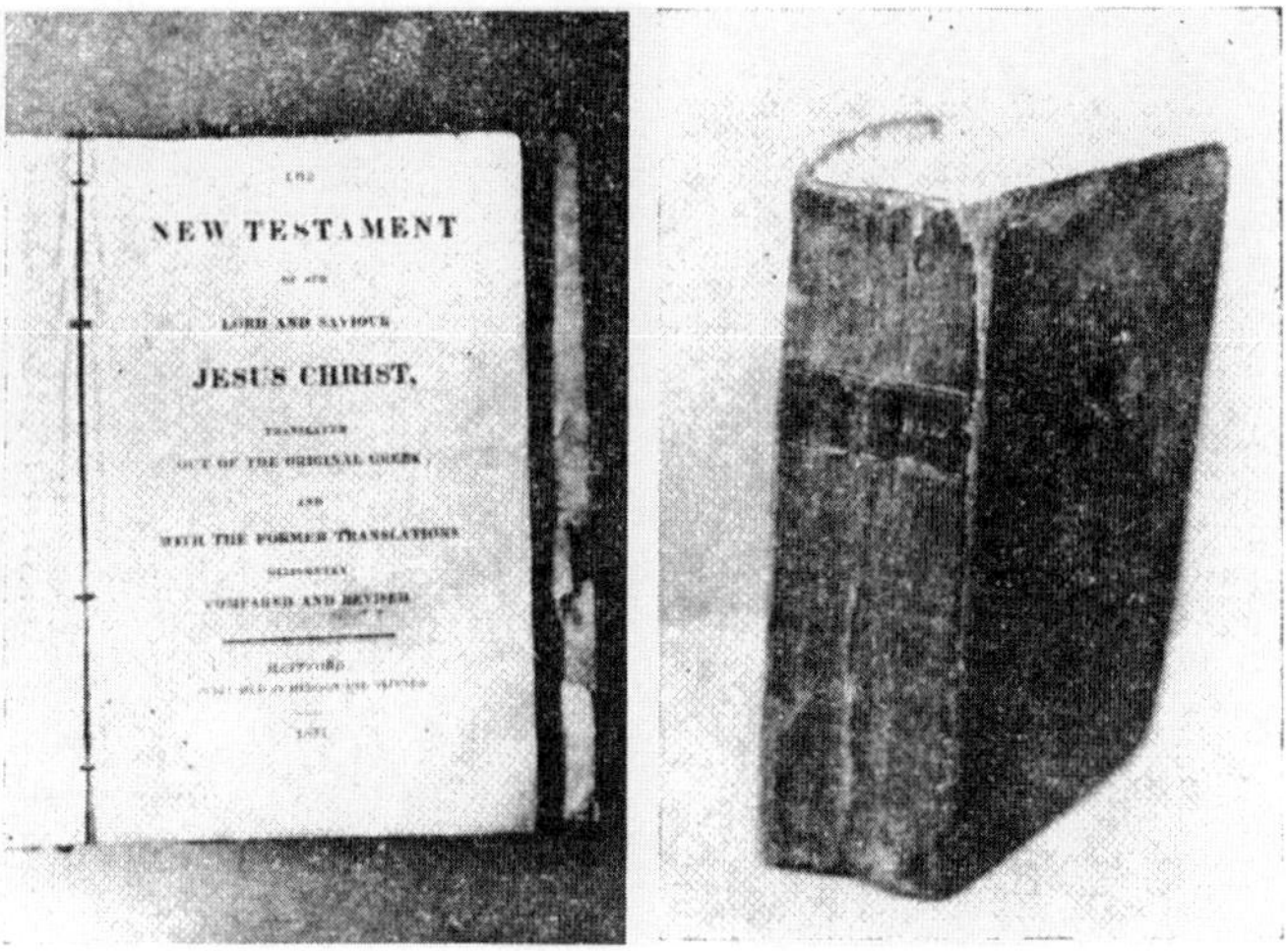

万次郎が使った聖書

横一一センチ、厚さ五センチ、九〇〇ページほど。チョコレート色の堅い牛皮装丁のものです。旧約の第一ページは、綴《つづり》糸がほどけてなくなっていますので、新約の第一ページを写真にしておきます。

この聖書は、グレン・S・ショー（Glenn S. Show）という人から贈られたもので、贈呈文の文字は、やっと読めるていどにうすくなっています。ジョン・マン（John Mung）の自署も記されています。

この聖書は、万次郎の帰国の時には携えてきませんでした。キリシタンのお経など持って帰ったら大変です。船長宅に残してきた持ち物の中にあったのです。そして一九二四（大正十三）年十二月に万次郎の長男と孫とがフェアヘーブンを訪れたおり、船長の二男マーセラス・

ホイットフィールド老人から両名に、この聖書は手渡されました。この聖書の見返しの贈呈文は、あらまし次のように判読されます。

Presented to John Mung by a friend in the hope that he will study the truths herein contained that it will be a blessing to himself and fit him to be a blessing to others, may the Lord grant that he find Christ's salvation.

万次郎の使った聖書。見返しの贈呈文

ひとりの友人からジョン・マンへ贈る。自分自身の幸いのため、さらに自分が他の人々の幸いになるような道を、この中から学び取ってもらいたい。

といったような意味にとれます。

またしても思い設けなかったことが、万次郎のところに起こってきました。捕鯨航海へいっしょに出かけようと、ひとりの船長から誘い話を持ち込まれたのです。

それはアイラ・デビス（Ira Davis）という人で、以前、ジョン・ハウランド号にも乗り組んでいたことがあって、ホイットフィールド船長にも目をかけられていた人ですが、今度、フランクリン号（the Franklin）の船長となって遠洋捕鯨に出ることとなり、万次郎を招きに来たのでした。

万次郎は船長の留守中、農園を去るのを決しかねました。この家の坊やウィリアム・ヘンリーの養育も、自分個人の責任であると誇《ほこ》りを持って確信していたからです。

フランクリン号は、今度、大型の三本マストの捕鯨船に改造されて、熟練した航海士を求めているところでした。デビス船長は、ふと日本の少年を思い出したのです。勉強家だったし、新しい航海術も研究していたし、おまけに樽を造る技術も最近身につけたし。

このデビス船長が訪れて来て、話の中に、最近の航海のおり、太平洋上で日本の漂流船に出会ったということも聞いたもので、万次郎はこの航海に加わりたい気持ちが、だいぶゆり動かされたようです。彼はホイットフィールド夫人にこのことを話して、おたがいの意見を出し合いました。夫人は、最初から万次郎に、この捕鯨航海に出かけるようにすすめてくれるのです。そして、ホイットフィールド船長がホノルルのデーマン牧師へ出した手紙の中で、万次郎のことに言い及んで、近いうち万次郎に会えるよう希望している旨を書いているとも夫人は言い添えるのでした。

その上、万次郎は、自分がアメリカの土地に来てから学び得た、さまざまな知識を、実際に役立ててみたい。そのよいチャンスでもあるし、たぶんまだ、ホノルルにいるらしい四人の仲間のようすを見ることのできるよい機会とも考えるのでした。

心引かれる思いをしながらも、ホイットフィールド夫人に、そしてアミリアおばさん、ヘンリー坊やたちに別れを告げて、スコンティカット・ネックの農場を出て、フランクリン号に乗り込みました。それは一八四六年の五月で、万次郎が十九歳の時でした。

〔注〕　アメリカの他の地帯では、その後、企業的大農経営が一般に行われるようになるのですが、このニューイングランドでは、せいぜい一五ヘクタールぐらいの小型の、おくゆかしい農業で生活されていました。

第七章　フランクリン号の捕鯨航海

一八四六年の五月十六日、フェアヘーブンを出帆したフランクリン号は、コッド岬を回ってボストンの港にまず入ります。ボストンは合衆国の東海岸でも、おもだった港湾都市。人口一〇万。鉄道網は合衆国の中でもいちばん早く発達した地帯で、このじぶんボストンを起点にして、いく筋もの鉄道線路が走っていました。海陸ともに繁盛《はんじょう》の地といえました。市街のはずれのケンブリッジには一六三六年に創立されたという、アメリカでいちばん古いハーバード大学もあります。

ここの海岸には砲台が築かれていてものものしく、また港には大きな軍艦が勢ぞろいしているのがながめられて、なにやらいかめしく、あわただしい空気。陸ではいろいろとうわさが流されていて、議論も盛んに行われていました。というのは、アメリカは南隣のメキシコとの間で前から国境争いをしていましたが、とうとう戦争を始めて、この時、ちょうど戦争の真っ最中《まさいちゅう》だったのです。この戦争はアメリカの勝ちになって、翌々年（一八四八年）には、メキシコからとてつもない広い土地を取りました。この土地へ、後になってカリフォルニア、ネバダ、ユタ、アリゾナ、コロラド、ニューメキシコなどの西部の諸州が生まれるのです。テキサスはこれより前（一八四三年）にメキシコから取っています。

さわがしい空気のこのボストン港は、停泊三日で出帆。東へ向かって大西洋を横断、ポルトガル領のアゾレス群島（Azores Is.）の中のファイアル島（Fayal I.）に着きました。気候のよいところで、穀物がよくできている島。ここで二泊。それから航路を真南にとって、アフリカ大陸の西岸に近いベルデ岬諸島（Cape Verde Is.）の中のサンチャゴ（San Tiago）に寄ります。ここもやはりポルトガル領で、土地の人は皮膚の色がうす黒く、髪は巻きちぢれています。豚と薪を買い入れて積み込むと、さらに南下を続け、赤道を越えて航路を東南にとると、やがてアフリカの南端、喜望峰。この端《はな》を東へ転じて進むのですが、インドのはるかはるか南の海で、喜望峰とオーストラリアの中間に当たるあたりにニューアムステルダム（New Amsterdam I.）と呼ばれている無人島があり、その近くを航海している時のことでした。海面に一頭の大亀《おおがめ》が浮かび上がって来たのを見つけたので、一同はボートをおろして、これに近づいて、銛《もり》を打ち込みました。しかし、大きな海の怪物は、なかなか降参するようすも見せません。その時、万次郎は、ひとりで海に飛び込んで行って、あばれ狂っている大亀の甲羅《こうら》にまたがって、ナイフを亀の喉元《のどもと》に突きさし、これにロープを通します。本船に引き寄せ、甲板に上げて計ってみると、身のたけ三メートルあまり。万次郎、この時から乗組員に、別の尊敬の気持ちをいだかれるようになりました。船では、それから何日も亀の肉のスープが続きました。

フランクリン号はなお鯨を追って東北へ向かいます。スマトラ（Sumatra）とジャワ（Jawa）の間のスンダ海峡（Sunda Str.）を通過。チモール島（Timor I.）の西南端クーパン港（Kupang）に入ります。ここはオランダ領で、オランダ人、清国人、インド人もいましたが、もともとの島の住民は色が黒く、髪は巻きちぢれています。この島の家の建て方の中には、万次郎が日本を思い出させ

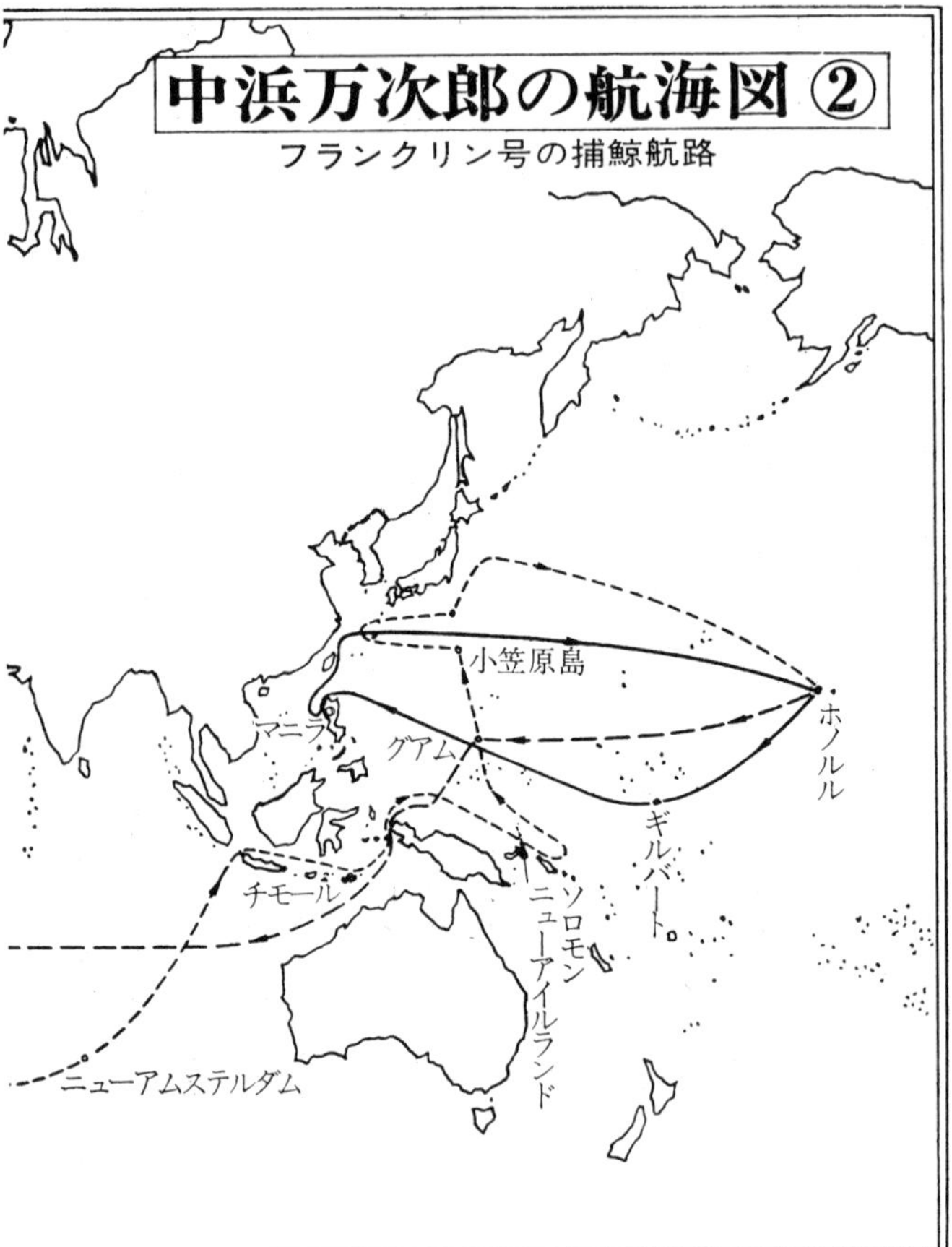
中浜万次郎の航海図②
フランクリン号の捕鯨航路
小笠原島
ホノルル
マニラ
グアム
ギルバート
チモール
ソロモン
ニューアイルランド
ニューアムステルダム

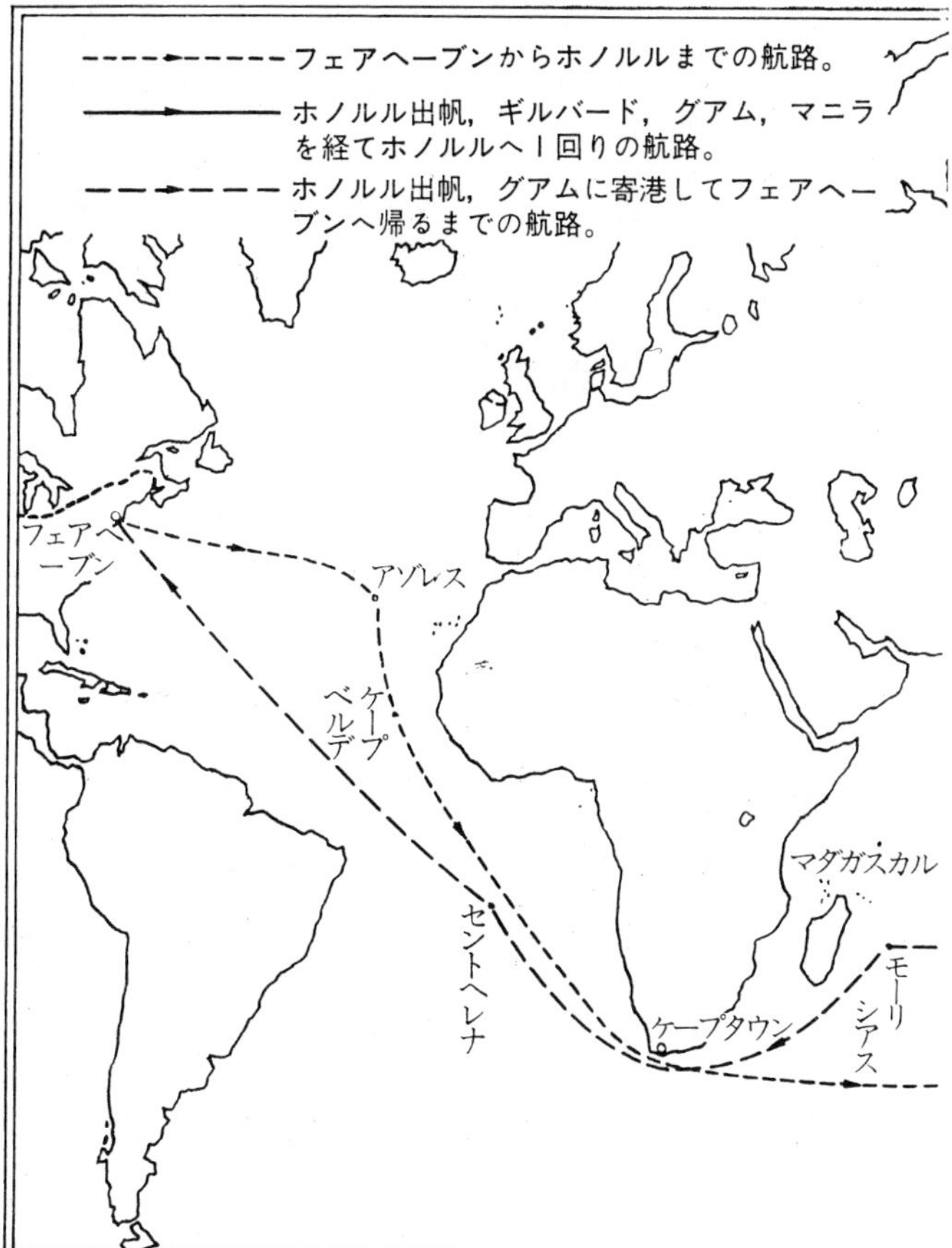
フェアヘーブンからホノルルまでの航路。
ホノルル出帆，ギルバード，グアム，マニラを経てホノルルへ1回りの航路。
ホノルル出帆，グアムに寄港してフェアヘーブンへ帰るまでの航路。
フェアヘーブン
アゾレス
ケープベルデ
セントヘレナ
ケープタウン
マダガスカル
モーリシアス

るようなのがありました。清国の大工が来て建てたということを教えられました。クーパンに停泊三十日。食料を補充、薪水を積み込んで、さらに東北へ進んでニュー・アイルランド島（New Ireland）に着きます。この島には昔、漂流者が来るのを待ちかまえて、その肉を食う習慣があったところで、島の人の顔かたちはものすごく、皮膚の色黒く、髪はちぢれ、男も女も粘土を全身に塗っています。地球上でいちばん原始的な人種のように万次郎には思われました。船員たちは土地の人の持っている盾《たて》や、珍しいみやげ品がほしくてしかたがなかったのですが、危険なので取引の談判はしないことにしました。

この島を離れるとソロモン諸島（Solomon Is.）の沖をめぐって、ここも同じように野蛮と聞いていたので上陸はしません。西北に航海を続けると、やがてグアム島のアプラ港に入ります。これが一八四七年三月三日のこと。グアム寄港は万次郎にとって、これが三回目です。ここに一ヵ月停泊。船の修理をし、船員を休養させます。薪水食料の積み込みはいうまでもありません。

万次郎はデビス船長に伴われてグアム島のアプラ港に停泊している他の捕鯨船を訪問しました。日本の鎖国政策、外国船打ち払いといった非礼な国法については、どこへ行っても非難されているのを聞きますが、ハーパー（Captain Harper）というひとりの船長は、同じニューベッドフォードのエブラハム・ハウランド号（The Abraham Howland）の船長でしたが、最近、沖縄でボートを海岸に着けたら、そこの役人からひどい目にあわされたという話をしていました。そうした経験は、誰しもみな持っているのですが、このハーパー船長は、日本国の外国人に対する態度をにがにがしく感じて、これを盛んに攻撃して、そして万次郎に向かって、君の国は世界に対して恥をさらけ出している。日本政府は恐ろしく惨酷《さんこく》でもあり、わからず屋だというのです。

捕鯨船のために。日本の海岸に平和な補給地がほしい。万次郎は、早くからそうした意見だったのです。

このハーパー船長は、日本本島の近くに万次郎を連れて行きたかったのですが、デビス船長の捕鯨計画もあるので、これは実行できませんでした。

このグアムに停泊中、万次郎はホイットフィールド船長にあてて手紙を書きます。フェアヘーブンを出る時、船長夫人からあずかっていた手紙も、それに同封しました。船長は今、いったいどこにいるのだろうか。手紙の宛《あて》先をどう書いたらよいだろうか。など心配する必要はありません。船長は地球上の海洋のどこかで鯨とりをしているのです。封筒の表に書く宛先は、ウィリアム・アンド・エリザ号上のホイットフィールド船長殿、で十分だったのです。

Guam, March 12, 1847

Respected Friend:

I take the pen to write you a few lines and let you know that I am well and hope you are the same. First thing I will tell you about the home the time I left. Well, Sir. Your boy William is well all summer until the cold weather sets in. He is smart creature I never saw before. He will cry after me just as quick as he would to him mother.

……Last summer we have got in about 50 bushels of apples, 115 bushels of potatoes and 8 or 9 tons of hay and have sold between 3 to 4 tons of hay, and we have plenty of milk to drink. I wish you had some of that milk.

Your wife is careful and industrious, respectful and good woman. I am glad you have a good wife. I hope you will never forget me, for I have thought about you day after day; you are my best friend on the earth, besides the great God. I do hope the Lord bless us whole.

O my friend I want to see that Boy more than little, he is cunning litte thing I never saw before. When you get home give my best respect to whole. We were 10 months out 16 th of this mo. After this we shall go N. and westward toward the Loochoo Island Japan and I hope to get a chance to go ashore safely. I will try to open a port for purpose for the whaler to come there to recruit.

We came here to anchor 3 rd of this month and saw a number of whalers. One of them touched the Loochoo Island and send the boat ashore in order to see if they can get some refreshment……

One of the chief officers says to them in two days if you no sail he cut lines. Name of this sbip Abraham Howland of New Bedford, Captain Harper. He is going to Japan Sea, he want me to go with him but Capt. Davis he would not let me go……

Here I have got letter for you written by your wife. She will tell you more about the home.

John Mung

一八四七年三月十二日、グアム島にて

（訳文）

敬愛する友よ

私は健《すこ》やかに暮らしていることをお知らせしたくてペンを執《と》ります。あなた様もご同様、ご健康のことと存じます。

何よりもまず、私が出帆したころのお家のようすをお知らせいたしましょう。

令息ウィリアム坊やは夏の最中、いたって元気でした。今までに見たことのないくらい可愛《かわ》いく、お利口で、お母さんにするように、私のあとを追って泣きさわぎます。

前の夏は、リンゴ五〇ブシェル、ジャガイモ一一五ブシェル、乾牧草は九トンの収穫をあげました。乾牧草のうち、三トンから四トンは他へ売りました。牛乳も豊富にあります。お飲みいただけないのが残念です。

奥様は気のつく方で、よく働き、尊敬すべき立派なご婦人です。すぐれた奥様をお持ちで私も幸い。どうか私をお忘れくださらないよう。ご高恩に対しては、日夜思い起こさない時とてありません。神様をのぞいては、あなた様は地球上で最良の友と考えております。神様が、私たちすべてにお恵みを垂れたまうよう。

ウィリアム坊やとは、なんとしてもいっしょに生活したい気持ちです。お家へお帰りになりましたら、どうか皆さんによろしくお伝えください。

私たちは、出帆してから、今月の十六日で、まる十ヵ月になります。当地を出ましたら西北をさして、日本の琉球列島に向かいます。そして無事上陸できたらと望んでいます。捕鯨船が補給を受けられるよう、港を開くようにさせたいと思ってもいます。

私たちは、去る三日にここに入港してから、何人もの鯨とりに会いました。その中の一人は、琉球島に近づいて、飲食物の供給を受ける目的でボートをおろしたそうです。……役人が言うには、二日のうちにこの島を去るよう、さもないと船をこわすぞ、と。この捕鯨船はニューベッドフォードのエブラハム・ハウランド号で、船長をハーパーといって、日本の近海へ向かっているという話でした。私にもいっしょに行かないかと誘ってくれるのですが、私の船のデビス船長は私を手放すことをしませんでした。

奥様から託された、あなた様宛のお手紙をここに持っています。お家のことについては、私の報告よりはもっと詳しくおわかりになることと存じます。

ジョン・マン

グアムに停泊すること三十日で出帆。真北に進んでボニン群島（The Bonin Is.）へ向かいます。ボニン群島というのは小笠原諸島のことです。火山群島で、島はどれも不思議な怪しい形をしていました。その中のおもな島はピール島（Peel I.）で、後に父島と呼ばれる島。このピール島の港ポートロイド（Port Lloyd）へ船を入れるには特別すぐれた操縦術が必要です。しかし内港に入ってしまうと、これはまたよい条件のそろった安全な港です。この島は十数年か前までは無人島でしたが、同じマサチューセッツ州出身のナタニエル・セボリ（Nathaniel Savory）という貿易商人たちが初めて植民したのです。

そのころ、ジェノアの出身者で、マテオ・マザロ（Matteo Mazarro）という男が、ホノルルにいるイギリス領事から、島の支配者として任命されました。沖に船が見えたらイギリスの国旗をあげる、という任務です。ところがこのマテオ・マザロは、島で焼酎《しょうちゅう》を造ることを覚えてしまって、ひとりで朝から焼酎を飲みふけっていましたので、イギリス国旗をあげることなどそっちのけ。この洋上の楽園でアルコールといっしょに天国へ昇ってしまいます。

それにひきかえナタニエル・セボリの方は、自分で種物を取り寄せていろいろな植物の栽培にはげみました。植民者から信頼され、航海者の間では生野菜と飲み水の補給地として重宝《ちょうほう》がられ、アメリカ合衆国の国旗がかかげられていました。

フランクリン号も、このポートロイド港に十日間停泊して、飲み水と生野菜を積み込みます。島にいる間に聞いたことなのですが、四年前のこと、スペインの船が洋上で日本の漂流船に出会って、たった一人生き残っていた日本人をこの島へ連れて来て上陸させ、そのスペイン船は出て行きました。この日本人はしばらくして、自分で造った小舟に乗って島を逃げ出しましたが、それっきりわからないという話でした。

小笠原諸島のピール島を離れたフランクリン号は、真西に向かって琉球諸島の中の一つの小島、マンビコシンの沖に達します。ボートをおろしてデビス船長は、万次郎たち六人を連れて上陸しました。役人らしい人々がやって来て、砂浜にむしろを敷いて腰をおろし、船から来た人々と談話を試みるのですが、話がちっとも通じません。船長から求められるのですが、万次郎にも通訳のしようもないのです。

そのうちに、もう少し上級の役人らしい人が、農民に牝牛《めうし》二頭をひかせてやって来ました。牛を進上するという手真似です。船長は船から持って来た木綿四反を返礼として贈りました。それ以上島にいたら迷惑になるようなようすなので、二頭の牛を本船に運んでまもなく出帆。

航路を東へ引き返すと、やがて六年前に暮らしていた鳥島が視界に入ってきます。島の近くに錨《いかり》を入れ、ボートを下ろして、今度もまた釣りをしましたら、前の時と同じで、小さい魚がたくさん釣れました。

鯨を追いながら日本本島のはるか沖を北東へ進んで行くと、ある日、二、三十そうの漁船が漁をしているのに出会いました。日本の漁船です。万次郎は、それらの舟が日本のどこから来たものか知りたかったし、故郷の土佐の方角を教えてもらいたかったのです。万次郎のこの気持ちを察したデビス船長は、帆を下ろさせて停船を命じます。みんなして釣りを始めましたら、八月のことでクダリカツオをたちまち二百尾あまり釣り上げました。万次郎は、いつも肌身離さず持っていた日本の半纏《はんてん》を引っかけて、タオルで日本風に鉢巻をしめて、いちばん近い漁船に手招きしましたら、その漁船は恐る恐る近づいて来ました。

万次郎は本船のボートを下ろして、ひとりでそれを漕いで漁船のすぐそばまで行くと、用意していったビスケットのいっぱい入った桶を二つ漁船の人にあげました。そして、あなた方はどこから来たのかと尋《たず》ねると、「ムツの国のセンダイ」と答えるのです。それきりで、万次郎が土佐の方角をきいても頭を振るばかり。万次郎が口をきけばきくほどだまってしまって、しまいにとれた魚の一部をさし出すのです。ビスケットのお礼なのでしょう。本船で魚はたくさんとってあるからということを、わかってもらうまでには、万次郎の日本語ではずいぶん骨が折れました。漁船の人たちは何度も頭を下げて、ビスケットのお礼を表すらしく、そそくさと漕ぎもどって行ってしまうのです。あっけない出会いでした。

フランクリン号はホノルルに寄港する計画だったので、そのまま真東に帆走を続けます。


フランクリン号は一八四七年の十月にホノルルに着きました。万次郎にとっては、ホノルルは五年九ヵ月ぶりのことです。ジョン・ハウランド号でこの港近くまで来ていながら、激しい波と風のため、入港することができずに通りすぎたこともありました。

いつも気にかけていた仲間四人の、その後のようすを知りたくて、上陸するやいなや、覚えているところを訪ねて行ってみますと、寅右衛門には、じきに出会うことができました。

十五歳の少年の時に別れたきりで、今二十歳の青年になっているのですから、面影《おもかげ》もすっかりちがってしまったでしょう。最初、寅右衛門の方では気がつきませんでした。

万次郎が名乗って、初めて思い出して、たいした驚きと、そして喜びようでした。あれから後のことを語り合うのですが、仲間の他の三人はいません。無人島へ上陸する時に怪我《けが》をした重助は、怪我とは別に、その後病気になって死んでしまったそうです。船頭の筆之丞と、その末弟の五右衛門の二人は、去年の十一月末、便船を得て日本へ帰ったということです。

六年前、万次郎が仲間四人に別れて、一人だけアメリカ本国に向かって船出した当時から後のことを、寅右衛門は語って聞かせてくれるのです。

その話によりますと、四人の仲間は、宣教師であり医師であるドクター・ジャドの親切な世話になって、その下役のカウカハツという人の家に寄寓《きぐう》しました。このカウカハツの弟のチヨチヨという人がまた思いやりのある人でして、ハワイ滞在中は一同、この人からもずいぶん面倒をみてもらったものです。

万次郎がホイットフィールド船長につれられて行ってしまった最初のころは、通訳がいなくなって、四人とも心細い思いもしましたが、そのうちにだんだんことばにもなれて、ふだんの用には不自由しないまでになりました。船頭の筆之丞はいちばん年上でもあったので、四人の生活のことなどについては、この筆之丞を代表のようにして、ハワイの人々は相談してくれるのでした。向こうの人たちは、Fudenojô というのを略して Denjô と呼ぶようになりました。筆之丞も、故郷に叔父《おじ》で伝蔵という人がいるのを思い出して、自分からも Denjo と名を改めます。

その年（一八四二年）の五月、ホノルルのこの伝蔵のところに、日本の若者が二人、出しぬけに訪ねて来ました。話を聞くと、兵庫の人々で、善助という船乗りと、船の炊事夫でしたが、前の年の夏、乗組み一三人の船で江戸へ行く途中、海上で暴風にあって、大海原を漂流しているところをスペインの商船に助けられました。この船は貿易のためスペイン領のルソン（呂宋―フィリピン）からアメリカへ向けて航海中だったもので、メキシコ領の下カリフォルニアの南端にあるサン・ルカス（San Lucas）へ全員を上陸させると、そのまま出帆してしまいました。

一三名はその後、同じメキシコのマサトラン（Mazatlan）へ移されて、そこで便船を待って日本へ帰ろうと思っていました。幸い便船があるにはあったのですが、二人しか乗せてくれないのです。おまけに船賃として、一人銀百枚を支払っているのに、航海中その船の船員たちは、二人を奴隷《どれい》のようにこき使うばかりでなく、暴行を加えたりするのです。ホノルルの港に入ったら、日本人がいるという話を聞いたもので、こうして訪ねて来たのだというのでした。いっしょに日本へ帰ろう。日本人が四人ふえれば、船の中の待遇《たいぐう》もよくなることだろうからと、さそうのです。よい機会だと思って、伝蔵はホノルルの役所へ帰国の願いを出しましたら、役人は四人の日本人の便船を船長に頼んでくれました。けれど、これは船長から断られてしまいました。伝蔵たちは、あきらめて次の機会を待つことにしました。

善助たち二人を乗せたこの船は出て行きます。この船は清国の港で二人をおろし、二人は別の便船を得て、日本へ帰り着いたということです。

ハワイ政府では、帰国しそこなった四人の日本人のために、改めて住居の世話をしてくれ、生活の面倒《めんどう》も引き続いてみてくれます。しかし、遊んでいるのは苦痛なので、小舟にハワイ人を数人乗せて、沖へ漁に出かけます。生《なま》のイワシを餌《えさ》にして長竿《さお》でカツオの一本釣りをしたり、餌に擬《にせ》た針を作って、いろいろな魚をとったりします。土地の人々はその巧みなのに驚きました。こうしてとった魚を市場に売って、いくらかの収入を得たこともありました。

それにしても暇《ひま》がありすぎるので、それぞれ独立した暮らしをしたいものと思って、いつも世話になっているカウカハツにその気持ちを話しましたら、いつまでも世話するようにと役所から言いつかっているので、心配しないで私の家に留まっておいでなさいと言ってくれるだけで、仕事をさせてくれません。しかたがないので役所へ直接話しに行くと、やっと許しが出ました。で、重助と五右衛門は、ドクター・ジャドの家事手伝い、水汲みや薪割りなど。伝蔵は学校の用務員。それから寅右衛門は大工のところに弟子入りします。大工仕事を身につけたいというのでした。

そうこうしているうちに、またしても別の日本人二人が、外国船に乗ってこのホノルルに寄りました。外国船が港に入って来ると、土地の子どもたちは小舟に乗って、雑貨や食料品を商いに行くのが習わしですが、これらの子どもから、今入った外国船に、日本人が二人乗っているという話が伝えられました。

伝蔵たちは、故郷を想う念にかられて、海岸へ走って行ってみると、艀《はしけ》から上がって来る人々の中に、日本人らしい容貌《ようぼう》の若者が一人、こちらに来るのを見つけたので、呼びかけると、先方も日本人であることを名乗って喜び合うのですが、その若者の話すところによると、江戸の生まれで、安太郎といって二十四歳。先年、塩を積んだ船に同僚八人と乗り組んで陸奥《むつ》の国へ行き、その帰りの航海で大シケにあって、太平洋を漂うこと一ヵ年。食料も尽きて餓死《がし》を待つばかりのところ、偶然マグロの大群に出会って、これを釣り上げて食べ、残りは干《ほ》して貯えておいたところ、それも食べ尽くしてしまって、また飢えにおそわれ、とうとう六人が餓死。二人だけ生き残っていたところをアメリカの捕鯨船に救助され、六人の死体は船に残したまま本船に乗り移り、その後、その捕鯨船は二人を日本へ送り届けるためフランスの船に頼んでくれ、そのフランス船で清国へ向かう途中、今、こうしてホノルルに寄ったのだという話なのでした。もう一人は藤兵衛という名で、本船に留まっているが、あなた方に会えたのを教えてやったらどんなに喜ぶだろう、と言って安太郎は、牛肉を少し買って本船へもどって行きました。やがて安太郎は藤兵衛を連れて伝蔵のところに来て、郷里のよもやま話。彼ら二人は、その後もたびたび伝蔵のところにやって来ますし、伝蔵たちも船へ二人を訪れて、ご馳走《ちそう》になったりもします。

そうしているうちに、いっしょに日本へ帰ろうという話がまとまって、船長に交渉しますと、船賃の前払いを要求されたばかりでなく、その値がひどく高くて、とても払える金額でないので、残念ながら、今度の帰国も思いとどまらなくてはならなくなりました。それでも安太郎は、いくらかでも船賃作りの助けをしようと思って、前に餓死した仲間六人の着物がとってあったのを売って、お金にしようとしましたが、そんな物を買ってくれる人もなく、安太郎と藤兵衛の二人はあきらめて、伝蔵たちを置いたままフランス船で出帆してしまいました。この二人の、その後のことは何もわかっていません。

伝蔵たちは、何回も日本へ帰る計画を立てるのですが、いつも、どれも実現できないでしまいます。こうしているうちに重助が赤痢《せきり》のような病気になります。重助は鳥島へ上陸する時に足を負傷して、それがなかなか治りきらないで、しまいには片足が使えなくなってしまいました。それが、今度は内臓の病気です。ドクター・ジャドは診察して、丸薬などをのませてくれましたが、なお本式の医療を受けさせたいと考えて、一〇キロほど離れたコオラウ（Koolau）という土地によい医師がいるので、そこへ病人を送るよう手配してくれました。兄の伝蔵と弟の五右衛門が寝椅子（re-clining chair）に乗せて担《かつ》いでいきます。寅右衛門は半ドル銀貨一枚を贈ります。コオラウの途中まで行くと、ドクター・ジャドから手配された迎えの者が二人、馬二頭をひいてやって来るのに出会い、伝蔵と五右衛門の兄弟はこの馬に乗り、迎えの者は寝椅子を代わって担いでくれます。迎えの者の家に着くと、部屋の中に通されて、医師を招いて治療を受けるのでした。

その上、このコオラウにほど近いカネオエ（Kaneohe）という土地にパーカー（The Reverend Benjamin Parker）という牧師がいて、この人はアメリカ本国で、ホイットフィールド船長の近所に住んでいたこともあるというのです。そして、持っていた薬をくれたり、病人の介抱に尽くしてくれたりします。が、こうした人々の手厚い看病の効もなく、重助は、一八四六年の一月に死んでしまいます。二十八歳でした。漂流してから満五年。再び郷里へ帰ることもできずに、異国の土地で果てたのです。パーカー牧師がねんごろにお葬式をしてくれました。そして、このカネオエの墓地に埋められました。

伝蔵と五右衛門の兄弟は、同じ兄弟の重助が眠っているカネオエの土地から離れたくなかったもので、役所に願って、ここに未墾地をもらいます。小屋を造って兄弟住まって、畑作りと漁業の両方を始めます。そしてタロイモ、サツマイモ、粟《あわ》やメロンを作りました。年半ドルの人頭税は免除されていました。五右衛門はパーカー牧師のところで家事も手伝いました。教会で集まりのある時には、欠かさず出席するのですが、ある日曜日、公衆の中で、全く偶然ホイットフィールド船長に出会いました。船長は以前から親しくしていたパーカー牧師と、日本の友人たちにも会いたくて、かねて知っているこのカネオエの教会まで訪ねて来たところなのです。五右衛門にとっては、この恩人に再会したのは四年ぶりのこと。一別《いちべつ》以来の挨拶《あいさつ》を述べ、その後の暮らしの模様など手短に語り、重助の死んだことを告げますと、船長はその死を心から悼《いた》んでくれました。それから話を転じて、万次郎はアメリカ本国で無事に勉強していることも話してくれるのでした。そして五右衛門たちの新しい小屋を訪問したいと言い出して、パーカー牧師もさそうので、五右衛門は一足先にかけもどって伝蔵にこのことを告げ、二人して大さわぎして小屋の中の片づけにかかると、そこに二人が訪れて来たので迎え入れます。新築の小屋をほめてくれたりもしますが、その際、ホイットフィールド船長の話に、自分の船に乗っていたことのあるコックス（Cox）という船員が、今度捕鯨船フロリダ号（The Florida）の船長になって日本近海まで航海するので、国へ帰りたいならば、この人に頼んであげてもよいと言うのでした。よもやま話をして、伝蔵、五右衛門の兄弟に、銀貨一枚ずつを与えて暇《いとま》を告げ、それから重助の墓もお参りしてから本船へもどって行きました。

その翌日、船長から使いの者が来て、二人にあげたい物があるから本船まで来てもらいたいという伝言だったので、五右衛門が船まで出かけます。船長から服を五着と白い布の織物二反、それにタバコ、その他の品を与えられました。五右衛門は厚くお礼を述べて、担いで帰ります。兄伝蔵にこの品々を見せ、船長のいつもながらの厚意を語り合って、二人して感激します。

それから伝蔵兄弟はホノルルの町に出て、大工の寅右衛門に会って、船長に再会したこと、帰国する船の世話までしてもらえる話をしたところ、寅右衛門も大変喜ぶのでした。

そこで伝蔵は、すぐ船長のところへ行って三人の意見一致を報告、改めて帰国の計らいを依頼しました。伝蔵はさっそく、ふだん世話になっている土地の人々に帰国の話をして別れを告げ、それから所有物の処分です。畑の物はパーカー牧師と近所の人たちに。パーカー牧師からは服上下とハンカチを。ドクター・ジャドからも何やらお餞別《せんべつ》がありました。鶏六羽とアヒル四羽、それに豚二頭はそのままホイットフィールド船長のところへ。そして自分たちの荷物はまとめて捕鯨船フロリダ号に運んで、いつでも出帆を待つばかりでした。

ホイットフィールド船長はフロリダ号にやって来て、コックス船長に伝蔵兄弟のことを依頼してくれるのですが、寅右衛門のことは何も言いません。伝蔵は寅右衛門のことも、自分たちといっしょに頼んでくれないのを不審に思って、船長に聞いてみますと、船長の言うのには、寅右衛門はちっとも自分に親しもうとしないから、彼のためにこれ以上尽力する気になれない、と意外なことばでした。びっくりした伝蔵は、寅右衛門はもともと自分の隣の者で、これまで生死を共にしてきたのに、今となって彼一人を異国の地に残して、自分たち兄弟だけ郷里へ帰るのでは、本人にかわいそうなばかりでなく、故郷の家族、親類に対して合わす顔がない、どうか私たち三人いっしょに国へ帰れるよう取り計らっていただきたい、と一生懸命にお願いするのでした。そう言われると、船長も、いくらか心がやわらいできて、きみの言うことはもっともだから、寅右衛門も帰国できるように骨を折ってあげよう。ただ、今度のフロリダ号は、二人しか乗せてくれないそうだから、今回はがまんして、次の便船を見つけしだい、必ず寅右衛門も帰国させよう。そう約束してくれるのでした。

ちょうどよいことに、そのじぶん、日本の近くへ行くという大きな船があるのがわかって、ホイットフィールド船長の口ききで、寅右衛門の方はそれに乗るのを許されたので、伝蔵、五右衛門の兄弟もやっと安心しました。船長の常々の親切を感謝したのです。ところが一度その大船に乗り込んだ寅右衛門は、どうしたことかだまって船を降りてしまいます。驚いた伝蔵たちは、何度もすすめたのですがやはりだめで、そのうち自分たちのフロリダ号が出帆する時刻も迫ってきたので、しかたなく寅右衛門を置いたままフロリダ号にもどります。

寅右衛門が乗船を許されたその大船は、その後、日本の浦賀へ無事入港しているのですから、素直に乗っていたら、彼は誰よりもいちばん早く日本に帰れたのでしたのに。

一方、伝蔵兄弟の乗ったフロリダ号ですが、ホノルルを一八四六年十一月末に出帆。西南に進んで一つの小さな島に着いて上陸。伝蔵、五右衛門の兄弟はこの島の名を覚えていません。ただ、この人たちを、アメリカ人はカナカ（Kanakas）と呼んでいて、椰子《やし》の葉をわずかに腰にまとっているだけで、男女ともに裸でいたと、後で報告しているだけです。この島の次が捕鯨船のランデブー。例のグアム島でした。ここで船の修繕《しゅうぜん》をしてから航路を北にとって、春には八丈島のあたりに達します。伝蔵と五右衛門はもう故郷へ帰り着いたような気持ちで、喜び勇んで上陸の準備をします。コックス船長は、この島の日本人の生活のようすを見ておきたいと思ったので、二人といっしょにボートに乗って島にいっそう近づきました。水牛を使って耕作しているのまでよく見えます。が、なにぶんにも風が強く、波が高いのでボートを岸に着けるのは危険。残念ながら本船に引き返さないわけにいきませんでした。翌朝、本船はこの島を見限って出帆。北東へ向かい、それからさらに北をさして航海を続けます。そうしているうちにとうとう蝦夷《えぞ》へ来てしまいました。その海岸沿いになお進むのですが、ある日コックス船長は、伝蔵兄弟に向かって、ここは日本の松前という島だが、ここに上陸して故郷へ帰るように、と言ってくれました。そして（一つの山の北の方に）船を近づけました。浜辺には人が行き来するのがはるかにながめられます。夜になると、海岸ではあちこちにかがり火を焚《た》いて、外国船が入って来るのを怠りなく警戒しているようすです。

船長はこれを見ていましたが、とにかく上陸してみようと思って、ボートを下ろして伝蔵兄弟といっしょに海岸に漕ぎ着けました。すると、今まで浜辺に出ていた人々は、どこかへ散って行って、姿を消してしまいます。三人は海岸をあちこちと歩いてみましたが、人っ子一人いないのです。小屋が二軒あるので、中に入ってみると、鍋釜などあるにはあるのですが無人の空家《あきや》。伝蔵兄弟は船長に向かって、自分たち二人、これから内陸の方へ入ってみたい。人に出会うだろうから、わけを話して助けを求めて、なんとかして土佐までたどり着くこともできるでしょう。本船は、私たちをこのまま置いて出帆していただきたい、と申し出るのです。が、このあたりの状況を見たコックス船長は、ここはいけない、と考えたもので、君たち二人を置いて行くのは不安だ。安全に送り届けるよう頼まれたホイットフィールド船長の気持ちにもそむくことになる。残念ではあるけれども、今回はあきらめてひとまず本船へもどるようにしよう。そして次のチャンスを待とうじゃないか。と、ねんごろに言い聞かすのです。伝蔵と五右衛門は、無理に船長の厚意に背《そむ》くわけにいかず、そのことばに従って本船に引き返すのでした。

春四月といっても、北のこの地方ではまだまだ寒くて、冷たい海にはアシカが群れをなして泳いでいました。それからさらに北東へ進むのですが、この海域で鯨はたくさんとれました。なお北上を続けて、カムチャッカ半島（Kamchatka Pen.）の東岸沿いに航海するのですが、この大半島には大山脈の連峰がそびえ立っていて、積もった雪の上にさらに雪が積もって、年中とけることなく、氷山となって、それが太陽光線に映じて照り返す美しさといったらありません。水晶の山を連ねたよう。海にはオットセイが群れをなして泳いでいました。この地方のルシン山の奥から流れて来る水はきれいな色をしていて、それが海水と混ざらずに一線を画いて海の中へ、沖の方まで流れていました。霧の日が多くて、太陽の姿を見ない日が何日も何日も続きます。このベーリング海（The Bering Sea）で捕鯨に従事しながら夏を暮らしてしまいました。このあたりは冬の訪れるのが早く、九月に入ると海は荒れ始めて、恐ろしい暴風に見舞われて、ひどいシケにたびたびあいました。沈没しかかったことも何度かありましたが、かろうじて難をまぬかれ、アリューシャン列島（Aleutian Is.）を横切って東南に下り、十月の初めにホノルルに帰り着きました。前の年の十一月末に出帆してから十ヵ月あまりのことです。

伝蔵と五右衛門の兄弟は、せっかく日本列島の北の一端に上陸までしながら、とうとう帰国の目的は達せられないでしまったのです。コックス船長も、次の機会には安全に、ぜひとも故郷へ送り届けてあげようと約束してくれますので、兄弟は船長と乗組員一同に、航海中の親切を心から感謝して、ひとりひとりに挨拶して、フロリダ号を降りようとしました。ちょうどその降りようとする時に、一そうのボートがフロリダ号の舷《ふなべり》側に着きます。そのボートにはフランクリン号という文字がしるされています。タラップを登って来た若者は万次郎だったのです。

入港したフロリダ号に日本人が乗っていると伝え聞いたもので、停泊中のフランクリン号から訪ねて来たというのです。

万次郎はホイットフィールド船長に伴われてアメリカ本国へ向かったおり、伝蔵、五右衛門に、この同じホノルルで別れてから、寅右衛門とも同様、五年九ヵ月ぶりで再会したのでした。

帰国の計画にまたまた失敗した伝蔵と五右衛門の兄弟は、とにかくホノルルに上陸。ドクター・ジャドをはじめと地の人々を訪れて、航海の顛末《てんまつ》を語るのですが、今度もまた、前の人々の厚意と援助によって、もとの半農半漁の生活に復して、再びハワイの地で暮らすことになりました。

万次郎は、今度のホノルル滞在中に、「海員友の会」（The Seaman's Friend Society）に所属するサムエル・デーマン牧師（The Reverend Samuel Chenery Damon）にも会いました。デーマン牧師は、かねてホイットフィールド船長から万次郎のことは聞いていて、関心を深くしていましたが、今、この若者に会うと、すっかり気に入ってしまって、並々ならぬ好意を持ってくれるようになります――長く、後々までも。

ホイットフィールド船長は、船がホノルルに寄港するたびに、必ずデーマン牧師の所属している海員礼拝堂にお参りしていましたし、その上、デーマン牧師が一八四三年の創刊した「フレンド」（The Friend）という新聞の寄稿家でもありました。この新聞は土地のニュースを載せるだけでなく、船の入港、出港を知らせるのはもちろん、ニューベッドフォード市場の鯨油の最近の相場を伝えたり、世界中のおもな出来事も報じていました。ネタはみなホノルルに寄港する船が持って来るのです。その上、航海に欠かすことのできない暦《こよみ》も毎年発行していました。フレンド紙は、こうして太平洋上で、広く読まれていた新聞なのです。

この牧師館の読書室には、たくさんの書籍が備えつけてありましたが、日付けの古いアメリカの新聞もとってありますし、文机《ふみづくえ》には便箋《びんせん》や鵞《が》ペンも備えてありました。

デーマン夫人は、お客のあしらいに優《すぐ》れた婦人であり、この読書室は万次郎にとって、太平洋上で心のやすらぎが得られる唯一の静かな場所でもありました。

万次郎の乗り組んでいるフランクリン号は、ホノルルに停泊すること一ヵ月で、十一月の初めに出帆しました。まず西南に向かってギルバート群島のあたりで捕鯨をするのですが、さらに西北に進んで、翌一八四八年の二月には、またしてもグアム島のアプラ港に入ります。グアム寄港は万次郎にとってこれが四回目。

ふだん温和なデビス船長は、今度の航海で、ホノルルを出帆したころから、どうしたものか怒りっぽくなりました。乱暴な口をきいたり、船員を打ったりすることもあり、おかしな挙動が少なくなかったのですが、グアムに着いたころからは乱暴がつのってきて、刀や鉄砲を振りまわすようになって、危なくてしかたがありません。やむを得ず鎖《くさり》でしばって、船内の一室に閉じ込めておいたのですが、ルソン島のマニラ港（Manila）へ行けばアメリカの領事館もあるので、そこまで行って病院に入れるなり、本国へ送り返すなり、役人に頼むこともできるのです。で、グアムを出たのが四月の末でした。ルソン島の近くまで来ると、猛烈な暴風雨にあって難船します。岩にたたきつけられそうにもなって、一時は危険でしたが、乗組員一同の努力でどうやら沈没はまぬかれて、五月の末にマニラ港に入ることができました。この大シケを乗り切るのに万次郎の功績は大きかったようです。

精神がおかしくなったデビス船長は、マニラで医療を受けさせ、この地にいるアメリカの役人の手によって本国に送還《そうかん》されることになりました。こうしたわけで、フランクリン号は船長なしになりました。乗組員の中から新たに船長を選挙しなくてはなりません。投票の結果は、万次郎と一等航海士のエーキン（Isachar Akin）が同点で選ばれたのです。その時、万次郎は二十一歳、みなの意見で年上のエーキンが船長に、そして万次郎は一等航海士、副船長にされました。

スペイン領であったフィリピン群島の中で、いちばん大きな島がルソン島です。その都マニラ港には各国の船がいつも出入りして、大変なにぎわい。市街は繁華で、建物も西洋風の立派なのが並んでいて美しい都市。七月初めに錨をあげてマニラを出帆。近海で鯨をとって台湾の東岸を北上、琉球列島を横切っていったん東シナ海に入り、東に転じて日本列島沿いに鯨を追って、それからさらに東へ航海を続けました。そして十月の末には再びホノルルに入港。万次郎は、デーマン牧師館の快い読書室の文机について、ホイットフィールド船長へまた便りを書きました。

Honolulu, October 30, 1848

Kind　Frend:

……I went to see Mr. Damon's and Mr. Smith's fanily. They all glad to see me and told me you are a good friend to them and wanted me to write to you and give best respects to you and your wife. Mr. Damon gave me paper and semimonthly journal which contained some of your writings.

O Captain how can I forget your kindness, when can I pay for your fatherly treatment? Thank God ten thousand times and never will forget your name …… I was sorry to hear that your ship being leaky and obliging you into port before the season. The God will direct you into the straightest and clearest path of the sea …… We are lying with 700 bbls. Sperm oil and have to go another season on the line …… Give my best respects to all your friends and your kind neighbors and my affectionate regards to your wife, Aunt Amelia and Mr. Bonney family. Tell them what quarter of the world I am in. I can never forget kindness they have done to me. It is hard for me to join words together and therefore come to close.

John Mung

（訳文）

一八四八年十月三十日、ホノルルにて

親切な友よ

デーマン牧師とスミス様のお宅へ伺いました。大変喜んでくださいました。あなた様が、このご両人のご親友でいらっしゃるというお話も出ました。そして、あなた様へ、お便りを書くように求められ、あなた様と奥様へよろしくお伝えしてくれるようにとのことでした。デーマン牧師は、この便箋と、あなた様がお書きになった記事の載っている月二回発行の新聞とをくださいました。

船長、私はこれまでにお受けしたご親切を忘れることができません。父親のようにお世話をしてくだされたのに対して、いつご恩に報いることができるでしょうか。百万遍《べん》、神様に感謝いたし、お名前は永遠に忘れることはありますまい。

あなた様の船に水漏《も》れが生じて、この捕鯨シーズンを前にして港入りしなくてはならないと伺って、なんともお気の毒にたえません。

神様が、できるだけ早く海洋へお導きくださいますよう。……私たちは鯨油七〇〇バレルを収め、次のシーズンを待ち望んでおります。……あなた様のお友だちの皆さんと近所の親切な方々によろしく。また特別、奥様と、アミリアおば様、ボネーさんご一家にはくれぐれもよろしくお伝えください。

私が現在、地球上のどこにいるか、皆さんにお話してあげてください。皆様からお受けしたご親切を、私は長く忘れることができません。もうこれ以上ことばに言い表すことも不可能です。

ジョン・マン

それから三日たって、今度はフェアヘーブンのミス・チャリティ・アレン（Miss Charity Allen）へ手紙を書きます――やはり牧師館の居心地よい読書室から。この女性は、万次郎が初めてフェアヘーブンに着いたじぶん、最初に入った塾の先生、ミス・ジェーン・アレン（Miss Jane Allen）のお姉さんです。異国へ来たばっかりの、ひとりぼっちの少年に対して、まるでお母さんのような愛情を注いでくれた、あのお姉さんです。万次郎は、このミス・チャリティから、前の航海中に便りをもらっていました。

Honolulu, Nov. 2, 1848

Respected Frend:

I take pen with pleasure this day to inform you that I am in good health and spirits, and hope most sincerely that these few lines will find you and all your friends enjoying health and happiness. I have received your affectionate letter by my friend and now return to you my warmest thanks for your kind wishes, and hope you will always find that I pay a proper degree of respect to the advice you are sa frequently kind enough to give me, that my conduct may evidence the truth of the assertion, for believe me I shall always feel truly gratified in having the good opinion of friends.

We are lying with 700 bbls. of sp-oil and have to go another season on the line. I had couple of chances to getting home, but being wanted at the Nautical Instrument, and Capt. Being unwilling to let me go I could not ……

Capt. unites with me in love to you all.

John Mung

Miss Charity Allen

Fairhaven Mass. U. S. A.

（訳文）

一八四七年十一月二日、ホノルルにて

敬愛する友よ

おかげさまで私は心身ともに健《すこ》やかに暮らしていることを今日はお知らせ申します。そして、あなた様と、あなた様のお友だちの皆さんが、ご健康とご幸福とをお受けになっておいでのところへ、この手紙が届くようにと心から希望しております。

情愛深いお手紙は、友人の手を経て、早くにちょうだいいたしました。ご厚意に対して心底よりのお礼を申し上げます。

いつもいつも賜《たま》わるご親切なご忠告は、私にとって尊い極《きわ》み。私の言動も、ご忠告の正しいことを実際に証拠立てております。友人方から善《よ》いご意見をいただけるのは、幸いなことと常々感謝申し上げております。

私たちは鯨油七〇〇バレルを収穫して、次のシーズンを待ち望んでおります。

日本へ帰る機会はたびたびありましたが、私が海事用具組合で要望されていることと、船長が私を手放したがらないためとで、思いを果たすことが出来ずに……船長は、私とあなた様方みなさんとを、愛でつないでいるのかもしれません。

ジョン・マン

ミス　チャリティ・アレン
フェアヘーブン　マサチューセッツ州　アメリカ合衆国

十一月にホノルルを出帆したフランクリン号は西南に針路をとって、南洋群島（South sea Is.）の広い海域で捕鯨の仕事を続けたあげく、ニューギニア（New Guinea）の西のセラン島（Ceram I.）に寄港したのが翌年一八四九年の二月でした。このあたり、モルッカ諸島（Moluccas Is.）はオランダ領です。オームの多くいるところで、このセランに停泊中に、万次郎はきれいなオームを一羽買って来て、船の中で飼いならしてアメリカ語を仕込むのです。

最初来る時の航海で立ち寄ったチモール島にも、また寄港して、ここでは幾籠《いくかご》もの鶏を買い入れて船中の食料に加え、その日のうちに出帆。西南に向かって、インドのはるか南の海を西西南さして航海を続けて、マダガスカル島（Madagascar I.）に近いモーリシアス島（Mauritius I.）のあたりを通過。喜望峰をまわって大西洋に入ります。ナポレオン（Napoleon Bonaparte）の墓があるので付近を航海する者の間で評判の、孤島セントヘレナ（St. Helena）を遠方にながめながら西北に進行。一八四九年の八月の末、フランクリン号はニューベッドフォードに入港。三年四ヵ月の航海の間にとった鯨は五百頭にのぼりました。万次郎は分配金として三五〇ドルを受けました。

上陸するとすぐ、フェアヘーブンの郊外スコンティカット・ネックのホイットフィールド家にかけつけますと、ちょうど船長も航海から帰っていたところで、夫妻そろって喜んで迎えてくれるのです。

万次郎がフランクリン号の一等航海士になったことは、船長夫妻にも早くに伝えられていました。

西洋の科学理論を応用して、万次郎が自分の手で航海してきたことに、ホイットフィールド船長は大変満足して祝福してくれるのでした。

それにしても、仲よしだったヘンリー坊やが留守中に二歳二ヵ月で、一八四六年十月七日に亡くなったということは、グアムでもフェアヘーブン出身のひとりの船長から話だけは聞いていましたが、今、こうして船長夫妻と三人して、なき幼児について話し合うのは、なんとしても悲しいかぎり。万次郎は、セラン島から持ち帰ったきれいなオームは、籠ごとよその知らない人にあげてしまいました。

〔注〕　本書に載せた英文の手紙にはまちがいが少なくありませんが、すべて原文のまま載せました。

第八章　カリフォルニアの金山かせぎ

カリフォルニアで砂金鉱が発見されて、アメリカ中に大評判となったのは一八四二年のことですから、万次郎が、救われたジョン・ハウランド号の本式の船員となってホノルルを出帆、太平洋上で鯨を追っているころだったのです。そのじぶん、カリフォルニアはまだ合衆国の領土ではなくて、メキシコ領でした。

もともとイギリスの植民地であるアメリカ一三州は、大西洋岸に沿って南北にかけて細長い土地にすぎませんでしたが、本国イギリスは、何やかやと植民地を搾《しぼ》り取ることばっかりするので、かねがね怒っていたアメリカの人々は、本国に対して独立を宣言（Declaration of Independence）します。これが一七七六年の七月四日のこと。ヨーロッパ人で、同情して応援にかけつけて来る者もたくさんいました。

翌一七七七年、独立戦争に勝って、一三州の植民地は連邦を組織してアメリカ合衆国（United States of America）をたてたのです。そして、フランスやスペインがこれに同盟して最後の勝負がきまり、ヨーロッパの諸国はみな合衆国の独立を認めるようになりました。そんなわけでイギリスもその独立を承認しないわけにいかなくなり、ミシシッピ河から東の方の土地を合衆国に与えましたので、合衆国はミシシッピ河まで西へ広がりました。これが一七八三年のことです。その後、一八〇三年には中部の北の方、ルイジアナ（Louisiana）をフランスから買い取り、一八一九年にスペインからフロリダ（Florida）を買収、一八四三年にテキサス（Texas）を合併、さらにメキシコと戦争した結果、一八四八年に西部の土地を取って、初めて太平洋の海岸に達したのです。カリフォルニア州その他が正式に州となるのは、一八五〇年以後のことになります。

カリフォルニアの金鉱熱はすごいブームを起こして、世界各国からたくさんの人がここを目ざして押しかけるのですが、このカリフォルニアは砂金だけでなく、銅、鉄、鉛、錫《すず》、それに宝石の類も出るのでした。その人気は盛んなもので、合衆国の東海岸でも金《きん》の話で持ちきり。フェアヘーブンも例外ではなく、今までの鯨の話が、今度は町中、金の話に取って代わりました。われもわれもと西部さして出かけます。いわゆるゴールドラッシュ（The Gold Rush）を現出するのですが、まだ地図もできていないインディアンの郷土である荒野と連山へ向かって幌《ほろ》馬車隊（caravans of covered wagons）が組織されます。

万次郎はこの砂金とりをして、旅費をこしらえて日本へ帰る望みを達しようと思い立ちます。ホイットフィールド船長に相談しましたところ、船長は「機会を逃《のが》さないように」と言って意外にも励《はげ》ましてくれるのでした。

万次郎は、同じフェアヘーブンの友人のテレ（Terry）という若者と、いっしょに出かける約束もできて、便船をさがしました。ちょうどサンフランシスコ行きの木材船があるということを耳にしたので、すぐ港へ行って、その船の船長に会って便乗を頼みました。万次郎の航海達者なことも聞いていたので、船員として乗るようにと言ってくれ、双方つごうよく、一八四九年十月、ニューベッドフォードを出帆しました。

船は南アメリカの南端ケープホーンをまわって太平洋に出て、翌年の春四月にはチリ（Chili）の都バルパライソ（Valparaiso）に寄港。スペイン領のチリは鉱物の産出が多く、港には各国の船が出入りして繁盛しています。ここに八十日も停泊しますが、その間、万次郎はアメリカの領事館も訪れます。バルパライソを出てさらに北進を続けて、一八五〇年の五月末に目ざすサンフランシスコ港に達しました。海路七ヵ月あまりかかっています。これまであちこちを航海している万次郎は、このサンフランシスコ湾を初めて見て、地勢の上ですばらしく上等な港だと思いました。

友人のテレと二人、湾に面した宿屋に宿をとって、これから目ざす金山のようすや、そこまで行く道中のこと、金をとる手続きなどを調べます。河をさかのぼること二〇〇キロほどのところにサクラメント（Sacramento）という町があって、そこまでは蒸気船が通っているのです。その運賃が一人銀二五枚。

蒸気船は、フェアヘーブンにいたじぶんナンタケット島（Nantucket）通《がよ》いの立派なのをいつも見ていましたが、実際に乗るのは今度が初めてです。大釜に湯を煮たてて、そこでできた蒸気の力でピストンを動かすまでのからくりは、マサチューセッツ州でいつも乗っていた汽車と同じですが、蒸気船の方は、その動力を船の胴体の両側に取りつけてある水車に伝えて、その水車を回転させることによって前進する仕掛けです。帆掛舟《ほかけぶね》のように風の方向に左右されず、思いのままの方角に、そして風が全くなくても、ものすごい早さで前進できるというすばらしい道具です。

サクラメントからは馬車に乗り換えて、山道にかかってまた二〇〇キロ。その先はキャンピングの用具を背負って徒歩でした。まだ雪をいただいている山脈の麓《ふもと》までたどり着くと、そこには合衆国政府の営んでいる金銀の役所がありました。とった砂金や金塊を通貨に替えてくれるところです。親方がオランダ人だというある組に入って、採集の道具類を借りると、万次郎と友人テレの二人は、さっそく仕事にかかります。ひどく暑い日もありました。飯場《はんば》のほかに飲み屋があり、バクチ場があり、けんかはいつものこと。みな腰にピストルをぶち込んでいます。トランプのいざこざで命のやり取りするなど珍しいことではありません。そいう連中の間で一ヵ月働いたところ、上げ金が二人合わせて金一八〇枚となったので、今度は組から離れて、そのお金を元手にして自前の採集を始めます。そまつな飯場のくせに一日の飯場料は日本の一両もかかるのです。それでも四十日あまり働いたら、万次郎一人の手取りが銀六〇〇ドルと見事《みごと》な銀塊いくつかとなったので、帰国の旅費には十分。道具類を友人のテレに与えて、八月初めにはさっさと山をおりて、サンフランシスコに帰って来てしまいました。

一八五〇年の九月九日には、カリフォルニアは三一番目の州（State）として合衆国に加えられることに決まったところなので、八月のサンフランシスコは前祝いで大さわぎでした。荒っぽい見世物小屋に群衆が押しかけたり、おそまつなバラック建築続きのサンフランシスコの町中がわき立っていました。

その時、ちょうどエリシア号（The Elisha）というホノルル行きの豪華な商船が入って来たので、さっそく二五ドル払って、万次郎は初めてちゃんとした船客として乗り込みました。船はゴールデンゲート（The Golden Gate）を離れると、航海十八日でホノルルに入港。これが八月末のことでした。

〔注〕カリフォルニアの北のオレゴンは一八五九年、そのまた北のワシントンは一八八九（明治二十二）年になって、やっと正式の州になります。

第九章　ホノルルで帰国の準備

万次郎は船がホノルルに入ると、すぐ寅右衛門を訪ねました。寅右衛門は、引き続いて前と同じところで大工の仕事に精を出していましたので、今度もまた、すぐ会うことができました。そのじぶん、伝蔵と五右衛門の兄弟は、ホノルルから二〇キロほど離れた、真珠湾の向う側のホノウリウリ（Honouliuli）という土地に暮らしているそうで、すぐ使いが出されます。

次に万次郎は、海員礼拝堂を訪れてデーマン牧師に迎えられるのですが、デーマン牧師も、ちょうどオレゴンと北部カリフォルニアの旅から帰ってまもないことなので、晩の食卓では、西部新開地の世相、人心について語ってくれるのでした。

それから伝蔵、五右衛門の兄弟と寅右衛門を交えて、四人して日本へ帰る相談が始まるのですが、寅右衛門は三年前と同じで、どうしても日本へ帰ろうと言いません。ホノルルで大工仕事に打ち込んでいて、今の生活にけっこう満足しているらしいのです。いくらすすめても、どうしても応じないので、寅右衛門には好きなようにさせて、あと三人だけで日本へ帰る計画を立てるよりほかありませんでした。

万次郎は持っていたお金をすっかり出して、まずボートを一そうと羅針盤《らしんばん》に四分儀《しぶんぎ》、その他、航海に必要な道具を買い整えることを提案しました。これは前から考えていたことですが、鎖国している日本へ入るには琉球諸島がいちばんつごうがよいので、便船を得て琉球の近くまで航海して、そこで本船を離れて、ボートで島の一つに上陸しようともくろんでいたのでした。ボートの売り物をさがしにかかります。

九月の末のことでしたが、アメリカから入港した船に日本人が五人乗っているという話を耳にしたので、その船に行ってみました。

五人の日本人に会うには会えたのですが、万次郎は早くから日本語がうまく話せなくなってしまって、自分の気持ちを先方に伝えることができません。その船の船長にわけを話して、許しを得て、五人を陸に連れて来て、寅右衛門に通訳を頼みました。

それでやっとわかったことなのですが、この五人は、いちばん年上の寅吉をはじめ、みんな紀州日高の人たちでした。天神丸という五〇〇石積みの船でミカンや漆器《しっき》を積んで、乗組み一三人で江戸へ航海しての帰り、米やイワシなどを積んで下田の沖にさしかかった時、突然暴風となって、それでも沈没だけは免れて北東の方へ押し流され、洋上に漂っているうちに一そうのアメリカ船と二そうのロシア船に出会って救助されたそうです。それは千島列島の沖だったのですが、一三人のうち寅吉たち五人はアメリカ船に、あとの八人は四人ずつ二そうのロシア船に収容されて、その五人の乗ったアメリカ船だけが、今こうしてホノルルに寄港したというのです。三そうの船は、どれも清国へ向かっているのだそうです。

そこで万次郎たち三人も、もしこの船に乗せてもらえたらつごうがよいと考えて、船長に頼んでみますと、快く引き受けてくれたので、三人はさっそくこの船に乗り込みました。

寅吉たち五人は、新しく日本人三人が加わったので、大変喜んで、それぞれ今日までの苦労を話し合うのですが、先年ホノルルに寄った兵庫の善助や江戸の安太郎、藤兵衛たちのことも話に出ました。が、寅吉はあの善助を知っているというのです。同じ紀州の出身で、代々紀州徳川家の侍《さむらい》であったのが、善助の代になって落ちぶれて、兵庫に出て船頭になって航海に出たところ、暴風にあって外国船に助けられ、やっと帰国してから、叔父の家を継いで禄八〇石を与えられて、再び侍になったというわさを聞かせてくれました。

伝蔵はこの話を聞いて、あの時は船長に断られて、いっしょに乗せてもらえなかったが、今度こそは帰国の望みが達せられると言って、大変喜んでいました。

万次郎は、最初この船に乗り込んだ時、船の中、あちこちに樽や桶のこわれたのがほおってあるのを見かけたので、何の気なしにそれを直していたのですが、これを見た船長は喜んで、破損した桶の類をあとからあとから出して来て修繕を命じるのですが、その態度がひどく高慢でした。おまけに船の中の待遇が大変悪くて、まるで奴隷扱いなので、万次郎は怒り出し、船長にその無礼を責めます。

それから双方の激論となったあげく、船長は、万次郎の乗船を拒絶するというのです。で、伝蔵と五右衛門も万次郎といっしょに船から降りてしまいました。アメリカ船は寅吉たち五人を乗せたまま、清国へ向かって出て行ってしまいます。

こうした次第で、またまた帰国の機会を失ってしまいました。

ところが十一月に入ってまもないころ、メキシコのマサトラン港（Mazatlan）から上海《シャンハイ》へ行くという商船がホノルルに寄港しました。サラボイド号（The Salah Boyd）といって、その船長ホイットモア（Captain Whitmore）の名は、万次郎もかねて聞いていたもので、さっそく船へ行って、船長にこれまでの事情を話して、船員として三人を乗せてくれるようお願いしました。船長は話を聞いて、三人の身の上に同情はしたのですが、航海の途中、日本近海で三人に下船されると船としても困るので、すぐには承諾してくれません。

そこで万次郎は船長に向かって、伝蔵と五右衛門は船員として未熟であるから、自分が二人の分まで働きましょう。琉球へは二人だけを上陸させてください。あとは自分一人本船に残って働いたなら手不足にはなりますまい。自分は上海まで行って、そこで別の便船をさがして日本へ帰ればよいのです。それに、私たちは船員としての給料をいただこうとは思いません。乗船させて、働かせてもらうだけでけっこうですと言うのでした。万次郎のこの申し出に対して、ホイットモア船長は、もう断るわけにいかなくなりました。

港にもどって来て、万次郎は伝蔵と五右衛門にこの話をして、すぐさま本式の帰国準備に取りかかるのです。いいあんばいに捕鯨船用のボートの売り物がありました。帆柱が一本ついた物で、一二五ドル。これに冒険《ぼうけん》号という名をつけて、ボートの舳先《へさき》に〝Adventure〟とペンキで書きました。

こうした際に、デーマン牧師がだまっているわけがありません。それよりも前に、自分が発行しているフレンド紙の十一月一日号に「日本人との一時間」（"An Hour With The Japanese"）という見出しで、万次郎たちの今の事情を広く紹介してくれていました。

……John Mung was taken by Capt. To the United States, wehere he learned the cooper's trade and enjoyed a good opportunity for going to school. His education is highly respectable. He has been one whaling voyage and then with the multitude went to California. There not succeeding to his expectations, he came to the islands, indulging the long cherished hope that he might obtain a passage to him native shores. It is his ambition to command a junk, and navigate her, with compass and quadrant, and show his Japanese countrymen, that the "outside barbarians" understand navigation; which science he has acquired sufficient for all practicable purposes.

Would that his fond wish might be gratified!

S. C. Damon

（訳文）

……ジョン・マンは船長によって合衆国へ伴われ、彼の地では樽の製造技術を学び、同時に学校へ通う機会にも恵まれた。彼の受けた教育は相当高度のものであった。彼は一度捕鯨航海も経験しているが、その後群衆とともにカリフォルニアへ赴《おもむ》き、その地では期待は満たされなかったので、長く望んでいた故郷へ帰る手段を得たいものと、今回当地を訪れた。ボートを買い入れ、羅針盤と四分儀とを手に入れ、帰国の上は、「異国の野蛮人」が航海の術に秀《ひい》でている事実を日本人に示したいという大望をいだいている。彼はこの技術を十分に身につけているし、あらゆる実地についての経験もふんでいる。なんとか彼の希望が達せられればよいが。

S・C・デーマン

さらに、ポリネシアン紙の十二月十四日号に「日本への遠征」("Expedition for Japan")と題した一文を掲げて、万次郎たちの帰国にあたって、後援者を求めてくれるのです。

……He has returned to the islands, and here finds his former shipmates, two of whom propose to accompany him, and, if possible, return to Japan. He has purchased a good whaleboat and outfit, Captain Whitmore of the American ship Sarah Boyd, bound from Mazatlan, Mexico to Shanghai, China, having kindly consented to leave them somewhere off the Loochoo Islands and from there they hope to make their way to Japan. To complete the outfit is wanted — a compass, a good fowling — piece, a few articles of clothing, shoes, and a nautical almanac for 1850. Will not some benevolent person aid forward the entire price. The subscriber will be responsible for the safe delivery of the articles referred to.

S.C. Damon

(訳文)

……彼は、わがサンドウィッチ諸島（ハワイ諸島のこと）に帰って来て、昔の仲間と出会った。その中の二名は彼と日本へ帰りたいと申し出た。彼は捕鯨用ボートと、その付属品を買い入れた。

メキシコのマサトランから船出してシナの上海へ向かっているアメリカ船サラボイド号のホイットモア船長は、彼らの乗船を許して、琉球諸島の沖で下船させて日本へ向かわせることに同意した。用品の中にはまだ、羅針盤、上等の猟銃、衣類品少々と靴、それに一八五〇年度の航海暦などが不足している。篤志家のご寄付ご援助を仰ぎたい。
御寄託の品々の伝達については、下記署名者が絶対責任を持つつもりである。

S・C・デーマン

その上、デーマン牧師は、ホノルルに駐在しているアメリカ領事のところへ自分で行って、万次郎たちのために正式な身分証明書を十二月十三日付で発行してもらいました。この証明書は日本に上陸した際、日本の役人に対してキキメがあるだろうと考えてのことだったのです。

この公文は翌十二月十四日のフレンド紙にも、ポリネシアン紙にも、両方に載せられました。当時のアメリカのお役所風の英文です。

Consulate of the United States, Honolulu, Hawaiian Islands

To all whom these presents shall, doth or may come: I, Elisha H. Allen, Consul of the United States of America, for Honolulu, Hawaiian Islands, send greetings:

Know ye, that satisfactory evidence has been produced to me that John Manjiro, Denzo and Goemon, left the southeast part of the island of Nippon, Japan, in a fishing vessel and were wrecked; and after remaining on an uninhabited island for about six months, they were taken off by Captain Whitfield of the American whaleship, *John Howland*, who brought them to the Sandwich Islands Denzo and Goemon remained here; Manjiro went cruising for whales, and in the year eighteen hundred and forty-four reached the United States where he was educated. Last October he arrived here again, after visiting California, the gold region of the United States of America.

Captain Whitmore has kindly consented to take this company in the bark *Sarah Boyd*, vessel belonging to the United States of America, and leave them near the Loo Choo Islandes. Some friends here aided them in making preparations for their voyage and I trust they may be kindly treated by all persons whom they meet.

I am informed by the Chaplain of the Seamen's Friend Society that Manjiro has sustained a good character and has improved in knowledge. He will tell his countrymen of Japan how happy the Americans would be to make their acquaintance, and visit them with their ships, and give gold and silver for their goods.

Given under my hand and the seal of this consulate at Honolulu this thirteenth day of December, in the year of our Lord, eighteen hundred and fifty.

Elisha H. Allen　　*U. S. Consul*

（訳文）

ハワイ諸島　ホノルルにある合衆国領事館にて

ハワイ諸島におけるアメリカ合衆国領事エリシヤ・H・アレンは、この証明書の提示を受けた人士に対し敬意を表すものである。

万次郎、伝蔵、五右衛門は一そうの漁船に乗り組み、日本列島の東南部を舟出して難船し、およそ六ヵ月の間、無人島に逗留《とうりゅう》した後アメリカ捕鯨船ジョン・ハウランド号のホイットフィールド船長に救助され、サンドウィッチ諸島に伴って来られた事実については十分な証拠あるものと承知ありたい。

伝蔵と五右衛門はこの地に留まり、万次郎は捕鯨航海に出帆。一八四四年〈注―一八四三年が正しい〉アメリカ合衆国に到着、教育を受けた。〈彼はその地に二年〈注―三年が正しい〉滞在。その間を農業、樽製造技術の習得、通学に費やした。さらに捕鯨航海に出かけ、一八四九年、合衆国に帰着〉。アメリカ合衆国の金産地であるカリフォルニアを訪れたのち、去る十月当地に到着。

ホイットモア船長は、アメリカ合衆国籍の船舶サラボイド号に彼らを便乗せしめ、琉球諸島の付近で彼らを下船させることに好意をもって承諾した。

当地の友人たちは航海準備のため各種の援助を彼らに与えた。

彼らに接する諸人士に対し、好意をもって彼らをご待遇あるようご依頼いたす。

本官は、海員友の会の牧師から、万次郎は品性高く、学問にも秀《ひい》でていることを通告されている。

彼は、いかにアメリカ人が日本人と親しくなりたがっているか、日本へ船を出して日本の産物を買いたがっているかを、日本の同胞に向かって語るであろう。

西暦紀元一八五〇年十二月十三日　ホノルルの当領事館において署名し調印す。

合衆国領事　エリシヤ・H・アレン

フレンド紙とポリネシアン紙の記事を読んだ人々はデーマン牧師の呼びかけに応じて、方々から、いろいろな物品を寄贈してきます。たちまち日本へ帰る航海に不自由しないだけ、すべてが整ってしまいました。

万次郎は、この土地の人々の厚意に感激します。

自分としても故郷へのおみやげを買い整えなくてはなりません。不可思議でもあり便利でもあるマッチという物から、向うがすっかり見えてしまうガラス板、ガラスのトックリ、ガラス玉のイヤリング、絹ハンカチ、石鹸《せっけん》に薬の各種、鉛筆にペンとインク、懐中時計、たくさんの地図と書籍十数冊が選ばれました。それから鉄砲一挺《ちょう》、ピストル二挺、絵の具一そろいはフェアヘーブンで手に入れたものでありました。

旅行用品としては、航海用の機械器具のほかに望遠鏡、キャンピング用の鍋《なべ》類、斧《おの》、大工道具一式、釣糸に釣用の鉛、缶詰《かんづめ》食料いろいろ。飲み水用の樽まで用意したのは、無人島の鳥島が記憶から消えなかったせいでしょうか。

万次郎は、アメリカ大陸の地を離れる前に、ホイットフィールド船長へ一度便《たよ》りを書きたかったのですが、西部のドタバタした雰囲気《ふんいき》ではゆっくり手紙など書けたものではありません。そのままハワイに渡って来てしまいました。

ホノルル滞在中は、また、何やかやと忙しいこと続きで、心にはかかりながらも挨拶状も書けないでいましたが、人々の親切によって、今や、帰国の準備もすっかり整って、あとは出帆するのを待つばかりとなりました。そして、万次郎の気持ちもどうやら落ち着きましたので、恩人ホイットフィールド船長へあてて、十年来の高恩に対する感謝の手紙をサラボイド号の中で初めてしたためました。

……I never forget your benevolence to bring me up from a small boy to manhood. I have done nothing for your kindness till now. Now I am going to return with Denzo and Goemon to native country. My wrong doing is not to be excused but I believe good will come out of this changing world, and that we will meet again. The gold and silver I left and also my clothing please use for useful purposes. My books and stationery please divide among my friends.

John Mung

……小さな子どものじぶんから、おとなになるまで育てていただいた慈愛のお心は忘れようとしても忘れることはできません。ご厚恩に対して、今日まで何もお報いすることができませんでした。今や、伝蔵と五右衛門といっしょに故郷に帰ろうとしております。

ご恩返しもいたさないのは許されることではありませんが、世の中がどんなに変わっても善意だけは失わず、再びお目にかかれる時を待ち望んでおります。

お宅に残してまいった金と銀、それに衣類は、何か有益なことにお役立てください。書籍類と文房具は私の友人たちに、分け与えてくださいますよう。

ジョン・マン

第十章　琉球へ上陸

万次郎たちを乗せたサラボイド号は、十二月の十七日にホノルルを出帆してから、太平洋を斜めに、最初は南南西に向かって赤道を通過。サモア諸島のあたりまで南下すると、ここで針路を西北にとって、それからは上海へ向かって直航。一八五一年の一月末には琉球列島に近いところまで達しました。

万次郎は、ホノルル出帆の時から、伝蔵と五右衛門の二人だけを琉球に上陸させて、本船の人手不足にならないよう自分一人は上海まで乗り続けるつもりでいたのですが、伝蔵兄弟はこれを知って、万次郎を一人だけ船に残して、自分たち兄弟だけ帰国するわけにはいかない。いっしょに上海まで行くと言い出すのでした。ホイットモア船長は万次郎の仕事ぶりを見ていましたが、彼の航海知識に助けられることが多いので、この若者を手放したくなかったのも事実でしたが、琉球という島は、日本政府にとって情報の触角《しょっかく》みたいな役割をしているのを知っていたので、ここへ上陸させるのは本人たちにとって身の危険であると、ほんとうに心配してくれてもいたのです。で、船長は、上海へ行き着いた後は、本船に乗ったまま、いっしょにアメリカへ帰ってはどうか、とすすめるのでした。

万次郎は、船長の厚意には感謝しましたが、すぐそこに母親が暮らしている日本があるというのに、みすみすまた遠ざかって、今のこのよい機会を失ってしまうのは、なんとしても我慢《がまん》できません。日本の鎖国という国法はよく心得ています。つかまったら、ほんとうのことをありのまま話し

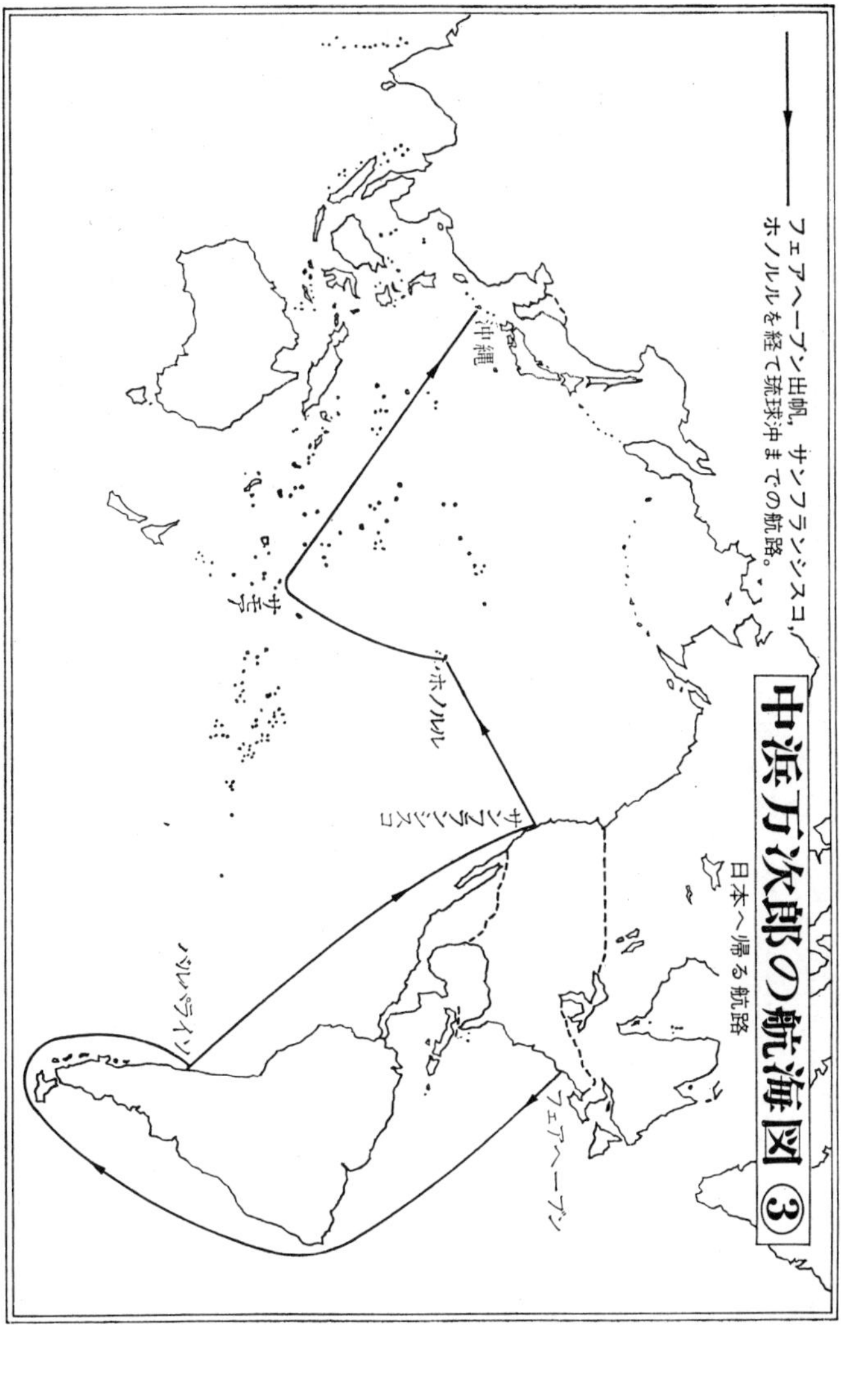
中浜万次郎の航海図③
フェアヘーブン出帆，サンフランシスコ，ホノルルを経て琉球沖までの航路。
日本へ帰る航路
沖縄
サモア
ホノルル
サンフランシスコ
バルパライソ
フェアヘーブン

するよりほかない。処罰を恐れていたら何もできるものではない、と主張するのでした。船長はこのことばに深く動かされて、後の手不足はわれわれの努力でなんとか補《おぎな》いをつけるから、本船のことは心配しないでよい。琉球は日本へ入る場所としては、地理的にはいちばんすぐれている。この海域へ来たのを幸い、この機会を逃さず万次郎もいっしょに上陸した方がよい。と、すすめてくれます。そしてホイットモア船長は上陸の用意を急がせ、付近の海図を万次郎に手渡しました。船はだんだんと琉球列島に近づいて、望遠鏡を使うと陸地が認められる位置にまで接近しました。これが二月一日です。

ところが、こうしているうちに陸の方から風が吹き起こって来て、その強さを増し、本船をそれ以上島へ近寄せることができません。で、沖の方に漂って風のおさまるのを待ちました。

翌二日には風が凪《な》いできたので、島の方へ近寄りました。

万次郎は船の中で、ホノルルの寅右衛門にあてて手紙を書きます。今、郷里へ帰り着くのもま近い。あなたも同じ方法で帰国するように、と寅右衛門にすすめるのです。この手紙はホイットモア船長に託しておきました。乗組員それぞれに記念品を贈って、ボートに乗り移って本船を離れたのはその日の午後四時でした。陸地から一〇キロあまりの沖です。まず帆を張ったのですが、ちょうどその時、ミゾレまじりの冷たい風が吹き起こって、波も高くなり、ボートはちょっと危険になりました。海に慣れているというのに、伝蔵と五右衛門は、この時どうしたものかひどく怯《おび》えてしまいました。万次郎は二人を励ましながら帆をおろして、自分で二挺《ちょう》のオールを漕いで、波風に逆《さか》らいながら陸地目ざして進むのです。暮れ方になって、どうやら島に近づくことができました。はるか沖にとまっているサラボイド号は、と見ると、万次郎たちのボートが陸地へ接近したのを見届けたからでしょう、この時、初めて帆を上げて、西北の方へ動いて行くのが遠くにながめられました。

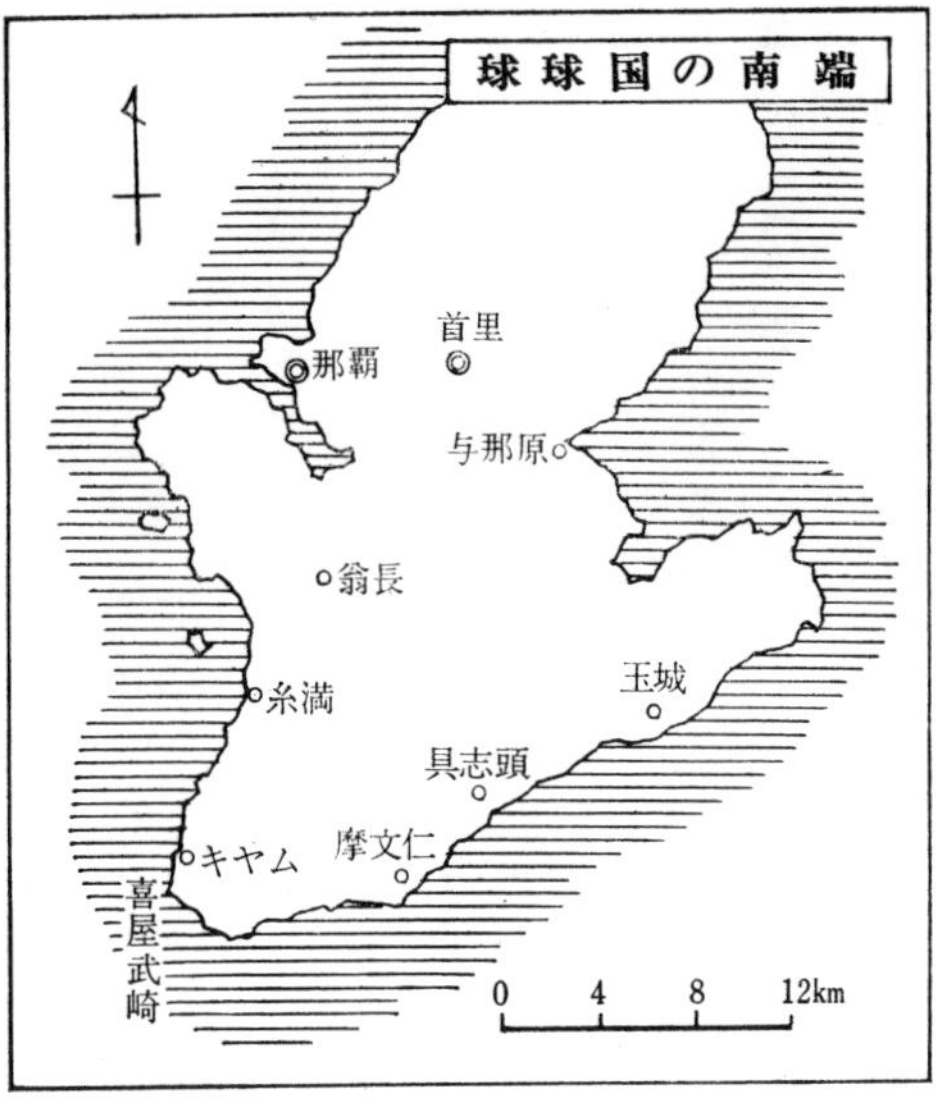

そのじぶん、もう海の面は暗くなっていたので、ボートは沖にとめて、夜の明けるのを待つことにしました。

明くる二月三日の朝、五右衛門は、海岸に土地の人々が出ている姿を認めたので、まだ眠っている伝蔵と万次郎をゆり起こします。ボートを磯辺に漕ぎ寄せて、日本語のいちばんじょうずな伝蔵が一人、まず上陸しました。陸の人々は伝蔵の見慣れない風体《ふうてい》を怪しんで、避《さ》けるようにして、みんな遠ざかって行きます。一人残っていた人に近づいて話しかけても、いっこうに通じません。しかたなくボートにもどって来ました。人がいるのだから近くに人家があるにちがいない、と、今度は万次郎がピストルを腰につけて、伝蔵と二人して内陸の方へ進んで行ってみます。と、四、五人の人に出会いました。伝蔵は先ほどと同じく、まずこの土地の名を尋ねますと、その中から一人の若者が進んで出て、日本語で、ここは琉球国の摩文仁間切《まぶにまぎり》の小渡浜《おどはま》というところだと答えました。そして二〇〇メートルほど先に三〇戸ほどの人家のあることも教えてくれます。その上、あなた方はどこから来たのか、何の用事でここに来たのかと、尋ねるのでした。ことばが通じたので伝蔵も一安心。漂流の顚末《てんまつ》を手短に語りますと、その若者は、日本人であるからにはそまつには取り扱われますまい、心配なさるな、といたわってくれます。そして、もう少し先のところに入江があるから、ボートはそこへまわしてつないだらよい、と教えてもくれました。伝蔵と万次郎とは、この島人の応接の態度に快い思いをして汀《なぎさ》にもどって、五右衛門に話してボートを入江の方へまわします。

　万次郎は、朝のコーヒーのしたくをしようと思って、ガラス瓶《びん》を提《さ》げて水をもらいに、教えられた人家の方へ行きますと、島の人たちがぞろぞろと出て来て、そのガラス瓶をひどく珍しがってのぞき込むのでした。それからふかしたサツマイモを届けて来てくれたり。ボートから取り出してきたパンや肉といっしょに、豊かな食卓となります。焚火《たきび》の上にお湯も沸いて、三人は朝のコーヒーに初めてありつけました。

この琉球本島の南端、摩文仁の海岸に上陸したのが一八五一年二月三日のことですが、日本の暦では嘉永四年の一月三日になります（明治元年から十七年前のこと）。舞台が再び日本になりましたから、これからまた日本の暦を使うことにしましょう。

おそい朝ご飯が終わったころ、一群の島民がどかどかやって来ました。自分たちは役所の命令を受けて来たが、ボートと荷物を引き渡すように、と言って、持ち物全部を押さえてしまうのです。そして、役人のいるところまで来るように、と三人の先に立って案内しました。

役人というのは琉球国の役人で、ここでもまた、ふかしたサツマイモを出して接待し、そして三人から身の上の聴き取りを始めます。

それが一通り終わると、今度は琉球国の都の那覇《なは》へこれから護送するから、と申し渡すのです。出発したのが午後四時。那覇までは二四キロありますが、雨上がりとみえて、ドロンコのひどく歩きづらい道です。じきに日も暮れたので、松明《たいまつ》をつけて夜道を進みました。真夜中ごろ、やっと那覇の町に入ろうとするところまでたどり着くと、町の方から役人が急いでやって来て、那覇の城下へはいってはいけない、翁長《おなが》村へ行けという命令を持って来ました。

万次郎たち三人は、サラボイド号を離れてからろくに眠ってもいない上に、悪路をここまで歩かされたのですから、すっかり疲れていました。護送の役人は見かねて、道路に筵《むしろ》を敷いてくれる

琉球国翁長に監禁中、住まっていた家（左の建物）

ので、そこに腰をおろして休息。お粥《かゆ》も与えられました。役人は、ここからは竹で作った輿《こし》を用意して、三人を乗せてくれました。夜道を、また八キロも行くと翁長村に着きます。ここの村役人をしている徳門《とくじょう》という名の農家に入って、一休みする暇もなく、その家から三〇〇メートル離れた一軒の家に連れて行かれます。ここで、役人の前でまた、これまでの身の上を調べられているうちに夜が明けて、やっと、徳門の家に帰してくれたので、初めて横になって眠ることができました。

　それもわずかな時間で、その朝、すぐまた呼び出しを受けます。今度は薩摩《さつま》の役人―島津藩から派遣されている侍―に取り調べを受けるのです。身分の聴き取りが一通りすむと、持ち物一つ一つの記録が作られます。これができあがると徳門方に帰るのを許されました。徳門家のまわりには竹の矢来《やらい》が作られて、内外の交通は断たれます。徳門の家族八人は、隣に茅葺《かやぶ》き家を一軒大急ぎで造って、そこへ一家の者はおとなしく引っ越しして行きました。

　薩摩の侍五人と琉球の役人二人が、近くに宿舎をとって万次郎たちを監視していました。が、漂流民三人に対する待遇は上等でした。食事は琉球の調理人が結構《けっこう》なごちそうを調《ととの》え、お酒も添えられています。衣服、寝具にも不自由ありません。これは琉球王、尚泰《しょうたい》四年のことです。

こうした間にも、那覇の里主《さとぬし》（市長）喜屋武親雲上《きやむぺーくみー》、御物城《おものぐすく》（市の助役）仲宗根親雲上《なかそねぺーくみー》の両人と、琉球国の鎖の側《さしそば》（外務省）の間に三人の漂流民に関する公文書が盛んに取り交わされますし、琉球に置かれている薩摩藩の奉行所と鹿児島の間にも、あわただしく使者が行き来します。

これまでにも、琉球国には時々、外国の船が来ています。弘化元（一八四四）年にはフランス船が来て通商貿易を求めたことがありました。薩摩藩では幕府に急報すると同時に、琉球の警備の武士を増やしたり、鹿児島から大砲、弾薬などを送りました。弘化三（一八四六）年には同じくフランスから、今度は軍艦が那覇の港に入って来たので、薩摩藩ではいよいよ警戒を厳重にしましたし、幕府からは薩摩藩に対して、この上とも守備を怠らないよう命令してきました。先に万次郎たちが摩文仁へ上陸したじぶんに、ちょうどイギリス人が那覇に来ていたもので、これに会わせては大変と考えて、万次郎たちの那覇入りを急に禁じて翁長に変えさせたのでした。これは薩摩の役人の計らいでした。

それはともかく、翁長での取り調べは最初だけで、後は何の沙汰もなく、ほうっておかれました。万次郎は琉球語の勉強を始めます。竹の矢来を潜りぬけては土地の人々のところにも話しに出かけました。それと同時に、土佐の漁村の子どもには縁もなかったような日本の武士階級のことば――上級の者にはひどく卑屈、ていねいで、そのくせ下級の者には、えらく横柄《おうへい》な言い方をする――にすっかり興味を覚えてしまって、面白半分に真似《まね》をしているうちに、これもだいたい器用に使えるようになりました。侍のことばというものは、おおかた日本の共通語なので、これは、日本語は入門同様の万次郎にとっては、大変つごうのよいことでした。

仲間の伝蔵と五右衛門はというと、おしゃべりに出歩く万次郎とはうって変わって、おとなしく閉じこもってばかりいました。

八月の十五夜には、どこの村でも村民総出で、東西に分かれて大きな綱引きが催されるのですが、早くからその練習が行われているので、万次郎は自分の宿舎が村の東の方にあるところから、東組に加わって、綱引きの仲間入りもしました。――竹の矢来をぬけ出して。

薩摩藩では、万次郎たちを鹿児島へ呼び寄せるよう、五月には決まっていたのです。ところが海がシケ続きだったりして、なかなか実行されないでいましたが、いよいよ七月十三日に薩摩藩の帆船、大聖丸《たいせい》で護送されることになり、その前の日、まず薩摩の役人堀与左衛門から那覇市の助役仲宗根親雲上に通達。これがさらに琉球国の外務省に伝達されました。一方、薩摩の役人の一隊は翁長に出向いて、万次郎たち三人を竹の輿に乗せて那覇に護送するのですが、半年あまりの滞在に親しくなった村民たちに見送られて、三人はその日の午前十時に出発します。別れに臨んで万次郎は、郷里に着いたら便りを出すが、もし便りが来なかったら処刑されたものと思ってくれ、といった意味の挨拶もしています。

那覇港では薩摩藩の船、大聖丸に乗り込むのですが、最初、摩文仁の海岸で押収されたボート、アドベンチャー号は証拠品として、船の上に先にちゃんと積み込んでありました。

翌七月十三日に出帆なのですが、天候が悪くなってきたので、出港を見合わせて乗船したまま停泊。船を出しても危険なことはないのに、と万次郎は思うのですが、何も言わずにだまっていました。

波風のおさまった十八日にやっと那覇港を出帆しました。もともとこの大聖丸は船の出来もすぐれたものではありませんが、操縦法が本式でないため十二日もかかって、その月の三十日にやっと鹿児島湾の入口の山川港にたどり着きました。

第十一章　鹿児島到着——島津斉彬の聴き取り

山川港で、荷物といっしょに二そうの小舟に乗り移って、翌八月一日の夜、島津藩の城下、鹿児島に入りました。かねて準備してあった市内、西田町の下会所《しもかいしょ》を宿舎として与えられ、殿様の言いつけといって、待遇は大変に良く、立派な食膳、お酒。衣類、日用品もすべて行き届いていて賓《ひん》客《きゃく》のもてなしでした。当分の小遣いとして金一両も賜わります。

ある日、殿様から万次郎ひとりだけ召されました。鶴丸城の御殿へ出向くと、酒肴《しゅこう》を賜わって、それが終わると人払いをして、殿様直々《じきじき》の御下問《ごかもん》が始まります。万次郎、異国の方々《ほうぼう》を旅してきた中で、わけてもアメリカ合衆国の文化の総体にわたって詳しい質問を受けるのでした。

アメリカでは、家柄、門地といったものは問題にされないで、人はすべてその能力によって登用されていること。国王は人望ある人が入札によって選ばれ、四年間その地位につくこと。人はみな自分の幸福と公共の幸福とをいっしょに考えているから、世の中が栄えていること。デモクラシー、人権を尊ぶことが社会の大本《おおもと》の精神になっていることに始まって、蒸気船、汽車、電信機、写真術といった文明の道具の実際から、数学、天文学、家庭生活の有様。結婚は家と家との結びつきではなくて、一人の人と一人の人との結合であること。人情風俗にまで話が及ぶのでした。

この時、殿様の島津斉彬《なりあきら》は四十一歳。前の藩主が隠居して、この年の二月（万次郎たちが翁長に滞在中）に七七万石を継いで薩摩守《さつまのかみ》を名乗り、藩政の大改革に着手したところなのですが、ただの殿様とはちがって天資英邁《てんしえいまい》といわれたような人柄《ひとがら》。開国進歩派の一方の旗頭として、江戸幕府にとっては手ごわい外様《とざま》大名でありました。

そして、万次郎と会う十年も前から、長崎を通してオランダの写真術も学んでいて、人を写したり、自分を写させたりするのでしたが、シャッターを押すだけのカメラ持ちとはちがって、この殿様は薬の調合をして写真の感光板の製作からその現象反転まで、自分の手と頭脳で試した上、改良を加えなくては承知できないという研究家でありました。電信機やガス灯、ガラスなどもオランダの書物によって勉強ずみ。万次郎に異国の事情について事細かに問いただすにも、なんといっても基礎ができている人物でしたから、万次郎にとっても、これまでのどこの役人の取り調べの時よりも、この大大名に対しては気やすく談話することができました。また島津斉彬は、領民の産業をあれこれたくさん興しているとともに、社会福祉の仕事を始めた大名でもあります。

島津斉彬

側近《そっきん》を退けて、殿様直々の厳重なお取り調べとは表向きのこと。国内上下の保守排外思想家たちにかくれて、殿様の勉強が始まるのでした。

その後も、たびたびお城に召し出されるのでしたが、最初のこの日は、西洋帆船（schooner）を造る約束をして御前を退きます。さっそく翌日から船大工や技術者が万次郎の宿舎に遣《つか》わされて、造船術や航海術、捕鯨の技術などを習うのですが、捕鯨船の模型もでき上がり、小型のスクーナー（二本以上のマストの西洋式帆船）も大急ぎで造ります。これには伝蔵も五右衛門も大いに力を貸してくれました。この時のスクーナーは越通船《おっとせん》という名で呼ばれて、錦江湾内を実際に走らせてもみました。

薩摩藩では、三人の漂流民の取り調べをすませた後は、長崎にある幕府の奉行所へ急いで送り届けなくてはならないので、いつまでも鹿児島に引き留めておくわけにいきません。やっと取り調べがすんだ、ということにして、一ヵ月半たった九月十八日に三人を長崎へ護送するのですが、その時、薩摩藩から幕府に次のような届け書を出しています。

……（琉球で）アメリカ船は、すぐに西北の方へ姿を消してしまいました。これがもし、本船から連れ渡すのであったら、異国へ行っていた人たちのことですから断ってしまうのが当然でしたが、なにぶんにも、小舟で上陸して来て、本船はすぐ行ってしまったのですからいたし方ありません。信仰について調べてみましたが邪宗《じゃしゅう》など学ばないと申していますので、人家を明け渡して介抱いたしておき、このたび鹿児島へ護送して参ったのです。なおまた、この地で取り調べましたところ、琉球での調べと同様、不審の点はございません。よって、警護の者をつけて長崎奉行へ送る旨を、同所に申し達しました。この次第をお届けいたします。

この届け書は、長崎へ出立の一週間前の九月十一日の日付で、松平薩摩守という島津斉彬のサインも入っています。

第十二章　長崎奉行所の取り調べ

万次郎たち三人は、八月一日に鹿児島に着いてから城下に滞在すること四十八日で、九月十八日に長崎へ向け護送されるのですが、持ち帰った品物全部とボートのアドベンチャー号まで、すっかり人夫の手によっていっしょに運搬されるのです。

鹿児島の西北六〇キロ、川内川《せんだいがわ》のほとりの向田《むこうだ》まで徒歩で四日。のろい旅でした。荷物が多かったせいもありますが、旅程に無理させないようにという藩からの心づかいもありました。向田からは川舟で川内川の川口の京泊《きょうどまり》まで下ると、そこには丸に十字の島津家の紋所をつけた幔幕《まんまく》をめぐらした藩の大船が待っていました。一三反の帆を張り、八挺《ちょう》の艪《ろ》をつけていました。この京泊に二晩泊まって、二十四日に出帆。海上はおだやかで九月二十九日に長崎港に入ります。十月一日には揚《あが》り屋《や》（牢屋《ろうや》）に入れられました。十月三日には薩摩の役人に伴われて長崎奉行所へ出ます。長崎奉行所の牧志摩守《まきしまのかみ》が出廷して、親しく取り調べるのです。

三人は白洲《しらす》に座らせられて、人定訊問《じんていじんもん》から始まります。最初の日は簡単に終わりましたが、それから十一月二十二日まで五十日の間に一八回、引き出されて訊問を受けました。訊問はいろいろな事項にわたりますが、どれもこれも訊問者に飲み込んでもらうのには骨が折れました。文明の道具の中にエレキテル テレカラーフという物もありますが、聴き取り書には「カミナリの気にて事を告げる機械」と、要領のいい解釈をつけて自分で納得していたようです。

この奉行所の取り調べはさすがで、官僚式の事務的な詳しいものでした。しまいにキリストの像を踏《ふ》ませられ、この踏み絵にもパス。これですんだのかと思ったら、まだまだ。牢屋の生活は翌年の六月末まで続きます。最初から数えると牢屋は九ヵ月となってしまいました。

長崎奉行所では、三人の持ち帰った品物、一点一点の詳しい調書もできました。誰が、いつ、どこで買った物とか、もらった品とか、勤勉な役人は細かいカタログを作ったものです。品物は種類別にして二三六種にのぼります。点数になると大変。

いろいろな種類の衣料から、くし、かみそり、皮砥《かわと》、白鹿のネクタイが三個、各国の貨幣、ペンにコンパス、書状蝋判曲物入り（sealing wax のこと）。琉球に上陸する時サラボイド号で用意してくれたパンのうち、まだ手のつけてないのが一包《つつみ》。針に糸、マッチ、石鹸、懐中時計、鉄砲一挺、ピストル二挺……と目録は続くのですが、最後のところに横文字書籍一四冊が一種類となって記録されています。その改書《あらためがき》を見ますと、

シミモントリ・チョールネル	但　雑記	一八四八年板	一冊
エ・モントリ・チョールネル	但　右同断	一八四九年板	一冊
ブランテ、フンライケル・ネフィケナル	但　航海書	一八四四年板	一冊
レティース・ブック	但　咄書《はなし》	暦数載無之候	一冊
アルティミティック	但　算法書	一八四四年板	一冊
同	右同断　一冊		

ディクショネリ　　　　　　　　但　イギリス語　一八四五年板　一冊
ヒストリ　　　　　　　　　　但　風土記　　一八四三年板　一冊
ゼ・ライフ・ヲフ・チョルヂ・ワシントン　但　アメリカ州共和政治開祖
　　　　　　　　　　　　　　　チョルヂ・ワシントン一代記　一冊
レットル・ライトル　　　　　　但　書状集　　一八四八年板　一冊
ファールムルス・アルメニック　但　農家暦　　一八五〇年板　一冊
手本　　　　　　　　　　　　一冊
摺物雑記　十枚ト小切レ　　　八枚
手覚帳　　　　　　　　　　　三冊

右之通取調候処法制禁携帯候書類一切無之哉相見申候以上

亥十一月

となっています。

牢屋の暮らしは割合に寛大なもので、お寺参りにといって願いを出すと、市中見物にも出してくれました。琴平山、福済寺、本蓮寺あたりも散歩していますし、年が変わると崇福寺、大徳寺、皓台寺その他、後の世の観光客といわれる人々の知らないようなところまで、長崎市の内外、たいていを歩いています。また取り上げられた書籍のうちデキシナレ（dictionary）、ヘシトリ（history）、レタライト（letter-writor）など、貸し出しを受けて牢屋の中で重宝《ちょうほう》していました。

長崎の佐倉町の牢屋に最初入れられた時、万次郎たちは、ホノルルで別れた紀州日高の寅吉たち五人に、牢屋の中で全く偶然めぐり合いました。前の年の十月にホノルルの港で、万次郎が無礼な船長とけんかして下船してしまったため、別れ別れになったあの寅吉たち五人だったのです。この五人は清国の港に達して、そこで何ヵ月も滞留しているうちに便船が得られて帰国。長崎で取り調べを受けて、それも終わったところだと言うのです。この人たちはまもなく牢屋から出され、国から来る迎えの船を待っていましたが、翌年、紀州の日高に帰り着いたそうです。

万次郎たち三人は奉行所の調べがすんでから、その年も暮れ、翌年の六月末まで引き続いて牢屋に入れられていたのですが、役所としてはほうっておいたわけでもなく、事務的に結構忙しくやってはいたのです。

まず、長崎まで護送して来た薩摩の役人は、三人の生まれ故郷の土佐藩の江戸お留守居役にあてて、漂流民帰着の報告を出しています。一方、長崎奉行所は取り調べの顚末《てんまつ》を江戸幕府に報告しています。すると幕府は、土佐藩に漂流民の身元調査を命じ、それぞれの生まれた村で、さらに家庭で調べが行われて、相違ないという返事を土佐藩から受けた幕府は、改めて土佐藩に対して漂流民を引き取るため長崎へむかえの役人を遣《つか》わせと命令し、土佐藩ではこの命令について評議した末に、役人を長崎に派遣する指令を出して、嘉永五年五月二十六日、一一人の者が高知を出発します。西北に向かって山道を越えて、伊予《いよ》の松山に出て、三津浜から船で瀬戸内海を渡って周防《すおう》の摩由府に上陸。今度は山陽道を下ノ関へ。それから九州へ渡って六月十八日、長崎到着といったわけで、その間、牢屋で待ちぼうけを食わされていたのです。

土佐藩から出迎えの一隊が到着して、五日たった六月二十三日に、三名の者はあらためて奉行所に引き出されて、長崎奉行の牧志摩守から申し渡し書を読み聞かされました。

まず、土佐藩に対しては、

本人たち、キリシタン宗門すすめに逢ってもいないし、疑わしい筋もないから、国元へ送りつかわす。が、三人を領地の外へ出してはいけない。死亡した場合には、すぐ届け出るように。

という条件付きです。

それから漂流民たちに対しては、

異国に滞在中に稼《かせ》いで貯《た》めたお金でもって買った品々のうち、砂金銀、横文字書籍、書きつけ類、鉄砲ならびに玉、薬類、オクタント、異国のサイコロ、その他船具等は取り上げる。但《ただ》し、金銀銅銭はかわりとして日本銀を取らせる。

そういった調子のものでした。この申し渡し書に拇印《ぼいん》を押させられました。

この奉行のやり方には万次郎は大いに不服でした。大事な書籍や機械類を取り上げられるのもやりきれないことですが、砂金にしても、カリフォルニアの金山でも、まれに見る優《すぐ》れた品で、その分量も少なくなかったのですし、国の母親へおみやげにしたいばっかりに、遠い道をはるばる大切にして持ち帰ったというのに、今ここで取り上げられてしまうし、珍しい外国貨幣は日本の通貨にすり替えるなど、全く無法な話で、我慢ができません。ですが、なんとも救済の方法がないので、泣き寝入りにあきらめるよりしかたがありませんでした。

もっとも、書籍、鉄砲、ピストル、ボート、機械類は、翌年江戸へ行ってから、江川太郎左衛門のお声がかりで、直《じき》に取りもどしてもらうことができるのです。

トピックス

みやげばなし

万次郎、暇のある時に諸侯の屋敷に招待されて外国の事情を尋ねられるのはいいのですが、殿様の中には火箸《ひばし》、鉄瓶《てつびん》などの勝手道具などを並べたてて、役にも立たない愚問を出す向きもあるのには万次郎も少しうるさくなり、その器物はアメリカでも火箸といい鉄瓶と申します。と、口にまかせて答え、御前《ごぜん》を退出して、質問の要点もわきまえない、くだらなさ加減を人に語ってもいました。

ある日、勝麟太郎のところに招かれて、かの地のようすを問われたもので、万次郎は例のように、木の葉は青く、人間は足で歩いているし、道路は縦横に通っています。何も変わったことはありません。と、受け答えしていました。

麟太郎は、それはそうだろうが、何か変わったことがないというわけでもあるまい。それを拙者に聞かせてはくれまいか。と、ふだん口の悪い、負けない気の麟太郎にしては珍しくねんごろな尋ねようなので、万次郎、そこで少し態度をあらためて、そういうお尋ねならば、君にお聞かせしたい一事があるのです。かの国では高い身分、位についた者は、いよいよ賢く考え、振る舞いはいよいよ高尚になります。この点、日本とは天と地のちがいがありましょう。と答えたもので、麟太郎もひそかに感じ入ったということを「漂米紀聞」は伝えています。

第十三章　故郷に帰る

土佐から迎えに来た役人たちに伴われて、九ヵ月の間、牢屋生活をしていた長崎をたったのは嘉永五（一八五二）年六月二十五日でした。その日は諫早《いさはや》に泊まり、翌日は有明海を舟で渡って筑後川の川口のあたりに上陸。門司から本州に渡り山陽道を歩いて、三田尻から舟で瀬戸内海を横切って三津浜へ。松山から内陸に入って久万《くま》をへて、山越えして土佐の国境にかかって、土佐の関所である用居口《もちいくち》御番所を通過。七月十一日に高知城下に入ります。

三人の漂流民が異国から帰って来るという評判で城下は持ちきりでした。本町通りには見物の群衆が待ちかまえていました。一行はその間を通って市中の旅館に入ります。旅館では外との交通禁止。

土佐藩主山内容堂《やまのうちようどう》は、その時二十三歳。万次郎より一つ年下。封建体制からは脱線した人柄の革新派の殿様で、そのじぶん土佐切っての傑物《けつぶつ》吉田東洋を重く用いて藩政にあたらせていたところです。

三人の漂流民は、毎日、御目附《おめつけ》役所に呼び出され、大目附《おおめつけ》吉田東洋から訊問《じんもん》を受けるのですが、七十日あまり続いて九月二十四日にやっと終わりました。こんなに長くかかったのは官僚式ののろくさのせいではなく、吉田東洋を先頭にした土佐藩の幹部たちが、万次郎を相手に海外事情の勉強にみっちり打ち込んでいたからなのです。

そして殿様から三人の者に、おのおの一生涯、一人扶持《いちにんぶち》を与えられることになりました。その覚

え書きによりますと、

……よその土地へ往来は勿論《もちろん》、海上業など差し止める。しかし、それでは生業《なりわい》から離れてしまって迷惑なこと明らかであるから、一生涯、一人扶持を上げよう。生れ故郷でおとなしくしていなさい。

というのでした。

高　知　城

次に、万次郎ひとりだけですが、山内家の一族、豊道《とよみち》、豊著《とよあきら》、豊栄《とよはる》の三家に面謁《めんえつ》を賜わることになり、これは先様からの望みで、わざわざ外国の服装をして出かけます。それぞれの屋敷でお酒、お料理のほか、盃《さかずき》や扇子《せんす》、金一封などどちょうだいしました。その他、藩の重役に招かれたり大変忙しい思いをしましたが、それをすませると、やっと母親のいる生まれ故郷の中ノ浜へ向けて出立するのを許されます。

十月の一日に三人そろって高知の城下をたって、暮れ方、宇佐に着きます。伝蔵―もとの名は筆之丞―の家は留守のうちになくなっていましたので、叔父であるほんとうの伝蔵の家に五右衛門といっしょに、まず落ち着きました。万次郎もここに一晩泊めてもらってから、陸路一五キロほどを四日で歩いて足摺岬の中ノ浜に入ったのは十月五日の午後でした。天保十二年の正月五日、十四歳で宇佐の浦を舟出したあの時から、ちょうど十一年十ヵ月ぶりの同じ五日のことでした。この時、万次郎二十五歳。

万次郎の家では、だいぶ前から、万次郎が生きていたという風の便りも聞いていました。次に長崎まで帰って来ているという話は、藩から生まれた家や村の取り調べもあったのでだいたいは知らされていました。その後さらに高知の城下まで帰って来ているという情報も伝わっていました。家中の者が、そして近所の誰《だれ》も彼《か》もが、本人の帰るのを待ちわびているのでした。万次郎は夕暮の中ノ浜峠を下って、中ノ浜集落に入ると、まず庄屋《しょうや》の家を訪れ、中に入って挨拶するのですが、その門前には集落の人々が集まっていました。知らせを受けたのでしょう、万次郎の母親の汐《しお》がかけつけて来て、庄屋の家に入って行きます。

中ノ浜峠。右側遠景は中ノ浜浦

しばらくたつと母と息子とは連れだって出て来まして、ほど近い生まれた家にいっしょに帰って来ました。兄の時蔵、姉のセキとシン。それに妹のウメもみんな達者でそろっていました。

十一年十ヵ月ぶりで生きて帰って来た故郷ですが、母親のもとにも、万次郎は長くはいられなくなりました。生活をともにすることわずかに数日で、また肉親とも、故郷の土とも離れます。

土佐の藩主山内容堂から召し出されたからです。定小者《さだめこもの》という最下級の侍に取り立てられ、高知城下の教授館の職員に任命されました。とにかく侍になったのですから刀を差すことも許されるのですが、用意もないだろうからと殿様から刀を賜わるのです。当時の日本のことですから身に余る光栄、一家の誉れというところなのですが、万次郎にとってははなはだ迷惑。腰に刀を差して真昼間《まっぴるま》歩くといった野蛮なまねは、おかしくてできたものではありません。手ぬぐいでひっくくって、ゴボウでももらって来たようにぶら下げて帰って来ました。

万次郎の生まれた家
(大正期に写したもの。その後、取りこわされた)

高知では一教員の身分となったのですが、実は土佐藩の重役や、民間の有志の人々に、招かれたり訪問を受けたりして、尋ねられるままに、海外の有様を話すのに忙しい思いをします。英語の教授もやりました。最初、高知に帰って来た当時、吉田東洋から異国のようすを聞かれていたじぶん、大きな土佐半紙にアルファベットを書いて示しましたが、それには、一八五二年九月十五日　浦戸町にて　ジョン・マン　という署名も入っています。

万次郎に接する年若い学生も少なくありませんでした。

ウツリョウ島その他の無人島開拓や海運事業に志した同じ土佐の岩崎弥太郎（三菱の初代）や、

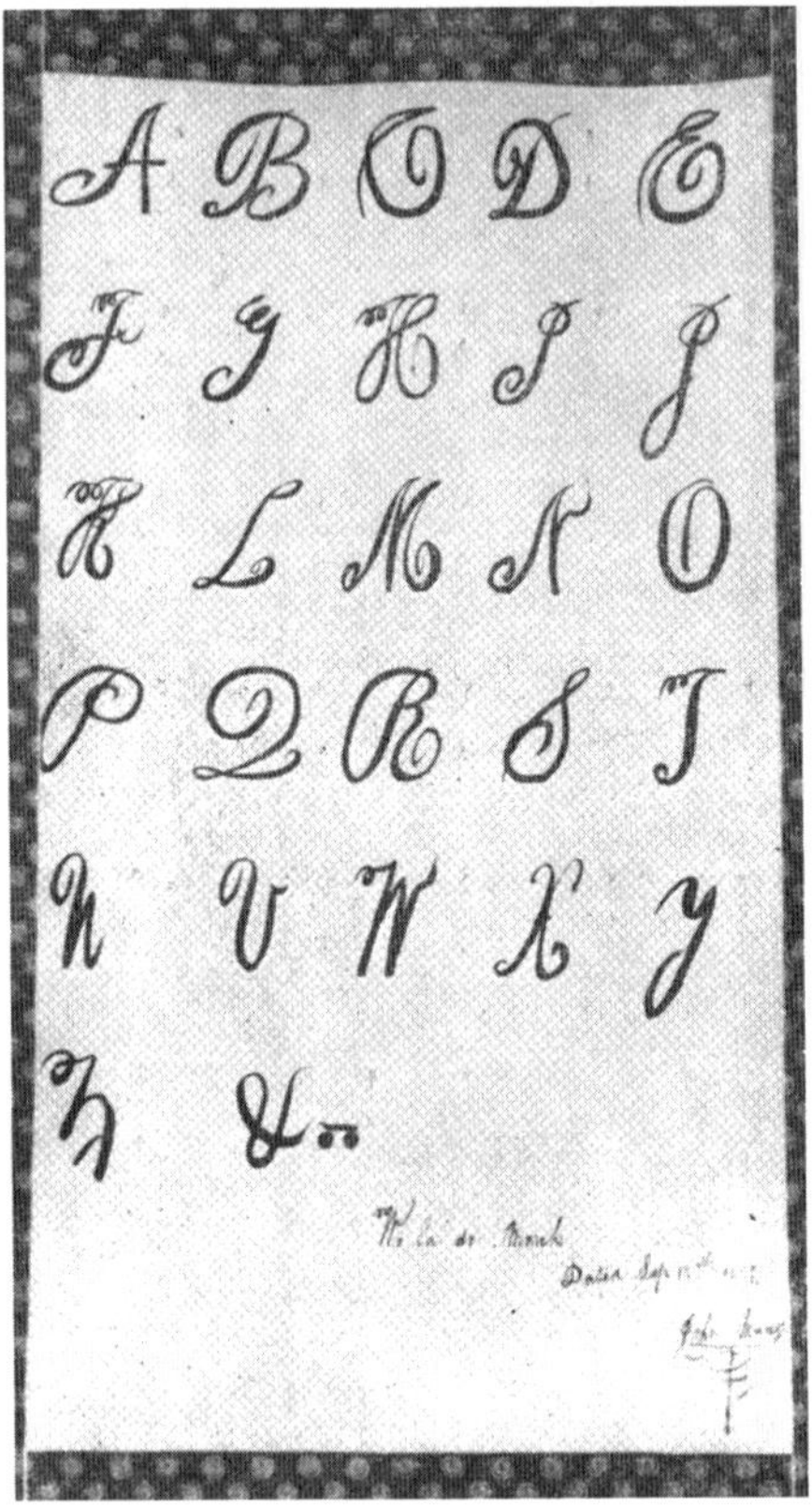
帰国直後、高知で書いたアルファベット
「1852年９月15日浦戸町にて、ジョン・マン」
と署名してある（左頁の拡大図参照）

長州のために商社を起こした坂本竜馬たちも万次郎の影響を受けた人の中にいます。

　ずっと後のことになりますが、竜馬が江戸に出ていたころ、勝海舟の紹介で、万次郎に引き合わされて初めて会うのですが、土佐の画家で、西洋の事情に詳しい河田小龍の書いた万次郎の海外見聞録—漂選記略—を竜馬は早くに読んでいたもので、この時、初対面という気はしませんでした。竜馬は八歳下です。

　吉田東洋の部屋でのある日、そばで熱心に耳を傾けていた一人の少年の態度に心を引かれた万次郎は、初めて見せた万国地図一枚を、そのままこの少年に与えました。十四歳の後藤象二郎だったのです。

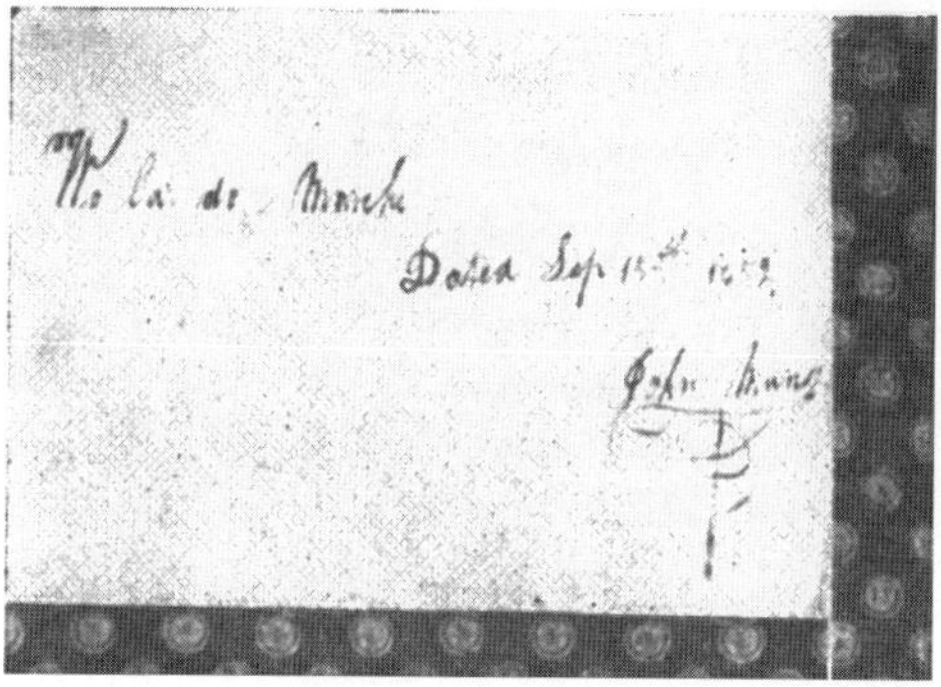

アルファベットの署名の拡大したもの

　後藤象二郎は、後に藩主山内容堂の名代《みょうだい》となって将軍徳川慶喜《よしのぶ》に大政奉還《たいせいほうかん》を建言《けんげん》した人です。明治の新政府になってから、板垣退助らと明治七年に民選議院の設立を建議、また八年には元老院議官となり、さらに明治二十一年には反政府の民間志士を糾合《きゅうごう》して大同団結の運動を興したりした急進的な政治家でもあります。

翌、嘉永六年万次郎は、今度は幕府から召されて、八月一日に高知をたって江戸へ出ることになります。

第十四章　黒船来る—江戸幕府に召される

当時、諸外国の船が日本の海岸に近づいて来て、たびたび日本を窺《うかが》うので、江戸幕府は不安でたまりません。

早くには、ロシアのレザノフ（Lezanov）が、日本の漂流民四人を長崎に送り届けて来て、日本に通商を求めたこともあります。これは文化二（一八〇五）年のことでした。それから二年たって、同じくロシア人が蝦夷《えぞ》のエトロフ島にやって来たり、なお進んで箱館にも来ました。その後、別にロシアの軍艦が、文化十（一八一三）年、同じく蝦夷の利尻《りしり》島に来て通商を求めました。

心配が絶えないのは北の方だけではありません。南の方では、天保から弘化の一八四〇年代に、イギリスやフランスの船が琉球に通商を求めに来たりしています。イギリスの軍艦が下田に来たこともあります。

アメリカの方はというと、ペリーの黒船よりも八年前に軍艦二せきが浦賀に入って来て、やはり貿易を求めたこともあります。

幕府は、どれもこれも相手にしません。国禁の一点張りで追い返してしまいます。

そのじぶん、オランダ国王の使いが長崎に来て、鎖国は日本のためにならないから、と説き聞かせていったこともありました。

そしていよいよ嘉永六（一八五三）年の六月には、ペリー提督が蒸気軍艦二せきと帆掛け軍艦二せきを率いて、江戸湾外の三浦三崎の沖に姿を現します。そして、アメリカ合衆国大統領から日本国王にあてた手紙を持って来たから受け取ってくれというのです。幕府は、日本の国の法律で禁じてあることだからといって取り合いません。そして長崎に船をまわすよう命じましたが、それで引っ込むペリーではありません。何が何でも受け取ってくれと迫ってくるので、とうとう幕府は負けてしまって、浦賀に近い久里浜の砂浜に上陸させて大統領の手紙を受け取るだけは受け取りましたが、返事をあげるわけにはいかない、と断って、すぐ帰ってもらいました。六月三日に姿を現した黒船艦隊は、十二日に引き揚げて行くまで十日間、江戸湾の入り口でデモンストレートしていきました。

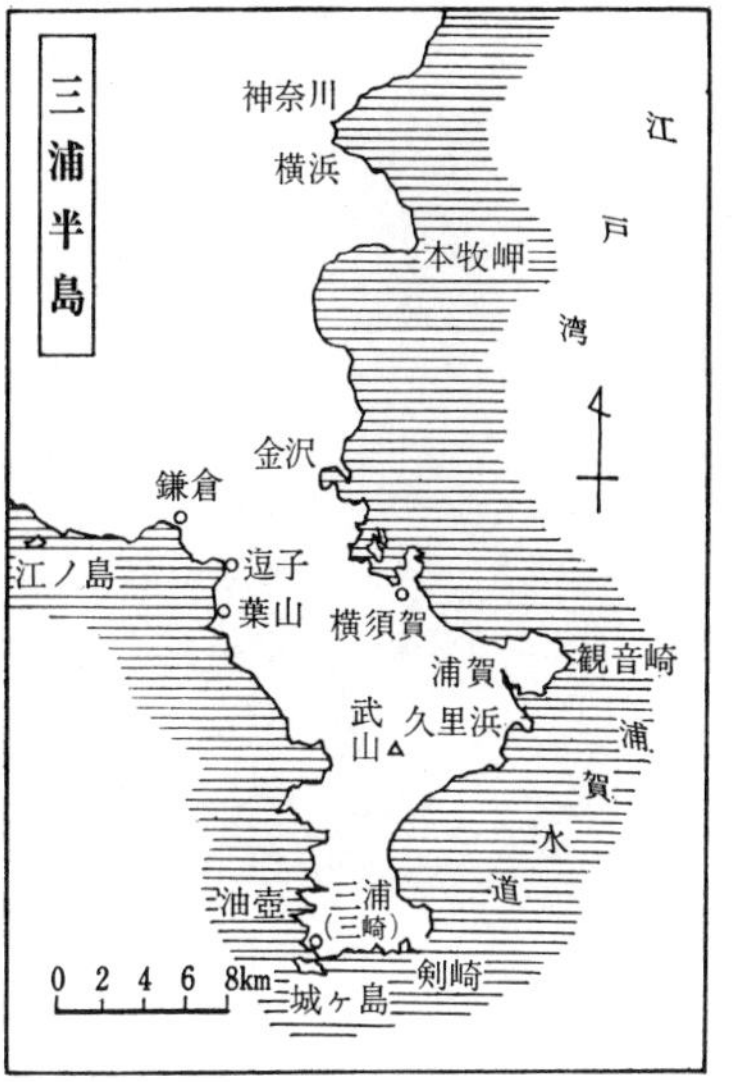

この黒船艦隊が、日本へ来るまでの航路を見てみますと、合衆国を出て、太平洋を西に向かって来たわけではありません。合衆国の東海岸のワシントンに近いチェサピーク湾(Chesapeake B.)を、前の年の秋に出帆して、まず大西洋の孤島セントヘレナに立ち寄って、かつてのフランスの英雄ナポレオンを偲《しの》んでから、ケープタウン、セイロン、シンガポールと順に寄港して、七ヵ月半かかって三浦三

ペリー、久里浜に上陸

崎の沖にやって来たのでした。

それはとにかく、日本国王宛のフィルモア大統領（M. Fillmore）の手紙というのは、

合衆国のオレゴン地方やカリフォルニア州は、太平洋を中にして日本に向かっている。蒸気船ならば十八日の距離にすぎない。

カリフォルニア州には金をはじめ鉱物が多量に埋蔵されている。日本も豊かな国で、たくさん貴い物品を産出しているし、日本人は技芸にも優れている。両国民が貿易したら両国の大きな利益となるだろう。

という意味のものでした。

植民地としてのみじめな身分を、いやっというほど身にしみていたアメリカ一三州は、イギリス本国に謀《む》叛《ほん》して独立は勝ち取ったものの、経済の自立はむずかしく、ことに独立戦争では消耗《しょうもう》がひどく、後の回復もなかなかできないでいました。海外貿易によって経済を立て直すよりほか方法がありません。で、東洋との貿易をねらったのでした。

合衆国が領土を西の方へ広げていって、太平洋海岸にまで出る前からも、アメリカの捕鯨船は豊かな漁場を追って太平洋上を縦横に走りまわっていたのですが、日本列島に近づいて来ると、薪水の補給地や避難する港もほしいので、日本国との交渉が必要となってきました。実際に多くのアメリカの捕鯨船が難破して、日本の海岸に打ち上げられて生きのびた船員は、その土地の殿様から長崎へ送られた例がいくつもありますし、その反対に、日本の漂流民がアメリカの商船や捕鯨船に救われて、送り届けられることもたびたびでした。

合衆国はメキシコと戦争した結果、カリフォルニアのあたりを取って、太平洋の海岸に出たのが一八四八年、明治元年からちょうど二十年前のことです。そして、それからまたカリフォルニアで金鉱が発見されて、バカ景気が始まった時期にもあたります。

それまでアメリカから東洋へ行くのには、大西洋を斜めに東南方へ横切り、アフリカの南端をまわってインド洋をへて、東洋にたどり着くのが一般でしたが、カリフォルニアが合衆国の一つの州になると（一八五〇年九月九日）、太平洋は庭先の池みたいになったのです。だからこの太平洋をまっすぐ西へ行きさえすれば、清国の新しい貿易市場にも達することができるので、その途中、日本列島の寄港地がいよいよ必要ということになったわけです。

東インド艦隊司令長官ペリー提督（Commodore Mathew Calbraith Perry）は、ホウィッグ党（Whig――三年後に共和党になります）から選出された大統領フィルモアから、日本国王宛の親書を携えて来たのは前に述べたとおりですが、同時に、次の命令を与えられて来たのです。
①　日本に、アメリカの難船者の保護をさせること。
②　薪水食料を供給するため、日本にいくつかの港を開かせること。
③　日本のいくつかの港で、アメリカ船に貿易させること。
この三つを日本に受け入れさせるため、ペリーは大きな権限を与えられ、武力を使うことも許されていたのでした。

三浦三崎の沖へ来る前に、小笠原諸島の父島の二見港で、一六五エーカーの土地を住民から五〇ドルで買収もしました。海軍の貯炭場を造る目的だったのです。

また、久里浜を引き揚げて香港《ホンコン》へもどる途中で、那覇に寄って、琉球政府に対して、
①　石炭置場の用地を借り入れたい。
②　上陸するアメリカ将兵に尾行をつけるのを止めよ。
③　自由に物品を買わせよ。
以上の三項目を要求しましたが聞き入れられなかったので、海兵隊を上陸させ都の首里を占領し、おどしをかけて要求を無理に通させてしまいました。

ペリーの、この第一回遠征の報告書がワシントンに到着したじぶんには、ホウィッグ党政府は倒れて、モンロー主義を強調する民主党政府に変わっていました。新しい大統領は、外国の領土侵略

などしないのを看板《かんばん》にした民主党のフランクリン・ピアース（Franklin Pierce）です。同じく新しい海軍長官のドッビンはペリーの遠征報告書を見てびっくりしたのです。そして、よその国を侵略するような、とんでもない野蛮な行為を止めさせ、議会の承認も受けずに、外国領土へ軍隊を上陸させて攻撃するようなことは、一切止めろと命令を出しました。

本国政府の態度が変わったので、出先のペリーはまごつきました。香港に停泊を続けて、しばらくようすをうかがっていましたが、翌年、第二回の日本遠征を実行するのです。

このころの江戸幕府の最高権力者は、老中主席の阿部伊勢守正弘《あべいせのかみまさひろ》でした。今日の広島県の東のはずれ、福山の一一万石。大大名でもありませんし、その家の六男坊でしたが二十三歳で老中に抜擢《ばってき》されています。めんどうな時局を前にして悩まされきっていた江戸幕府では、英才を登用しないではいられませんでした。阿部正弘は二十五歳の時には老中の主席に進むという、進歩思想の、そして政治手腕のすぐれた若い総理でした。

この阿部伊勢守は、長く外国へ行っていた土佐の万次郎が、日本に帰って来たという報告を早くに受けていました。ことに万次郎たちを取り調べた長崎奉行の牧志摩守義制《よしのり》からは、直接、万次郎を推薦《すいせん》してきてもいましたので、万次郎を幕府の家来に取り立てたい気持ちでいました。

ペリーの率いる黒船艦隊が三浦三崎に現れて、幕府があわてふためいていた最中のことですが、オランダ学者の大槻磐渓《おおつきばんけい》は林大学頭《はやしだいがくのかみ》へ意見書をさし出しました。林大学頭は幕府の最高学府である昌平坂学問所（昌平黌《しょうへいこう》）の学長であるばかりでなく、外交の手腕もあって、ペリーにも応接しているのですが、その林大学頭へ出した大槻磐渓の意見書というのは次のようなものです。

……使節が携えてきた国書を受け取って読んでみた上でないと、何を願いに来たものかはっきりわかりませんが……一昨年、帰国した万次郎の話の中にも、日本近海捕鯨などのおり、薪水などさしつかえないよう東海のうち一ヵ所もらい受けたいとアメリカ人が言っているように聞いていますが、そのような要求にちがいないと考えます。そうだとすると、その使節船は、本国からわざわざ軍艦四せきを仕立てて国書まで持って参ったからには、一通りのお諭《さと》しぐらいではなかなか帰りますまい。こちらの出方によっては、どんな難題を吹っかけてくるのか、わかったものではありません。

先年ロシア国の使節が長崎に来た時は、わずか一せき仕立てで、ことに使節のレザノフはすこぶる大量の人物でもありましたから、お諭し文の趣《おもむき》を謹《つつし》んで承《うけたまわ》って文句なしに帰って行きました。しかし、万里の波を渡って来て、むなしく帰るのを無念に思い、国王に復命することもできないので、レザノフは帰る途中自殺をしたと承っています。

今度のアメリカ人は、それとはこと変わって、建国八十年にも満たない新規独立の一三州の総頭役から願い立ててきて、武力をもってわが国に圧力をかけてくるようすに見受けられますので、とても先年ロシア人をお取り扱いなされた振り合いと同じには参りますまい。そのようなわけで、先方から願い出ることを、あるていどは聞き入れてやらなくては、穏便《おんびん》にことがすまないと存じます。

私の考えを申しますならば、近海の一島を借りたいというのでしたならば、わが国には祖先からの国法もあることですから、そういうことは決して聞き入れてやってはいけません。ただし、近くを航海している途中で薪水など欠乏した時は、今後、何浦何港に立ち寄って願い出れば、こちらから先方までの道程《みちのり》、日数を計って、相当の薪水を与えるべきです。場合によっては、こちらの石炭を与えてもよろしいでしょう。もっとも、その場合、いささかでも乱暴なことがないよう、よく申し付けておくように使節へ厳重におっしゃっておくべきです。

それから、ご返事については、これまで国交が開けてない間柄だから返事は出せない旨よくよくお諭しになり、早く帰るようにおっしゃったら、先方から願い出たことも叶《かな》って異議なく立ち去ることと存じます……

近海のうち、一ヵ所を決めて、異国船に薪水を与える場所を作るようになるならば、伊豆の下田か志摩の鳥羽など、海岸に突き出たところがよろしく、離れ島は絶対にいけません……

前に申した土佐の万次郎は、すこぶる天才のある者で、アメリカ滞留中、この上もなくかの国の者に可愛《かわい》がられ、学校に入って天文、測量、砲術などまで皆伝《かいでん》を受けて帰って来たということで、アメリカ人とは十年も交際しているので、今度やって来た千余人の中には万次郎が懇《こん》意《い》にしていた人も、きっといるにちがいありません。この者を土佐山内侯にお話になって急いでお召し寄せなされ、オランダ通詞同様に任命なさって、このたびの掛け合い役などに召し使われたならば、かの国の事情にも通じていますので必ず穏便の取り扱いができましょう。たとえ、今度のことに間に合わなかったとしても、今後アメリカ人が来るおりにはきっと御用に立つはず。ぜひ万次郎を急いでお召し出しなさいますよう……

長い意見書の中から、万次郎に関係したほんの一部を現代語に直してぬき出してみたのですが、この大槻磐渓の意見は、林大学頭を通して幕府の幹部にも進言されていることと思われます。

ペリーが久里浜沖を去って八日目に、阿部伊勢守は、江戸にいる土佐藩の留守居広瀬源之進を呼び出して、万次郎を江戸に呼び寄せるよう申し渡しています。

これは六月二十日の達書にもなっていますが、その終わりのところに、

心配するようなことではない旨（注—江戸に呼んで処罰しようというわけではない旨）も申し聞かせておいてくれ。

という但し書きが添えられています。

うろたえたのは土佐藩でした。大切な人間を幕府に取られてしまっては、というのと同時に、侍とは名ばかりの最下級の地位に万次郎をおいていたとあっては、なんとしても土佐藩の不見識、恥

を世間にさらけ出すものと狼狽《ろうばい》するのです。

八月一日、高知の城下を出発した万次郎は、道中一ヵ月で江戸に着きました。まず、鍛冶橋《かじばし》内の土佐の上屋敷に出て到着の挨拶をします。土佐の留守居から幕府へ届け出が行われ、待ちかねていた老中首席阿部伊勢守は、万次郎を呼び寄せ、側近《そっきん》に命じて諸外国の事情を尋ねさせ、自分はその上席で聞いているのですが、質問した側近というのは林大学頭、勘定《かんじょう》奉行で後に外国奉行になった川路左衛門尉聖謨《かわじさえもんのじょうとしあきら》、松岡河内守、伊豆韮山《にらやま》の代官江川太郎左衛門英龍《ひでたつ》、といったお歴々です。

この初めての席で、万次郎の答弁が要領を得ていたというので、一同を満足させました。

万次郎が江戸へ出て来たという噂《うわさ》はたちまち広まって、蘭《らん》学者をはじめ志ある人々が面会を求めに訪れますが、幕府の命令によって土佐藩が厳重にしているもので、一般の人々は会うことはできません。ただ、江川太郎左衛門と川路聖謨、それに松岡河内守くらいが、それもいちいち特別の許可を得て、自分の屋敷に万次郎を招いて会談するだけでした。

江川家は、代々、伊豆韮山の代官で、代々太郎左衛門を名乗っていますが、三六代目の江川英龍（坦庵《たんあん》）は幕末きっての科学者であり、進歩的思想家で、外交のことにも識見と手腕とを持っていました。早くに長崎のオランダ人から砲術を学んで、韮山で鉄砲を鋳《い》ることもします。西洋種痘法（うえぼうそう）を領民に施して天然痘の災いを免れさせてもいました。種痘を実施する前に、まず自分の子女に種痘を試してみてから一般に広めたものです。

この英龍の代になって、功績によって伊豆、甲斐など一八万石の代官とされ、その善政は高く評価されていました。

この江川英龍は、幕府の命令でちょうど蒸気船を造っているところでした。それで万次郎を自分の手もとに置きたいので幕府に願い出るのでした。が、これを聞いた土佐藩は、ちょっと邪魔を入れます。

……なにぶん、無調法者《ぶちょうほうもの》で、ご用中不束《ふつつか》のことがあってはいかがかと、重役どもはじめ一同心を痛めております……。

といった意見書を老中首席へ奉《たてまつ》りましたが、これに対して伊勢守は、まるでその返事みたいに、
中浜万次郎を御普請役格《ごふしんやくかく》に召し抱え、御切米《きりまい》二〇俵、二人扶持《ににんぶち》を与える。

という十一月五日付の辞令を、土佐留守居役を呼び出して手渡しました。

それまで姓のなかった万次郎に中浜という姓が付けられたのは、幕府の公文書ではこの辞令が最初です。

続いて同じ十一月五日付の辞令で、御普請役格の中浜万次郎に対し、御代官江川太郎左衛門手附《てつけ》を仰《おお》せつけられます（手附とは秘書位の意味）。

これで万次郎は土佐藩の手を離れて、幕府の直参《じきさん》となり、江川坦庵の希望通り本所、南割下水《わりげすい》の江川邸内に住まうようになりました（今日の墨田区亀沢、北斎通り）。

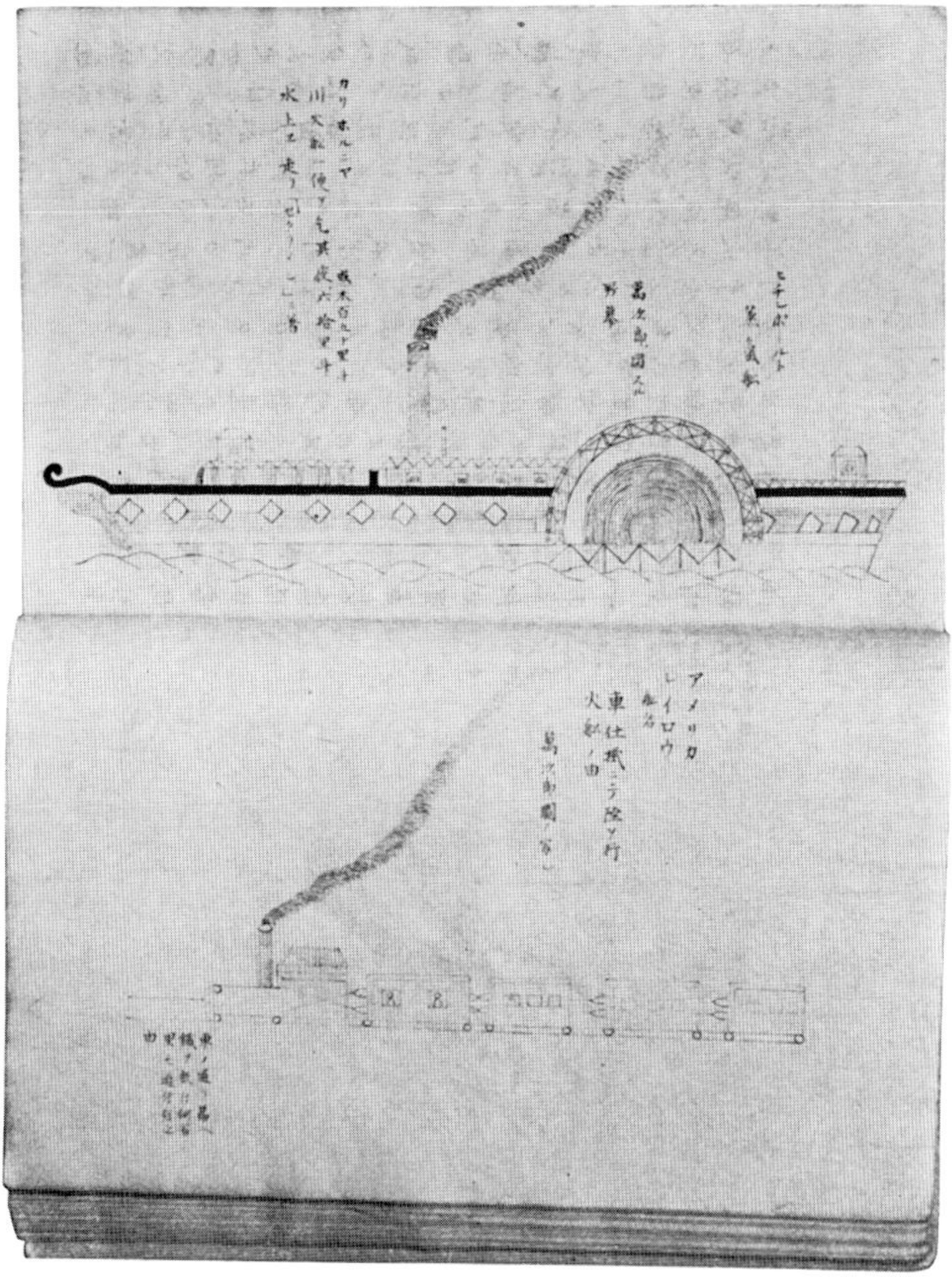

「漂客談奇」に万次郎が画いた蒸気船と汽車

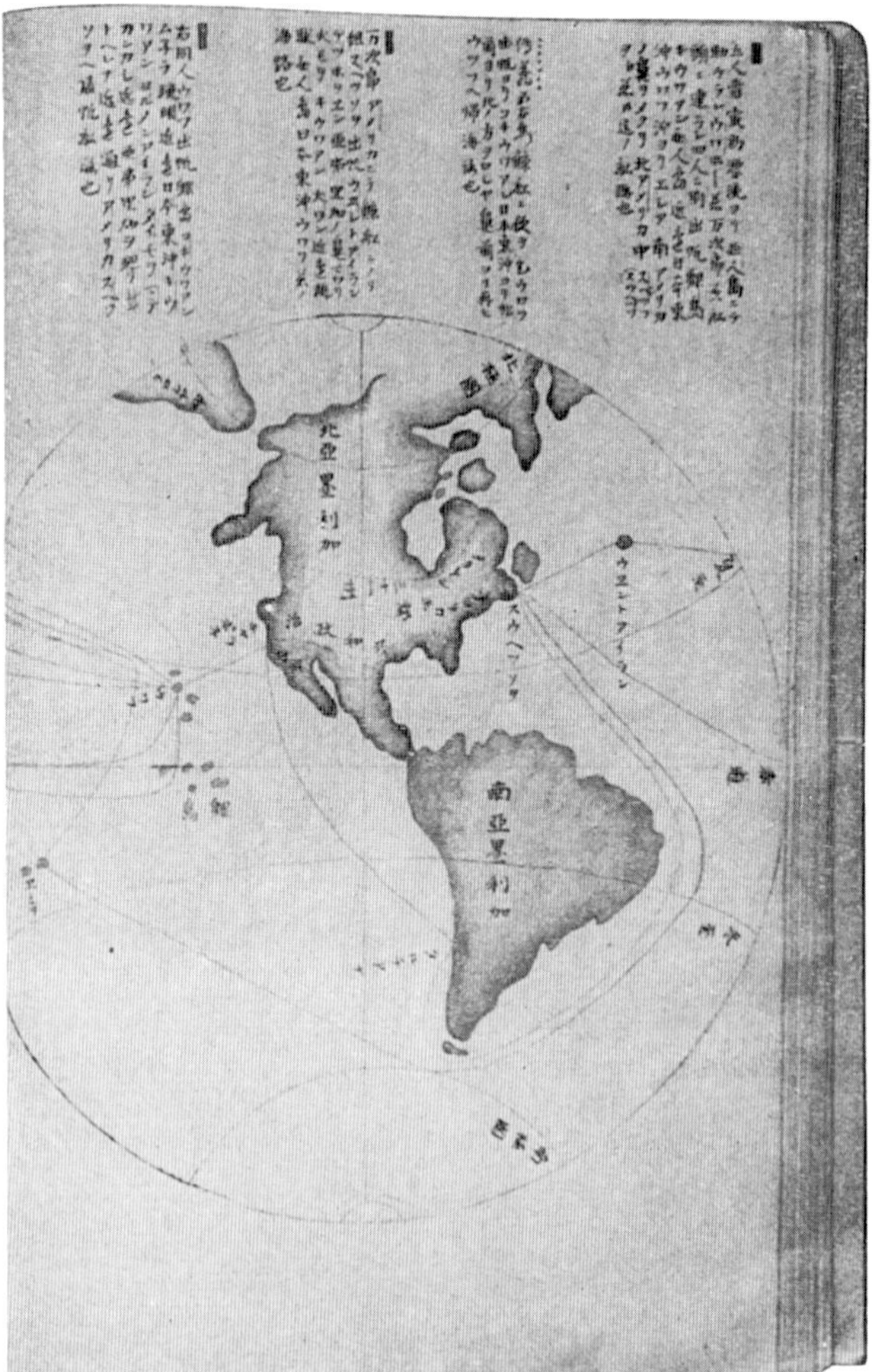
北亞墨利加
南亞墨利加

「漂客談奇」には万次郎が航海した航路入りの世界地図も載っている

いちばん初めに長崎で出版された万次郎の漂流記。これは木版本である

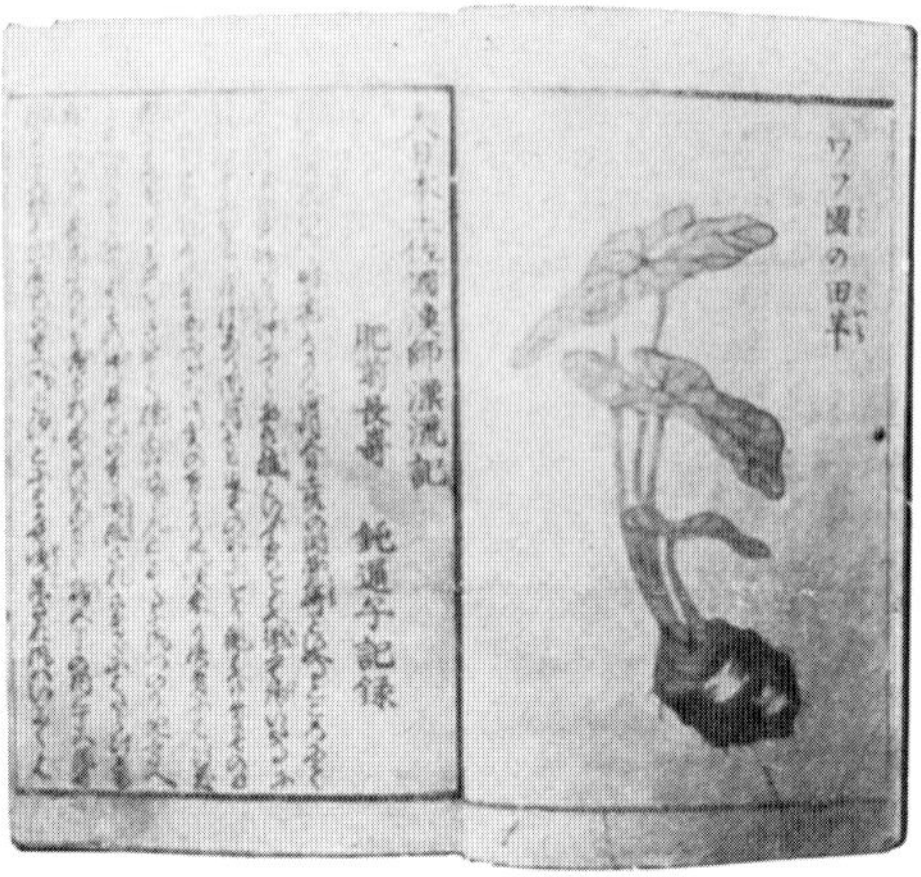

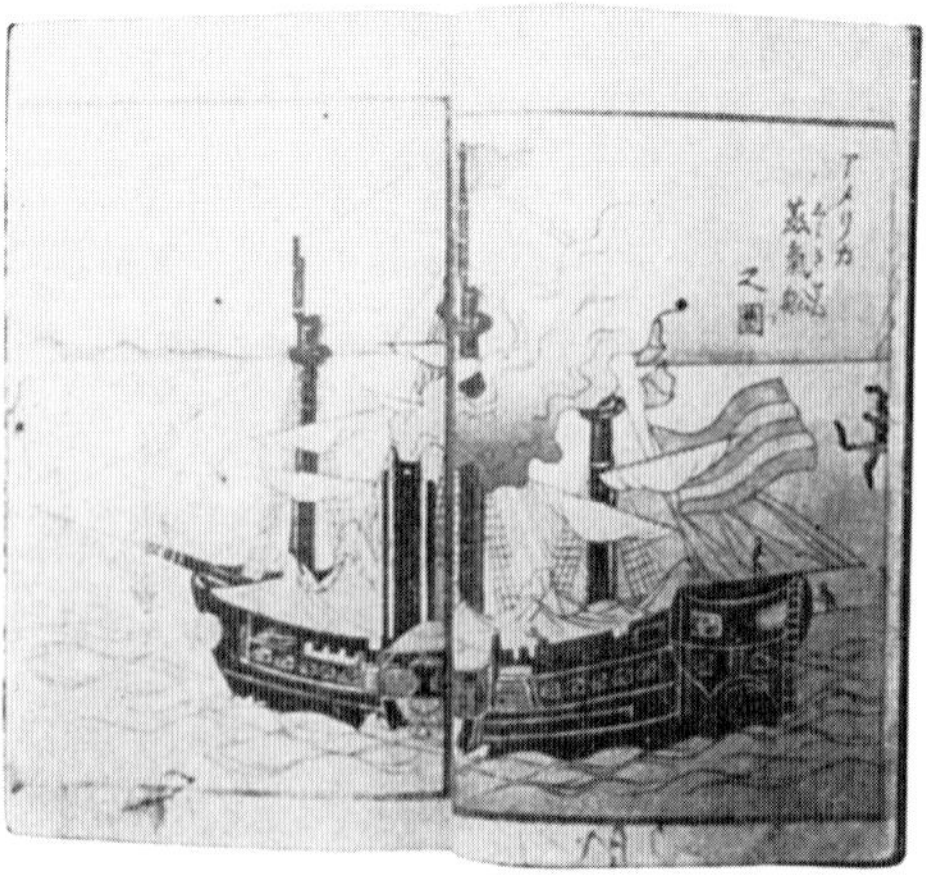

長崎版の漂流記の挿絵。側輪式蒸気船の図

直参に引きぬかれたのに対して土佐藩は、土佐守の名で、

有難き幸《しあわせ》に存じ奉り候

という礼状を、老中六名にあてて十二月七日付で奉っています。

前に長崎奉行所で取り上げられた万次郎の書籍類、鉄砲、ピストル、オクタント、ボートのアドベンチャーなど、江川坦庵はさっそく長崎奉行所から取りもどしてくれました。ところが、どうしたものか文法書だけは返してよこさないので、追っかけ請求してくれました。これも年内に無事、万次郎の手にもどりました。

万次郎についてのニュースは、役所の間で広く繁《しげ》く取り交わされた公文書でもわかりますが、一般世間では人の口から口へ伝えられ、たちまち評判となりました。

それと同時に、本人からの聴き取り、あるいは口述筆記といった形で、漂流物語、海外見聞録の類が筆写本になって世間に広まります。万次郎が土佐に帰って来た嘉永五年から翌々年にかけて（一八五二〜一八五四年）できたものだけでも、

（満次郎）漂流記
漂選記略
漂客談奇

中浜万次郎異国物語
漂洋瑣談
漂流人始末聴書
漂流譚
漂米記聞
漂洋略記
漂客奇談録
漂民録
漂流談奇
漂流記
漂流奇談
漂海異聞
漂民紀事
漂民聞書
亜米利加漂流譚
漂流人聞書

漂流次第吟味口上控
泰平新話
土佐国高岡郡宇佐浦難船人帰朝記事
万次郎外漂流人調書
土佐国高岡郡宇佐浦漁夫異国漂流一件
土佐漂流人口上

などがあります。

最初の長崎で出版された「(満次郎)漂流記」だけは木版刷りですが、あとはみな筆写本です。彩色したさし絵までいちいち綿密に模写していますが、当時の海外ブームのほどがうかがわれます。

トピックス

万次郎の呼び名

中ノ浜の万次郎　漁師ですから苗字《みょうじ》（姓）はありません。地名＋名前だけです。

ジョン・マン（John Mung）　救われた捕鯨船ジョン・ハウランド号の一員としていっしょに働くようになって、乗組員からこう呼ばれました。

中浜万次郎信志　土佐藩の侍に取り立てられ、そして直参旗本になったのですから、苗字をつけなくてはなりません。

中　万　西洋かぶれが考えられないわけでもないが、使い道がある大事な人間なので、処刑してしまうわけにもいかない、といった気持ちで水戸の烈公がこう呼んでいます。（万次郎の命をほんとうにねらっていた連中は、中浜万次郎と full name を使って呼んでいます。）

土佐万様　咸臨丸の帆立水夫である石川政太郎の日記に出てくる呼び名です。もとは同じ船乗り仲間。漁師の出身という親しみと、理論航海術にくわしい上、腕達者な教授士官といった敬意も含めて。

ジョン万次郎　ホイットフィールド船長への手紙に一度 John Manjiro と自署していますが、一般にそう呼ばれてはいませんでした。大正中期から絵本や物語本で、続いてマスコミで、大はやりになったものです。

第十五章　万次郎に通訳させない

年が明けると嘉永七（一八五四—十一月安政と改元）年お正月早々、十四日にはペリーがまたやって来ました。今度は軍艦七せきを率いていきなり江戸湾に入って来ました。浦賀まで引きさがるようにという幕府の申入れなど聞き入れようともしないで、黒船艦隊は神奈川沖に居すわります。日本は、またまた非常事態に入りました。

幕府は、外交家としての江川坦庵に命じて、談判にあたらせます。黒船艦隊ゴーホームを戦い取れというのです。

坦庵は、老中首席阿部伊勢守の屋敷へ出かけて—それは一月二十三日のことですが—蘭学者の通訳では不便のことばかり多いので、万次郎を連れて参りたい。本人一身上のことは自分が全責任を負いますし、日本のためにならないようなことはさせませんから。と、お願いするのですが、伊勢守は快く同意することをしません。

そして坦庵が帰って行くと、すぐその晩のうちに江川邸へ手紙を届けます。

江川太郎左衛門へ　　　　　　　　　　　伊勢守

先ほどお出でくださったおり、万次郎について詳《くわ》しいお話があり、外国船に退去させるよう諭《さと》しにお出かけになる時、通弁する者がいなくては大変困るので、万次郎の心はよくわかっていて心配ないので、そなたが責任をもってためにならないようなことは取り計らわないというお話でした。お引き受けくださることに少しも疑いを差しはさむわけではなく、万次郎も謀叛《むほん》など考えていないのはよくわかっています。けれども、向こうの船へ乗り込んでから、どんなことが起こるか。異人が万次郎を連れて行くようなことがあったとしたら、どうにも仕様がありますまい。その上、このことについては、水戸老公方の中にも深く心配している人々もあるのですから、もし今晩中、万一応接にお出かけのような場合には、まず万次郎は、お見合わせなされてはいかがなものでしょう。

明日登城の上、お話しいたします。何もかも日本のためなので、どうか御勘弁《かんべん》願いたい。

正月二十三日

この手紙を受けた坦庵は、折り返し伊勢守へ返事を書きました。その終わりの部分は、

……お書き取りの趣《おもむき》、承知、おそれ奉り候。右御受け申し上げ奉り候　以上

としてあります。日付は同じく正月二十三日としてありますから、きっと夜中に近かったのでしょう。

それから十日たつと、今度は水戸烈公も江川坦庵に手紙を送ります。それは、

お寒さの中、お障《さわ》りなくてよろこばしく。桜馬場の大砲造りも中途というのに、ヤンキーどもがやって来て残念千万《せんばん》。なんとか一挺ずつでも早くできて、できた分は台車など早く完備させたいもの。さて、中万のことですが、疑いない者とお見ぬきのように察せられますが、本国を慕《した》って帰って来たほどの者ですから感心ではありますが、元来アメリカエビスは中万の年若

いのを見込んで、この者一人だけ別に恩をきせて筆算を仕込んだところなどは策略がないとはいえず、中万にしても、一命を救われた上、少年から二十歳までの恩義があるので、アメリカの不為《ふため》になることは決して好みますまい。ですから、たとえ疑いないとお見ぬきなされても、向こうの船へ遣《つか》わすことはもちろん、上陸のせつも会わせることは必ず見合わせて、こちらの内輪《うちわ》の評議なども知らせない方がよろしい。もっとも江川の用いようではヤンキー方の事情もよくわかるから、逆に彼を防ぎ道具になさるのは江川の腹次第。手ぬかりないとは思うけれども、心配のあまりお便りまで。

二月二日　　登城出仕にさしかかっているので急いで乱筆、よろしく御推読ください。

水隠士

江川どの

二白《にはく》　実はこの節柄、放し飼いにしておくのは無用心ではあっても、窮屈《きゅうくつ》にしておいては当人世間の評判を悪くして用にたたなくなるので、給与は豊かになさるよう。そして江川腹心の者へ内密に申し付けられて、放し飼いの中に監視の意を含ませるよう。竜《たつ》の子を手なずけて飼っておいたら、大嵐の時、風雲に乗って逃げ去ったという昔話のように、万一、心変わりしてアメリカ船へ連れて行かれた時はホゾをかんでも間には合わない。くれぐれも念には念を入れて。

三白　ヤンキーと応接するに当たっては、今、日本に軍備がないので残念ではあるが、おだやかに帰した方がよい。が、おとなしくばかりしていて彼に乗ぜられたら際限がない。彼はカッパと雷獣のようなもので、水上と火器を頼みにして、あのように、わがもの顔に歩きまわっているけれども、原野にころげまわるとなると、カッパも雷獣も格別のことはないので、軍艦や大砲の備えができるまでは神速接戦の気を持って応接いたしたい。江川の勇気は必ずヤンキーども肝《きも》にひびくであろう。ついでながら、いつもの剛情を申し述べ、十分に意を尽くさないが。

意を尽くさないどころか、わかり過ぎるくらいよくわかる名文です。

以上のようないきさつで、全権江川坦庵は、アメリカ語の通訳を連れずに、神奈川の応接の場所へ前もって言われていた時刻に出かけるのですが、現場に到着した時には、林大学頭、井上覚弘、浦賀奉行の伊沢正義たちが全権となって先に来ていて、談判も重要なところはだいたい終わっているというありさま。生来高潔な人柄で誉《ほま》れの高い江川坦庵は、これを見て大いに怒り、さっさと江戸へ引き返してしまいます。

幕府の役人連中が、いじわるしたのでした。

神奈川条約は、こうして嘉永七（一八五四）年三月三日に結ばれ、そしてじきに、イギリス、ロシア、オランダとも同じような条約を結びます。

日本の鎖国というものは、これで破れました。

神奈川条約は、またの名を日米和親条約といいますが、その名の通り、見かけはまことに平和のうちに、友好親善の雰囲気《ふんいき》の中にめでたくできあがりました。

万次郎の異国話にも出てきた蒸気機関車の模型や電信機も、軍艦に乗せて、おみやげに持って来て、実演して見せてくれたり、水兵のダンスや楽団演奏のアトラクションも行われ、旗艦サスケハナ（The Sasquehanna）では豪華な酒盛りパーティー。これに対して幕府側からは、またすばらしい日本料理がふるまわれた上、九三人の相撲《すもう》とりを連れて来て相撲ショーを演じ、日本人の力の強いところを異人に見せるのがせいぜいでした。

この平和、親善とやらも、結局は華やかな会場の向こうの、沖に控えていた黒船艦隊の威圧に屈したもので、日本人にとって、その後長くひどい損失をこうむり、不名誉な屈辱の思いをなめさせられるきっかけとなったような、そういう種類の和親条約だったのです。

第十六章　吉田松陰への影響

日米和親条約が結ばれた二日後のことです。吉田松陰《しょういん》は、同じ萩《はぎ》に近い山村の出身で、同じ二十三歳の同志金子重輔《じゅうすけ》と二人して、夜道を江戸から神奈川へ向かって急いでいました。ひそかに、ペリーの黒船に乗せてもらって異国へ渡る決心をしていたのです。

前の年の六月にペリーは、幕府へフィルモア大統領の親書を無理に受け取らせて、来年また来るからと言って、いったん姿を消したものの、すぐ翌七月には、ロシアの使節プチャーチン（E. V. Poutiatine）が、船四せきを率いて長崎へ入って来ます。そして通商を始めるよう幕府に迫るのでした。しかしこれは、本国のロシアがイギリス、フランス、トルコの同盟軍とクリミア半島で戦争している最中だったもので、強く居すわることはしないで、まもなく帰って行きはしましたが、日本国中、不安はつのるばかり。

そのころインドでは、その大部分をイギリスの東インド会社に支配されるようになり、シンガポールもイギリスに買収されて、大きな築港工事が始まります。また清国はアヘン戦争に負けて香港をイギリスに取られてしまいました。

アジアの国々は、西洋のために勝手なまねをされて、今や日本も、北から南から東からねらわれているという国難のまっただ中にあって、神国日本も、西洋の文明を取り入れなくては、これらの西洋の圧力に打ち勝つわけにいかない。それには誰か日本人が、まず西洋へ渡って行って文明の基《もと》の精神を理解してこなくてはならない、というのが吉田松陰の意見です。これに対して、その先生である佐久間象山《しょうざん》は、お前が自分で行ったらいいじゃないか、と言うのです。鎖国の禁制など恐れていたら何もできるものでない。漂流して異国へ行って帰って来た中浜万次郎が、今、幕府に召されてお役に立っているのではないか、あのまねをして漂流をやってみろ、と、こうすすめるのでした。とはいっても、アメリカやヨーロッパへ直接流れて行けというわけではありません。九州の西海岸の五島あたりから、まず清国へ漂流して、清国の港から異国船に便乗して、というのですが、それにしても、この翻訳書《ほんやくしょ》を読むのが大きらいという江戸一の洋学者、象山先生の言い方は少々無理というものです。海で遭難した大部分の人は水死するか餓死しているので、これらの犠牲者には漂流記も漂流談もあったものではありません。漂流というものは、九死に一生を得て、というよりも、万死に一生を得た者だけに成り立つもので、いくら好人物の吉田松陰も漂流のまねだけはまっぴらでした。

佐久間象山

　それで松陰は、前年ロシアのプチャーチンが来た時、はるばる長崎まで馳《は》せつけたのですが、長崎へ行き着いた時には四せきのロシア船は、もう出て行ってしまった後でした。そして今度こそはと、ペリーの黒船を頼りに神奈川まで来たのです。真心《まごころ》だけが天に通じるという信念の松陰のことですから、漁師の小舟を借りて黒船へ漕ぎ着けるなどという気のきいたことはできずに、もたもたしているうちに黒船艦隊は錨《いかり》を上げて出て行ってしまいました。行き先は下田。二度の失敗に、陸路をさらに下田へ追いかけ、この地で松陰と金子重輔の二人は、今度の旗艦ポーハタン（The Powhatan）の甲板へまで乗り移るのにやっと成功しましたが、先方から断られて、ボートで送り返されてしまったので、自首したのです。もう鎖国令は解《と》かれていたので、密出国未遂くらいのところでしょう。江戸の伝馬町と萩の野山獄《のやまごく》につながれること二年十ヵ月。同志の金子重輔は伝馬町の不衛生な牢屋で病気にかかり、萩へ送り返されて獄死。先生の佐久間象山は、郷里の信州松代《まつしろ》の殿様である真田《さなだ》家にお預けとなりました。

その後、萩で軟禁になった松陰は、松下村塾《しょうかそんじゅく》を開いて子弟を集めて新しい学問の教育を始めたのですが、ちょうど一年目、幕府から難癖《なんくせ》をつけられたのです。だいたいその学問思想がよろしくない、幕府を軽く見ている、といった罪状でした。評定所《ひょうじょうしょ》の判決は島流しであったはずでしたのに、安政六（一八五九）年十月二十七日に打ち首になってしまいます。二十九歳でした。

とにかく、異国へ渡るということが容易なわざでなかったばかりに、万次郎の海の遭難の幸運がすぐ引き合いに出されて、とかくあこがれの的《まと》にもなるのでした。

外国の船艦が日本の沿岸に出没するようになると、不安におびえた幕府は、せめてこれに対抗するために大型船がほしいのですが、日本にはそれがないのです。これは当然です。なぜなら、幕府は早いころ、鎖国令といっしょに大洋を乗り切って異国へ行けるような大型船の建造を禁止していたからなのです。大型船についての研究も建造技術も、二百年あまり放っておかれたのでした。

ペリーの黒船艦隊が最初現れたのが嘉永六（一八五三）年の六月でしたが、おくればせながら、その年の九月には幕府は造船禁止令を解除することになったのです。万次郎が江戸に召されて早々、外国の大型帆船や蒸気船の話をして、捕鯨業を起こすことが経済的に有利であるばかりでなく、遠洋海員養成に欠かすことのできないわけを説いたのも、この同じ九月だったのです。そしてその年の暮れには、阿部伊勢守は、勘定奉行で海防係りの石河土佐守をスタッフとして、勘定奉行松平河内守、目附堀織部、勘定吟味役の竹内清太郎たちを任命して造船計画を立てさせ、すぐ実行にかからせます。これには長崎奉行所に押収されていた万次郎たちのボート、アドベンチャーがさっそく役に立ちました。同時に長崎の船大工も呼び寄せられました。

翌年、浦賀港でイギリス船をモデルにした帆船も造られます。これは長さ五八メートル、幅九メートル、二本柱という大型のものでした。

江川坦庵は領地の伊豆で、西洋式帆船（バッテーラ）や蒸気船の建造を始め、同じ伊豆の網代《あじろ》から水兵を招いて来て、万次郎の指揮のもとに帆前船《ほまえせん》の操縦術の訓練もしました。江川家は伊豆韮山の代官ですから、この新造船に対して韮山形御船という名がつけられました。

こうした時世に各藩は手をこまねいているわけがありません。薩摩では三本柱の帆船が何せきか造られ、水戸の殿様までが江戸の越中島で西洋帆前船の建造の指導をします。土佐でも、これは模型ですが、蒸気船を造って安政二（一八五五）年四月に浦戸湾で走らせています。

安政二（一八五五）年一月に江川太郎左衛門英龍（坦庵）が病死します。五十五歳。万次郎は今急に恩人を失うという不幸に見舞われますが、それから二年半して安政四（一八五七）年の六月には、阿部伊勢守正弘が病死します。三十七歳。いつも懐《ふところ》に辞表を用意していた首席老中で、二年前に老中を辞していますが、心労からきた肝硬変をわずらっていたのです。

万次郎は、前後して二人のパトロンを失うことになりました。が、江川家の後継ぎ、第三子の英敏からは先代に変わらない高遇を受けます。英敏は江川家三七代で、やはり太郎左衛門を名乗ります。そして、江川家が本所亀沢町から芝の新銭座《しんせんざ》の新しい屋敷へ移る時には万次郎一家もいっしょに引っ越して、新しい江川邸内に住宅を与えられます。芝の新銭座というのは、今日の国鉄浜松町駅から西北方一帯の広い地域でした。

阿部伊勢守なき後の幕府関係では、やはり進歩派の旗頭といわれた勘定奉行川路左衛門尉聖謨《かわじさえもんのじょうとしあきら》から、万次郎が最初に江戸へ出て来た時以来の、変わらないよしみと保護を続いて受けていました。

英米對話捷徑

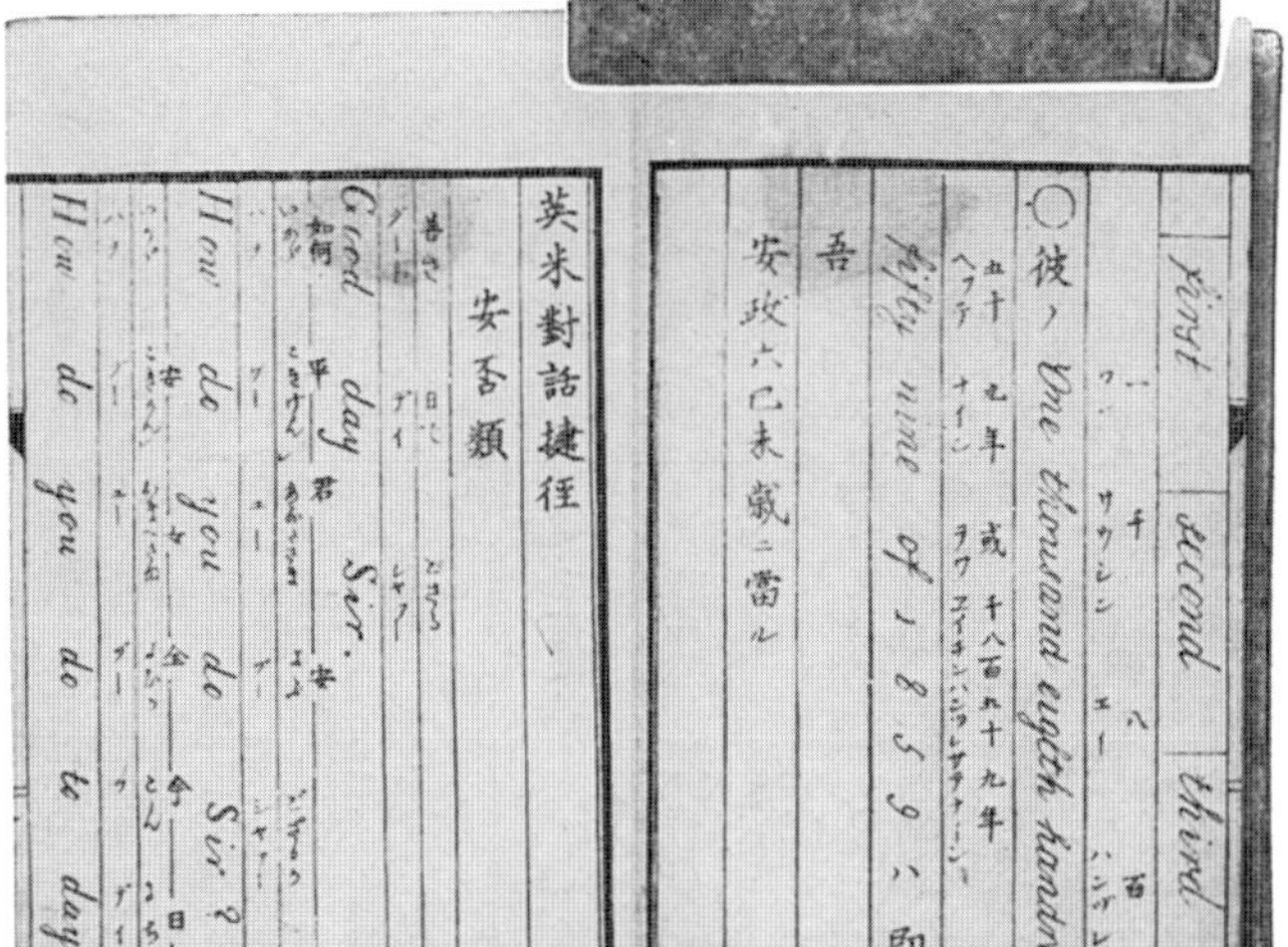
英米對話捷徑
安否類
Good day Sir.
How do you do Sir?
How do you do to day?
first
second
third
安政六己未歳ニ當ル

「英米対話捷径」の表紙と本文

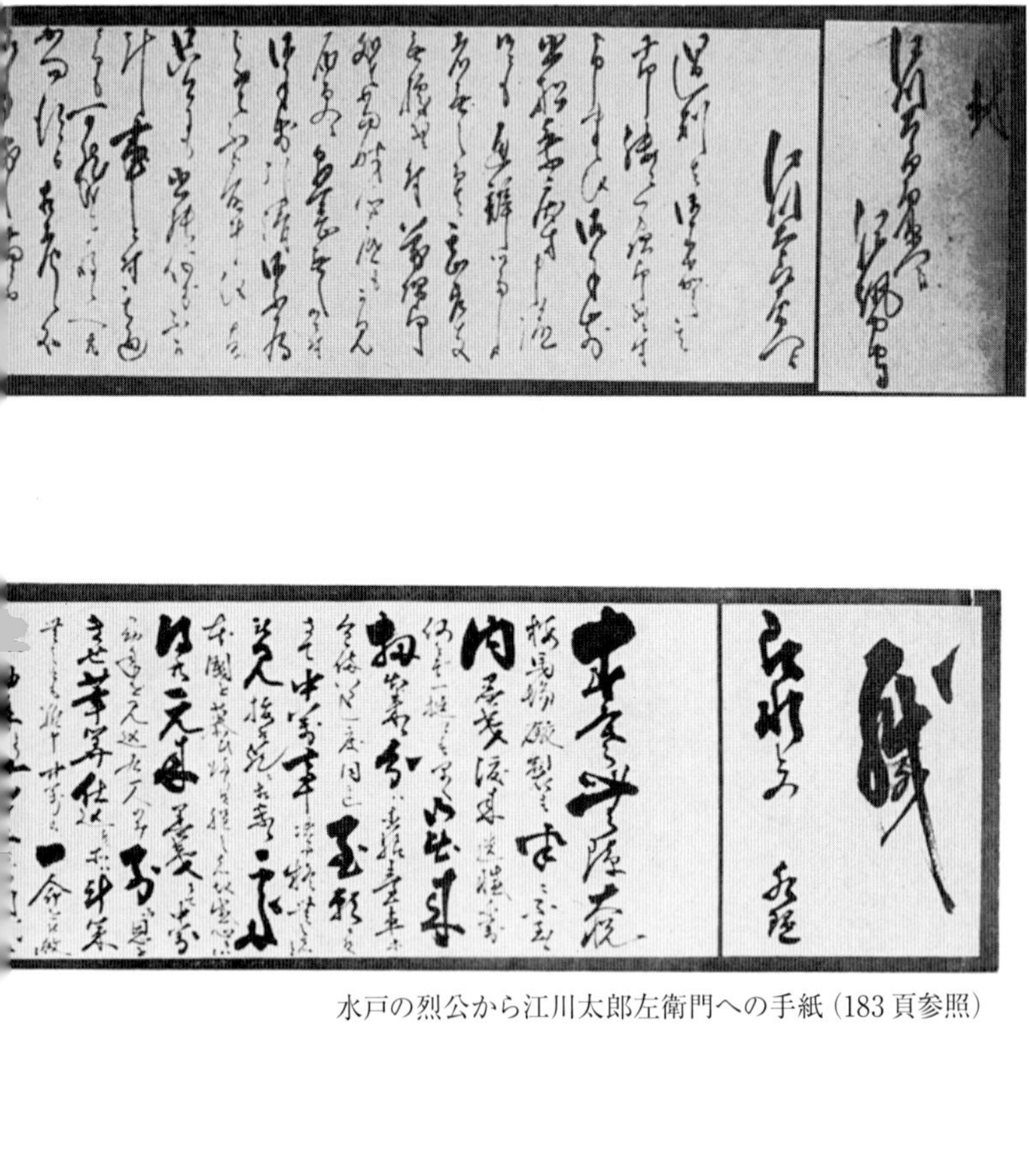

水戸の烈公から江川太郎左衛門への手紙（183頁参照）

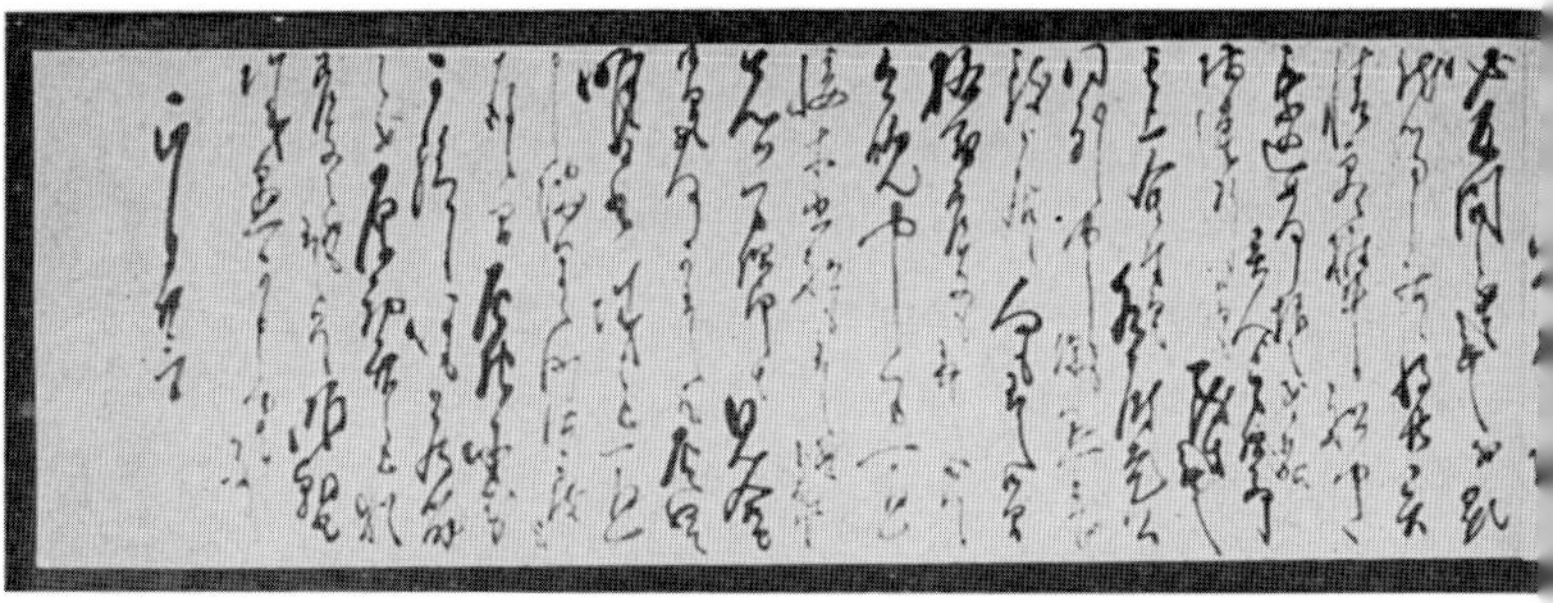

阿部伊勢守から江川太郎左衛門への手紙（182 頁参照）

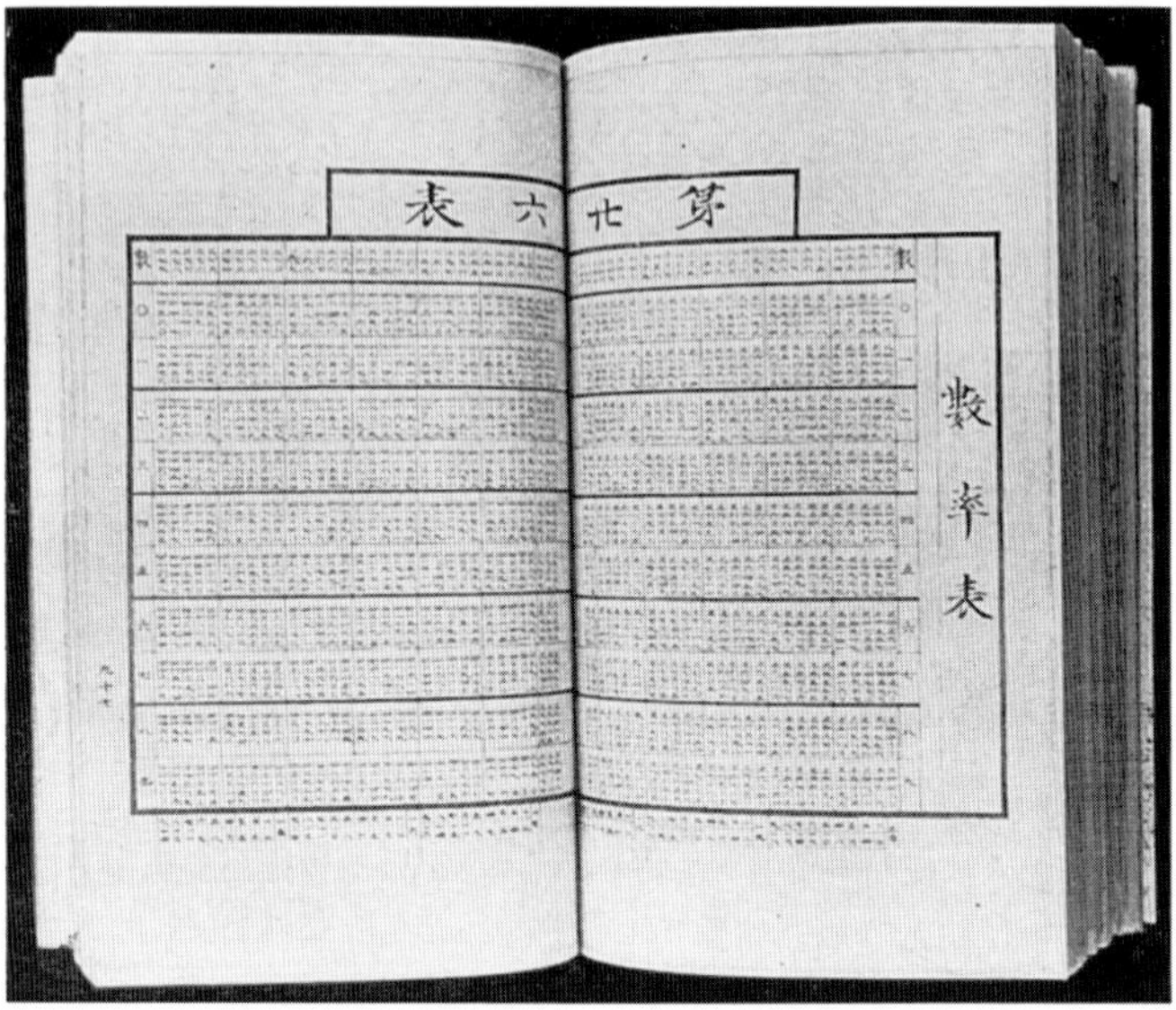

万次郎が翻訳した航海学書の
付録の数率表

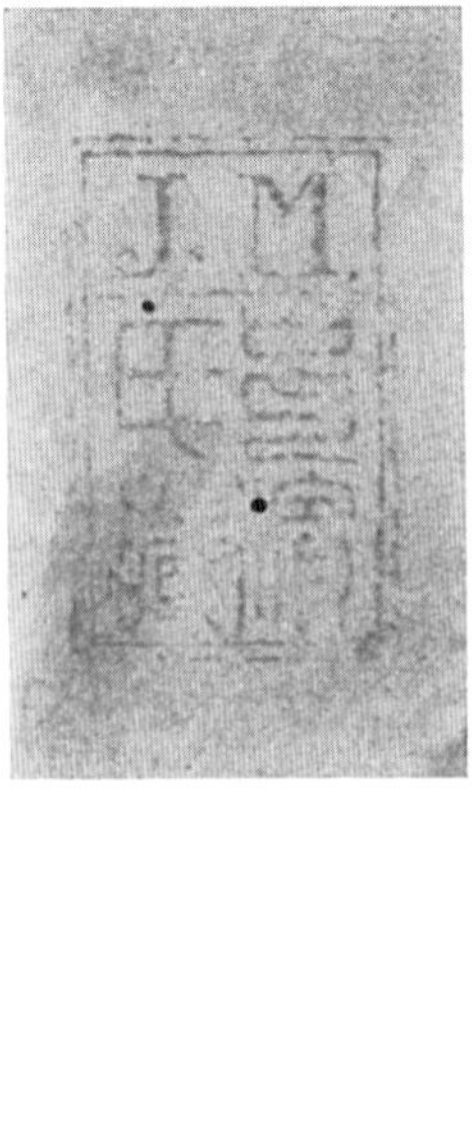

万次郎の蔵書印

トピックス

万次郎はアメリカに何年行っていたか

万次郎は、いったい、アメリカに何年間行っていたのか？　というお尋ねをよく受けるのですが、これに一口でお答えするのは、ちょっとむずかしいのです。

ホイットフィールド船長の郷里であるマサチューセッツ州のフェアヘーブンの町には満三年落ち着いて暮らします。それから一度、三年四ヵ月の捕鯨航海に出かけてから、帰国前に二ヵ月、またこの町に滞在します。日本へ帰る途中、金山で稼ぐために、まだ正式に州になっていないかったころのカリフォルニア地方に三ヵ月近く暮らしました。

アメリカ大陸の生活は以上合わせて三年五ヵ月。これだけなのです。

ところが日本からフェアヘーブンまでの行く道に二年三ヵ月あまりかかっていますし、日本への帰り道に三年一ヵ月かかるのです。

そして、これがまた普通の旅行ではありません。アメリカの船がアメリカ社会の延長であり、しかも船客というお客様の身分ではなく、船の中でアメリカ流の勤労生活を続けているのですから、これらの航海もやはりアメリカ生活といったほうが適当かもしれません。

無人島でアメリカ捕鯨船ジョン・ハウランド号に救助されたその日から、アメリカの商船サラボイド号で琉球本島の南端摩文仁に帰って来るまでの九年八ヵ月をひっくるめて、アメリカ生活―封建日本とは別の空気を呼吸していた期間―といってよいようです。

おまけに、その前後には、最初、漂流のあげく五ヵ月の無人島生活というものと、日本へ帰って来てから、長崎奉行所では牢屋にも入れられて、ひっくるめて一年九ヵ月の取り調べという異常な境遇も加わるのです。出漁から帰宅までを通して特異な生活をしてきたのですから、アメリカ大陸滞在と限らないで、家を出てから母の膝元に帰るまでの十一年十ヵ月をまとめて取り上げたほうが、お尋ねの趣旨にふさわしいような気がします。

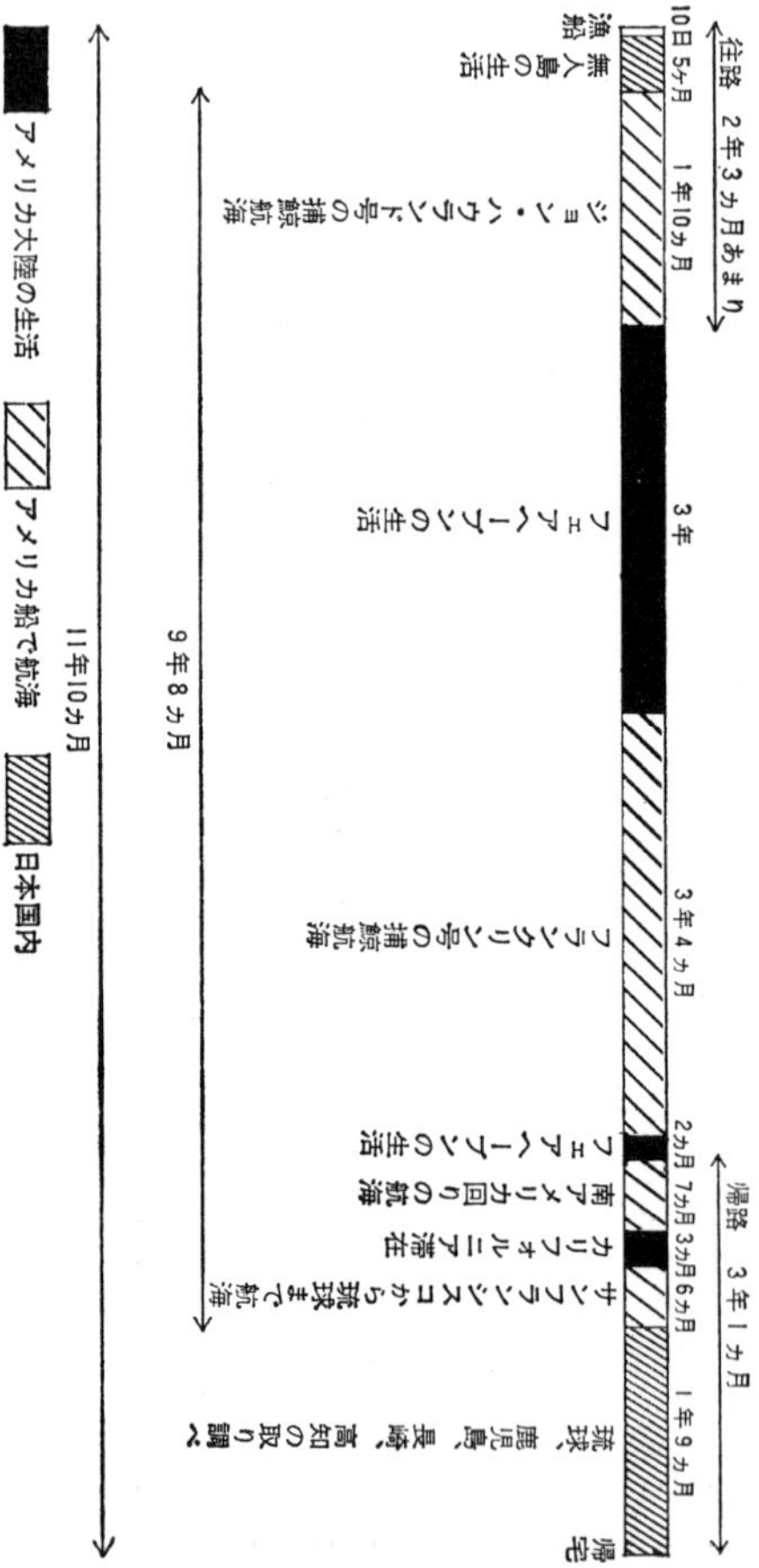

第十七章　公　私　多　忙

1　結　婚

万次郎の妻の鉄が新婚当時に江川太郎左衛門坦庵から贈られた坦庵自筆の扇

万次郎は、江戸へ出た翌年の嘉永七（一八五四）年二十七歳で結婚します。お嫁さんは、江川邸のある同じ亀沢町で剣術の師範をしていた団野源之進《だんのげんのしん》の二女、鉄《てつ》（十六歳）です。

この時も江川坦庵が団野家に交渉して、話をまとめてくれましたし、引き続いて江川家の屋敷内に新家庭を営むこともできました。

この団野源之進は、幕府の講武所が安政三年四月に開設された時には、そこの剣術の教官に任命されています。

新家庭を始めた万次郎は、自分の手でパン焼きのカマを築いて、パンを焼くこともしました。同じ江川邸ですが、韮山でお手伝いした時の、ぶっそうな鉄砲や大砲の原料鉄をとかした反射炉《はんしゃろ》とちがって、はなはだ平和な家庭的なカマドだったのです。

2　天文方和解御用

同じく嘉永七年の夏には、幕府の天文方和解御用《てんもんかたわげごよう》に任命されて、天文方の山路弥左衛門の役所に出仕するよう指令を受けます。

3　アメリカ航海書の翻訳

安政二（一八五五）年の暮れに幕府から、アメリカ航海書の翻訳を命じられました。造船その他の勤務で忙しい中でしたが、毎日、時間をさいてこの仕事に当たり、一年半かかって、安政四年六月に、重要な部分だけでき上がったので幕府に提出します。本冊といっしょに付録の率表《りつひょう》と其の他、磁石、砂時計、縄（綱）車、錘銅《すいどう》などを添えていますが、江川太郎左衛門英敏から幕府に出した上申書によりますと、

……肝心な部分だけ翻訳ができましたので、付属の物といっしょに献上いたします。これで一通りの航海にはさしつかえないのです。あとは、おいおい翻訳してから差し上げます。万次郎は韮山形御船その他製造係りを仰《おお》せつかって、あれやこれや勤務に忙しい者でありますが、この翻訳には心身を打ち込んで昼夜丹精を尽くし、理解し易いよう特別な心づかいをいたしております……

この上申書に添えて、万次郎自身も断り書きを提出しました。それは、

……原書はアメリカ合衆国、地名ヌ・ヨルカ、人名イ・シ・ブランタと申す者、一八四九年の著述にて……全部和解《わげ》いたしていますと急のご用に立たず、ただいま大船ご製造なされてい

る御時節柄、あまり日数がかかってはせっかく仰せつけられた甲斐《かい》もないことと恐縮いたし、まず緊要の分だけご覧に入れます。これだけで海暦など使わなくても航海は自在にでき、簡便実用を専一にした仕法でございます。

なお、残りの分は、海暦の使い方。日月星の距離を計って緯度を求める法。港や海岸の測量の法。ならびに船中の号令。船具の名。帆縄の扱い方。オクタント器、羅針盤の使い方などであります。これらは今後、ご沙汰次第で翻訳に取りかかりたいと存じます……

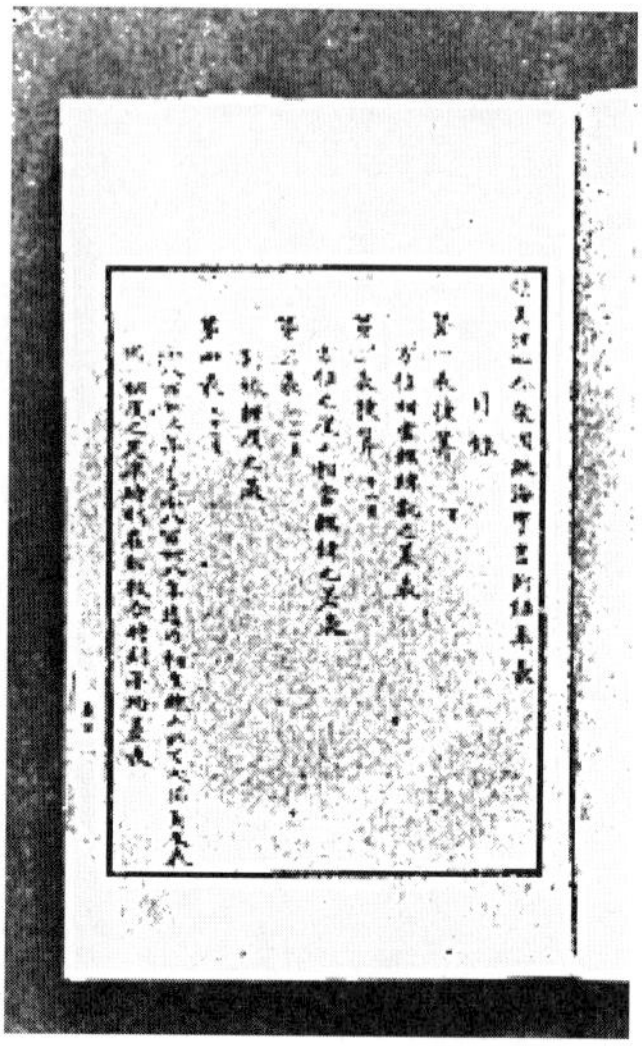
万次郎の翻訳した航海学書の付録率表

この翻訳書は毛筆書きで二〇組を作り、その一組を幕府に納めたのです。正式には、亜美理加合衆国航海学書と表紙にしるされています。

この翻訳の原書についてですが、当時、航海者のバイブルといわれていたナザニエル・ボーディッチ（Nathaniel Bowditch）の著した“The New American Practical Navigator”（現代のアメリカ実践航海者）は万次郎がフェアヘーブンのバートレット校に学んでいたじぶんに手に入れています。これをブランター（E. C. Branter）がさらに実用化して“The Practical Navigator”（実践航海者）の新著を出しています。万次郎はこの後者を翻訳したのでした。前者の出版所がエドモンド・ブラント（Edmund Blunt）であったので混乱があるようですが、一方は出版所の名、もう一方は編者の名であって、おのおのに関係はないのです。

万次郎は、このアメリカできの航海書を翻訳するに当たって精根を尽くしたもので、髪の毛がまっ白になってしまったと、これまで一般に伝えられています。

翻訳の完成した三十歳のじぶんには実際に白髪《しらが》が多くなっていました。しかし、これが翻訳のせいと決めてしまうわけにはいきません。

万次郎の長男東一郎は四十歳で髪はまっ白でしたし、孫の清も同様。現に曽孫の博《ひろし》は三十歳代というのにだいぶ白髪をまじえています。血筋というものでしょう。仕事に打ち込んだが故に髪が白くなるということはあり得ないことですし、やはり、そうした体のタチと考えられます。

4　軍艦教授所の教授

江戸の築地小田原町の紀州徳川家の下屋敷跡に、幕府の講武所というのが安政三年四月に開設されて槍、鉄砲、剣、水泳の訓練が行われるようになりましたが、翌安政四（一八五七）年四月には、この築地の講武所の中に軍艦教授所というのが新しく設けられました。

その幹部は、

総督　　　永井玄蕃守
教授方頭取　八田堀景蔵
教授方　　佐々倉桐太郎　　鈴藤勇次郎
　　　　　小野友五郎　　肥田浜五郎
　　　　　浜口与右衛門　山本金次郎
　　　　　中浜万次郎　　松岡磐吉

この時、万次郎は三十歳でした。

築地の講武所は万延元（一八六〇）年の正月になって神田小川町に引き移りましたが、軍艦教授所だけが居残って、独立して、名前も軍艦操練所と変わります。

この施設は、後で日本海軍の重要な人物となる数多くの練習生を養成していますが、変わったところでは、後に同志社を創立した新島襄《にいじまじょう》が、ここで数学を学んでいるのです。数学を習うようなところが他になかったからでしょうか。

5　中ノ浜へ老母を見舞う

万次郎は江戸へ出てから忙しい日夜を送っていて、いつのまにか三年あまりを過ごしてしまいました。土佐、中ノ浜の老母を帰省する暇もなかったのですが、安政三年の暮れに故郷の母のところから、このごろ少し健康がすぐれないという便りを受けました。これに対して万次郎は、母の見舞いに実際馳《は》せつけたものかどうかはわかりませんが、ただ江川太郎左衛門英敏が幕府へ伺書《うかがいしょ》を出しているのが残っているので、これが許されて、翌安政四年の春早いころにでも、母のもとに帰省したものと想像されるのです。

その伺書というのは、

私手附、中浜万次郎、父は幼少のころ死んで、母は故郷の土佐、中ノ浜浦に暮らしております……十二年ぶりに異国から生きて帰って参り、無事面会を喜び合い、母のもとにいたのも両三日でご当地（江戸）にお呼び寄せを受け、思いもうけない結構を仰せつけられましたのは、この上ないありがたいことでございますが、その母が今年六十七歳になって、おいおい老衰の上、さきごろから健康がすぐれないといって知らせてまいりました。

かさねがさね恐れ入りますが、生きている間に、もう一度対面し看病したいと万次郎は願っております。親を思う心を止めさせるわけにまいらない場合でございますので、できますならば、私の家来《けらい》のしっかりした者を一人付けて故郷へやって、本人の願っているように母に会わせてやりたいと存じます。

ご内慮《ないりょ》を伺い奉ります。

辰十二月　　　　　　　　江川太郎左衛門

6　箱館奉行の手附――蝦夷で冬越し

万次郎は、早くから幕府に対していろいろな意見を述べていましたが、その中に、捕鯨事業があります。捕鯨事業は幕府の経済に利益をもたらすばかりでなく、大型船の船員養成にも、海の測量にも役立つからというのです。これには、勘定奉行の川路左衛門尉聖謨も前から賛成していましたが、聖謨はまず、蝦夷の箱館（北海道の函館）で捕鯨事業を始める計画を立て、万次郎を現地へやって捕鯨の技術を伝授させることにしました。幕府は蝦夷を治めるために箱館奉行を置いていましたが、万次郎は安政四年十月、この箱館奉行の手附を命じられ、出張中は奉行の与力次席を勤めるよう申し渡されます。そして江戸から箱館の間を往復するのと、現地で勤務中に使うために、乗馬一頭がいつも用意されるよう馬触《うまふ》れも発行されます。江戸出発が十月十三日の午前六時と決まったので、その時刻より前に芝新銭座の江川家の屋敷へ馬をよこすよう（これは第一区間の芝から千住の宿までの分）、命令書の写しを添えて、万次郎は伝馬町の役人に請求しています。

こうして箱館へ行って捕鯨技術を伝授して、北海道で一冬越してから、翌安政五年の春に江戸に帰って来ます。箱館か、その近くで越年するのですが、現地での動静については何もわかっていません。

7 鯨漁の御用

安政六（一八五九）年の二月には、あらためて幕府から「鯨漁之御用」を申し渡されます。この申し渡し書を見ますと、

江川太郎左衛門手附。御普請役格。御軍艦操練所教授方出役。

という肩書は引き続いて変わりません。

この命令を受けますと万次郎はまず、前にロシアから幕府へ献上してきたスクーネル船に改造の手を加えます。船体を全部黒く塗ったり、帆柱の上の方へ物見台を取り付けたり、帆綱を新しくしたり、ハシケ二そうをのせるようにしたり、セキスタント、オクタント、バロメーター、砂時計、海の測量機、捕鯨の道具類を積み込んで、船の名前も「君沢形一番御船」とつけました。これは伊豆の君沢郡戸田《へだ》で改造したからです。

この船は、早くも翌三月、品川を出帆して小笠原諸島へ向かって鯨とりに出かけたのですが、現場に行ってから恐ろしい暴風にあって、波高く危険になったので、しまいに帆柱の一本を切り倒して、やっと転覆をまぬかれはしましたが、ボートも道具もすっかり流してしまって、伊豆の下田に逃げ帰り、それから江戸湾へたどり着くのです。これは失敗に終わりました。出直しを図るのですが、ちょうど咸臨丸へ乗り組んでサンフランシスコ往復の航海に出たり、その他で、途中が切れま

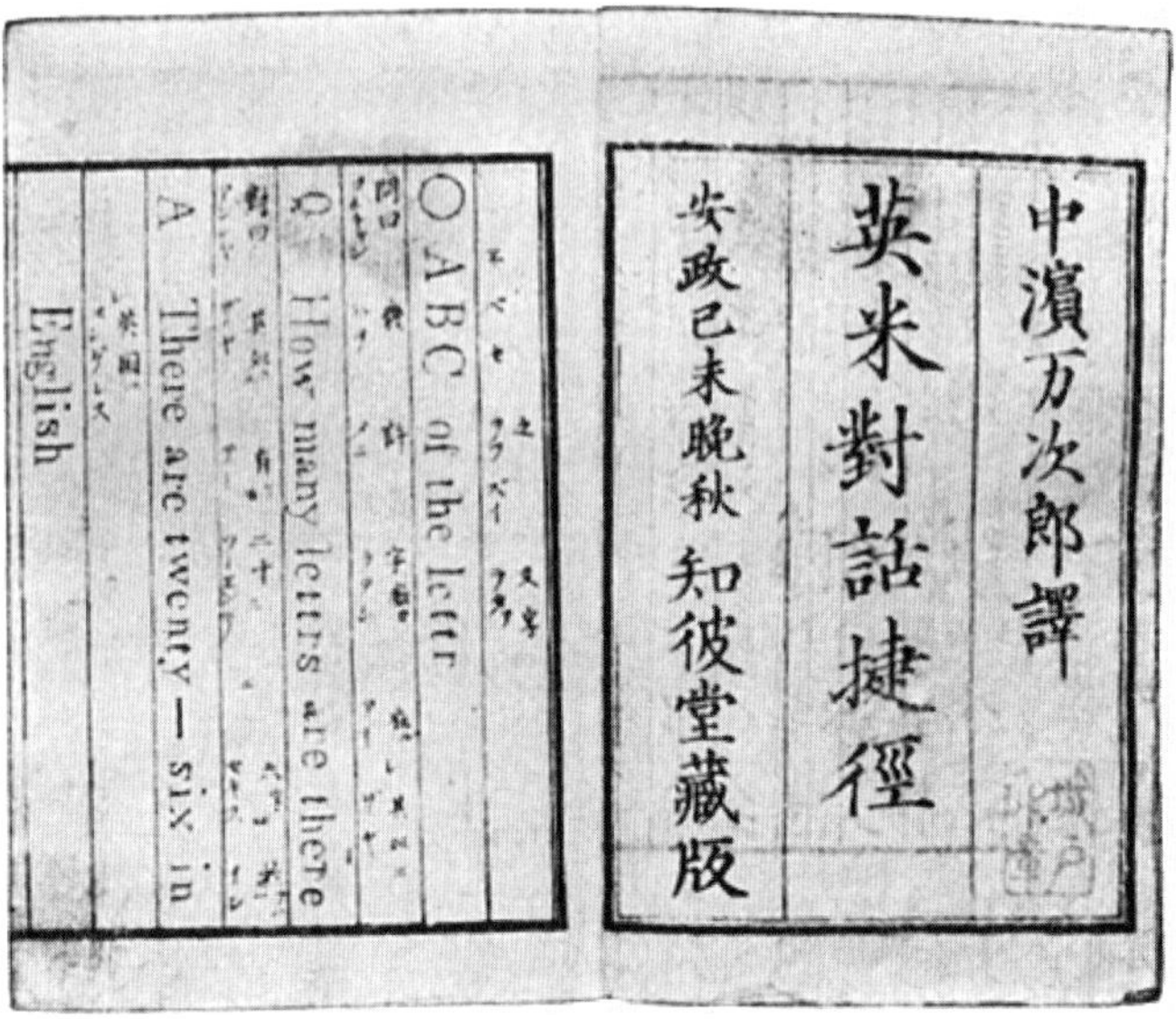

1859年に編んだ英会話書の扉と本文

す。三年後に、また改めて小笠原海域へ捕鯨に出かけるのですが。

8　英会話書を編む

安政六（一八五九）年万次郎は「英米対話捷径《しょうけい》」を編みます。英会話の早道といったくらいの意味のもので、木版刷り八〇ページのものです。一般に活字のない時代でしたから、筆記体で書いた原稿を、まず版木屋さんに彫ってもらわなくてはなりません。筆記体の英字をおそらく知らなかった版木屋さんは、紋様か何かのつもりで、原稿に最も忠実に、ていねいに彫刀を使ったことでしょう。そしてみごとに刷り上がっています。

この本の中身ですが、漢文の返り点や

一二三の順番を使って、英文の分解も試みているやり方は万次郎の工夫でしょうか。

さらに、耳から入ったままのアメリカ発音をカナでしるしています。日本語が上げ下げアクセントだけなのとちがって、インドゲルマン語族の強弱アクセントまで表現している珍しいものです。万次郎が三十二歳の著作でした。


ここで、ついでに――

万次郎は日本に帰って来て早々、帰国報告演説会を開いたわけでもありません。尋ねられるままに異国の見聞を答えるだけだったのです。琉球国の役人に始まって、薩摩の島津斉彬。長崎奉行の牧志摩守。土佐藩の重役たち。江戸幕府の幹部たち。そして諸藩の学者、有志。そうした人々と談話を重ねているうちに、日本の心ある人々が、何を聞こうとしているのか。何を知りたがっているのか。今、日本は、何を望み、何を求めているのか。だんだんと万次郎にわかってくるようになりました。

異国の事情、といっても、それは人間形成にたいせつな十四歳から十年にあまる間、日本の社会とは別の空気を呼吸して生きていたという、それだけの、なんでもない自分の異国生活に過ぎないのですが、その日その日の暮らしが、決して軽くない意義を持っているのに気がついてきたばかりでなく、これまでの雑多な生活体験に、おいおい理由とまとまりのようなものがついてくるのを覚えるのです。

英語を教えるというだけでなく、英語を通して異国の文化の一般――英学――を講ずる妙味も会得《えとく》し始めるのです。

第十八章　咸臨丸の航海—往航

嘉永七（一八五四）年三月三日に結ばれた神奈川条約―日米和親条約―によって、

一、下田と箱館の開港
二、アメリカ船に薪水食料の供給
三、アメリカ漂流船員の保護
四、アメリカ領事を置くこと

などが取り決められましたが、ペリーは帰りに下田港に寄って、この条約に追加もします。

やがてハリス（Consul General Townsend Harris）が総領事として安政三（一八五六）年七月に下田に来ます。もともとアメリカは日本との間に通商条約を結びたかったのですが、神奈川条約にはそれが入っていなかったのです。ハリスは下田奉行と談判を始めて、安政四（一八五七）年五月二十六日にできた下田条約では、和親の中身を広げました。

ハリスはさらに、江戸へのぼって幕府に世界の大勢を説いて、通商条約を結ぶようにすすめて会議を重ねます。その条約の草案もできたのですが、幕府では調印するのを延ばしています。

当時、清国を侵略したイギリスとフランスの連合軍は北京《ペキン》を陥《おとしい》れて、償金を出させ、キリスト教を広めてもよい、という約束を取り付けたものです。ハリスは、この清国の国難が、次に日本にも迫ってきているからとおどかして、幕府に調印をせがんだもので、井伊大老は天皇の許しを待たずに使者をやって調印させ、安政五（一八五八）年六月十九日に日米修好通商条約というものができました。この条約は十四ヵ条と貿易章程七則から成るものです。その中で、協定関税率という、日本にとってひどく不利益なものが決められたり、新しく神奈川、兵庫、長崎、新潟の開港がふえるのはよいとして、その開港場の四〇キロ四方をアメリカ人の遊歩区域として特権を持たせたり、領事裁判権など、外国の軍事基地を国内に置くのと同様、日本人にとって将来長く不幸となるものが含まれていたのです。

その後、西洋の他の国々―ロシア、イギリス、フランス、オランダ―とも、同じような通商条約を結びました。

この日米修好通商条約は、その批准書《ひじゅんしょ》の交換をワシントンで行うように決めてあったので、幕府は、遣米使節を送り出さなくてはなりません。使節一行は、アメリカから軍艦ポーハタン号（The Powhatan）が迎えに来て、これに乗って行くのですが、その使節を護衛する意味と同時に、日本水兵に遠洋航海の訓練をさせる目的で咸臨丸《かんりんまる》をいっしょにやることになりました。

咸臨丸の乗組員は次のようです。

御軍艦奉行　　　　木村　摂津守《せっつのかみ》
指揮官　軍艦操練所頭取　勝　　麟太郎
教授方　　　　　佐々倉桐太郎　運用方

同　　　　　　　鈴藤　勇次郎　運用方
同　　　　　　　小野　友五郎　測　量
同　　　　　　　肥田　浜五郎　蒸　気
同　　　　　　　浜口与右衛門　運用方
同　　　　　　　山本　金次郎　蒸　気
同　　　　　　　中浜　万次郎　通弁主務
同　　　　　　　松岡　磐　吉　測　量
同　　　　　　　伴　　鉄太郎　測　量
教授方手伝（助教授）　四人
操練所勤番（事務官）　二人
医師とその門生　四人
　以上士官　二一人
皷　手　二人
水　兵　五〇人
火焚き　一五人
大工鍛冶　一人ずつ

外に木村摂津守従者　五人
勝の家臣　一人
以上　七五人
総員　九六人

出発のまぎわに、何も縁故のない福沢諭吉が、押しかけ、飛び入りで入ってきます。そして木村摂津守の従者五人の中に加えられました。諭吉二十六歳。万次郎はこの時三十三歳でした。

水兵五〇人のうち一五人は長崎の出身で、あとの三五人は全部、瀬戸内海の中ほど塩飽《しわく》諸島の出身者で占められています。

乗組み総員は九六人ですが、他にまだ一一人が別に乗り込むのです。それは、アメリカ海軍の測量船の乗組員で、この測量船九六トンのフェニモア・クーパー号（The Fenimore Cooper）は、江戸湾内の本牧《ほんもく》海岸にぶつかって大破損したもので、その船長ブルック中尉（Lieutenant John M. Brooke）たち一一人がこの咸臨丸に乗って帰国するのでした。この異人たちを加えると、全部で一〇七人になります。

次に、この咸臨丸という船ですが、この船は早くに幕府がオランダに注文して新しく造ったもので、安政四年には長崎に回航されて、長崎の海軍伝習所で研究と訓練とに使っていたものです。その値段は一〇万ドルとも、二万五千両ともいわれています。三本帆柱の二七枚帆。百馬力、ネジ仕掛け（スクリュー）の蒸気機関付き。そのトン数は正確にはわかっていませんが、二五〇オランダトン（250 tons-Dutch measurement）ともいわれ、三〇〇トン前後と推定されます。長さ五〇メートル、幅七・三メートルと伝えられているところをみると、比較的細長い型でした。

今度の太平洋横断航海に当たって、まず食料の準備に心配。初めの計画ですと、食料を十ヵ月分も持って行くつもりでしたが、とてもそんなに積み込む余地がないので、向こうで買える物は買うことにして、白米は一人五合、一〇〇人、一五〇日分で七五石、麦類六石、味噌《みそ》、香の物、醤油《しょうゆ》、砂糖、野菜、乾物類、塩引鮭《しおびきざけ》、梅干など。カツオ節《ぶし》一五〇〇本とは、よくも用意したもの。焼酎《しょうちゅう》一石五斗も忘れません。飲み水は大タンク二五個、小タンク三個に満たして一六トン。一人一日四リットル限り。蒸気機関もあるのですから石炭は九昼夜分を積みますが、木炭一五〇俵と薪一三五〇束の置き場所には苦労しました。その上、もともと軍艦のことですから、三二ポンド砲六門、一八ポンド砲四門、その他の砲六門も備えていました。

ここで咸臨丸の絵を二種載せておきます。一つは記念切手にもなっているおなじみのもの。これは乗組み士官の鈴藤勇次郎が画いたもの（二一四頁参照）で、最初、深川八幡に絵馬として納めたものといわれています。もう一つの方は、同じ乗組みの塩飽諸島の本島《ほんじま》出身の、帆立水兵石川政太郎が自分の日記帳にスケッチしたもの（二一六・二一七頁参照）です。船の型式がよくわかります。

いよいよ万延元（一八六〇）年の一月十三日に品川沖を出帆。横浜でブルック船長たち一一人を乗せて十六日横浜発。浦賀で水を汲み入れて十九日にいよいよ日本を離れます。最初、まず蒸気力で浦賀港を出るのです。

現在の浦賀港

横浜で、フェニモア・クーパー号の乗組員一一名が咸臨丸に乗り込む時に、アメリカ領事館の通訳、浜田彦蔵がブルック船長たちを見送りに咸臨丸まで来ました。

万次郎は、この時、初めて彦蔵に紹介されました。この浜田彦蔵は、万次郎の漂流よりも十年後に、十三歳で漂流して、アメリカ船に助けられ、アメリカに帰化してジョセフ・ヒコといいますが、日本人でアメリカに帰化した第一号です。日本に帰って来る時は、ブルック中尉の書記として、サンフランシスコからホノルルまで、測量船フェニモア・クーパー号に便乗して来たという因縁もあったのです。

ご本尊の遣米使節一行を乗せたポーハタン号は、その時まだ横浜に停泊していて、咸臨丸より三日おくれて一月二十二

咸臨丸。乗組み士官、鈴藤勇次郎の画いたもの。
鈴藤勇次郎は後に咸臨丸の艦長になります

日に横浜を出港。二つの軍艦はばらばらにサンフランシスコへ向かうのでした。

咸臨丸の航海の模様を見てみましょう。

一月十九日　午後三時浦賀出帆。晴。気温摂氏《せっし》九度。西の風強く、夜に入って大風。マルセイル二つレフにして走る。

一月二十日　東北風。逆波《さかなみ》を受けて、艦の上に潮が打ち込んで来て大さわぎ。一同心配。

一月二十一日　風少しおさまり、しばらく蒸気ばかりで走る。その後、全部の帆をかける。雨がおいおい激しくなる。大風になったので帆をたたもうとしたが、できずに、開いたまま走る。夜中の二時にやっと帆をしまう。

一月二十二日　中帆二つちぢめ、帆数つ

ごう七つかける。これまで終始大風なのでご飯も炊けない。干飯《ほしいい》を蒸して、やっと一日二回ずつ食べる。水兵も士官もまことに難渋《なんじゅう》。

一月二十三日　スタクセイル中ほどから二つに吹き破られ水兵一同困る。

一月二十四日　みぞれ。風少しやわらぐ。

一月二十五日　雨風激しく、雪、あられとなる。

一月二十六日　朝から天気。ナギ。夜中から吹き出す。

一月二十七日　朝から風おいおい強くなる。二七枚の帆の操作、あげおろし、たたみ方、その修繕に水兵疲労。潮が艦内に打ち込むので、部屋部屋をかこって出入りを止める。雨と潮で難儀。艦はなかば海に沈む危険。

一月二十八日　午前十時からゾイトウエストンノウエストから風吹き、フオクセイルノスコトを取り替える。水兵全員、非番の者も仕事に当たる。あい変わらず荒天。夜雨は止む。

一月二十九日　順風。曇。雨なし。

一月三十日　正午、西の方に三本柱の異国船見える。大風、少々雨。

二月一日　大雨、北西の大風。艦のうわ手した手から、せき込んでくる潮の勢いについては筆に書き表せない。舵《かじ》取りの場所まで潮煙で目もあけられず、見当もつかない。北緯四〇度二四分。東経一六八度三一分。

咸臨丸。この船の帆立水夫、石川政太郎のスケッチ

二月二日　風少しおさまる。午前六時からオーストノオールトテンオーストに走る。午前九時、ホローテマルセイルをエンレフロにする。夜順風となる。

二月三日　少し強い南風。絶えず甲板に波打ち上げる。異人の話に、江戸とサンフランシスコの中間に当たるという。順風となる。

二月四日　順風。上天気。

二月五日　極上の天気。風は少しばかり吹く。

二月六日　艦から一〇里ほど後ろに異国型大船の走るのが見える。極上の天気。水兵も浦賀を出帆してから始終一二、三人ずつ病人が出たが、このごろでは、おいおい皆よろしく、今日は七、八人ばかり休んでいるだけ。出帆以来大シケばかりだったので、皆疲れている。食事もご飯が炊けないで干飯や雑炊《ぞうすい》。波の中で立ち食いして、それも一日に一回。今日は極上のナギ。

二月七日　朝六時、昨日の異国船がこちらに気づいて、まともに走って来る。十一時に艦の側に寄せてくる。旗信号で両方が話をする。南京からの帰り道で南印人二〇〇人ばかり乗っている。

午後五時まで本艦の後ろになっていたが、六時ごろ、向こうの船がだんだん早くなる。そのわけは、本艦ではこの時プラムを皆しまい、ハップトップセイルとヤアヘルコロイフルスタクセイルも皆しまっていたので。

二月八日　東北風激しい。おりおり雨。

二月九日　東経を西経と改める。昨夜から今朝《けさ》まで雨少しずつ降る。午前十時ホローテオンドルセイルをかける。同時にハルクセイルをしまう。正午、スタクセイルをしまってコロイフルを巻く。午後四時から風ナギ、午後十時まで無風。漂《ただよ》うにまかせる。

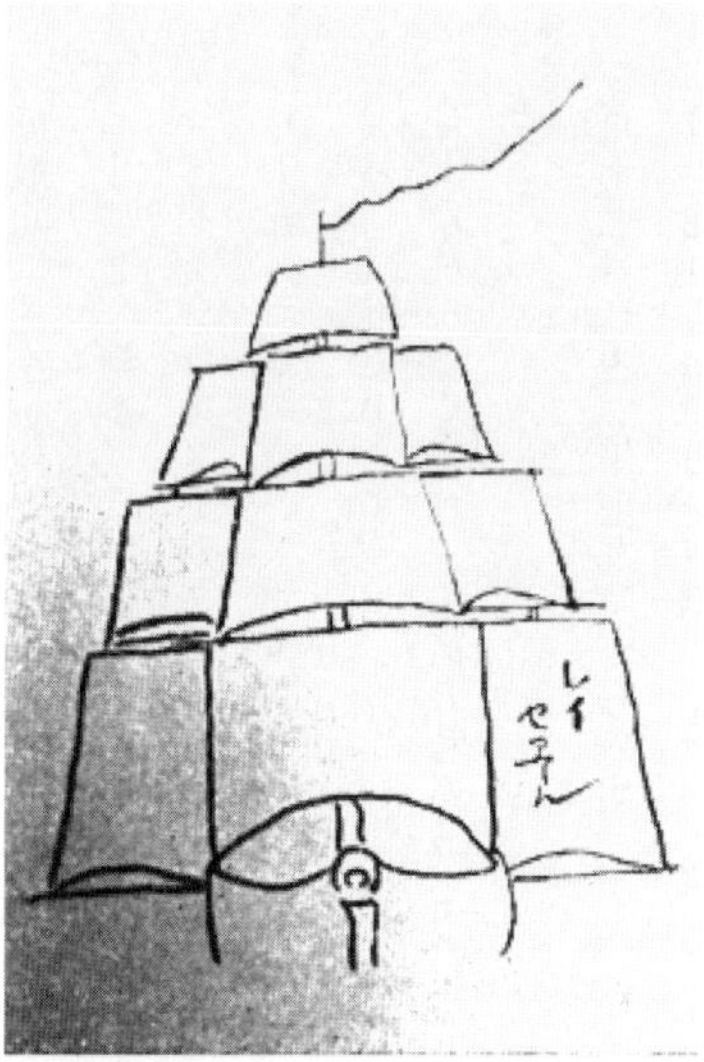
咸臨丸の帆柱と帆。石川政太郎のスケッチ

二月十日　ナギ。ガス深く、うす雨。北緯四三度三二分七。西経一六八度三五分二〇。夜、月照る。

二月十一日　午前八時三十分、風強くなる。正午霰《あられ》降る。波も少々打ち込む。

二月十二日　上等の追い風。少しナギになる。水兵は残らず上下の掃除《そうじ》をする。暮れ方までかかる。霰もやんで上天気。

二月十三日　北緯四三度四八分。この航海

で最北に達す。極上の天気。ナギになる。
二月十四日　無風晴天。この間からの、ぬれた物など干す。漂うのにまかせる。午後二時から風。ソイドテンウエストから吹く。まことに順風となる。それからまたガスふる。
二月十五日　ガス濃い。北緯四二度二六分四二。西経一五六度二五分。気温摂氏一三度。バロメーター七七〇m／m。
二月十六日　青く晴れ。午後五時風波ともに激しくなり、真夜中三ヵ所に竜巻起こる。雨、霰、雪。
二月十七日　雪。午前九時、右のホッケスヒール折れる。大工が修繕する。
二月十九日　おいおい波風荒く艦の中へ打ち込む。水兵部屋の中へ打ち込んだ時は、一時間ばかり滝のよう。飯ビツや手まわりの包、行李《こうり》までが海のように流れる。
二月二十日　十時、朝食。天気はよいが大風のため波荒い。午後二時、虹《にじ》二ヵ所も立つ。
二月二十一日　順風。正午雨風激しくなる。
二月二十二日　朝晴。極《ごく》順風。八時雨。
二月二十三日　上天気。午前六時からレイセイル残らずかける。当番の水兵デッキ掃除。午前十時、司令官、木村摂津守からの訓示がホックマストに貼り出される。二十二日の日付。
今度の航海は開闢《かいびゃく》以来、未曽有の大業であるところ、皆日夜の苦労の努力によって近日到着。異国に来たことであるから日本人として恥ずかしくないようふるまうように。
二月二十二日　　　　　　　　　　　　　摂津守
二月二十四日　雨。嵐。このころ、予定のサンフランシスコ着がおぼつかなくなり、勝艦長は教授方中浜万次郎に航海のこといっさいまかせる。
二月二十五日　正午太陽の見える天気になる。ずいぶんの大風。
二月二十六日　朝六時遠方に山が見える。その他、まわりはガスがかかって何も見えない。右レフおろす。またクラムをかけ、コロイフルフハルクベサンハルク皆々かける。八時から蒸気を立てる。このころから磯島を見る。これから針オーストノオルトオーストテンオーストに向ける。十一時サンフランシスコの山が見える。正午、水先案内船が来て、水先案内を乗せる。午後一時、港の入口に錨を入れる。三時スルップをおろす。上々の天気となる。

高潔といわれ、人柄のすぐれた三十一歳の摂津守は、幕府の海軍大臣格。今度の航海の司令官とはいっても、海には慣れていないので、船酔いのため、この航海中ほとんど自分の船室に引きこもっていました。もう一人、日本海軍の創設者といわれる勝艦長も、やはり船では寝たっきり。これは船酔いもあるのはあるのですが、本所生まれで生粋《きっすい》の江戸っ子、徳川の直参《じきさん》ではあっても、自分の処遇の上で、幕府に対していろいろ不満、面白くないことが重なっていたので、くさって、咸臨

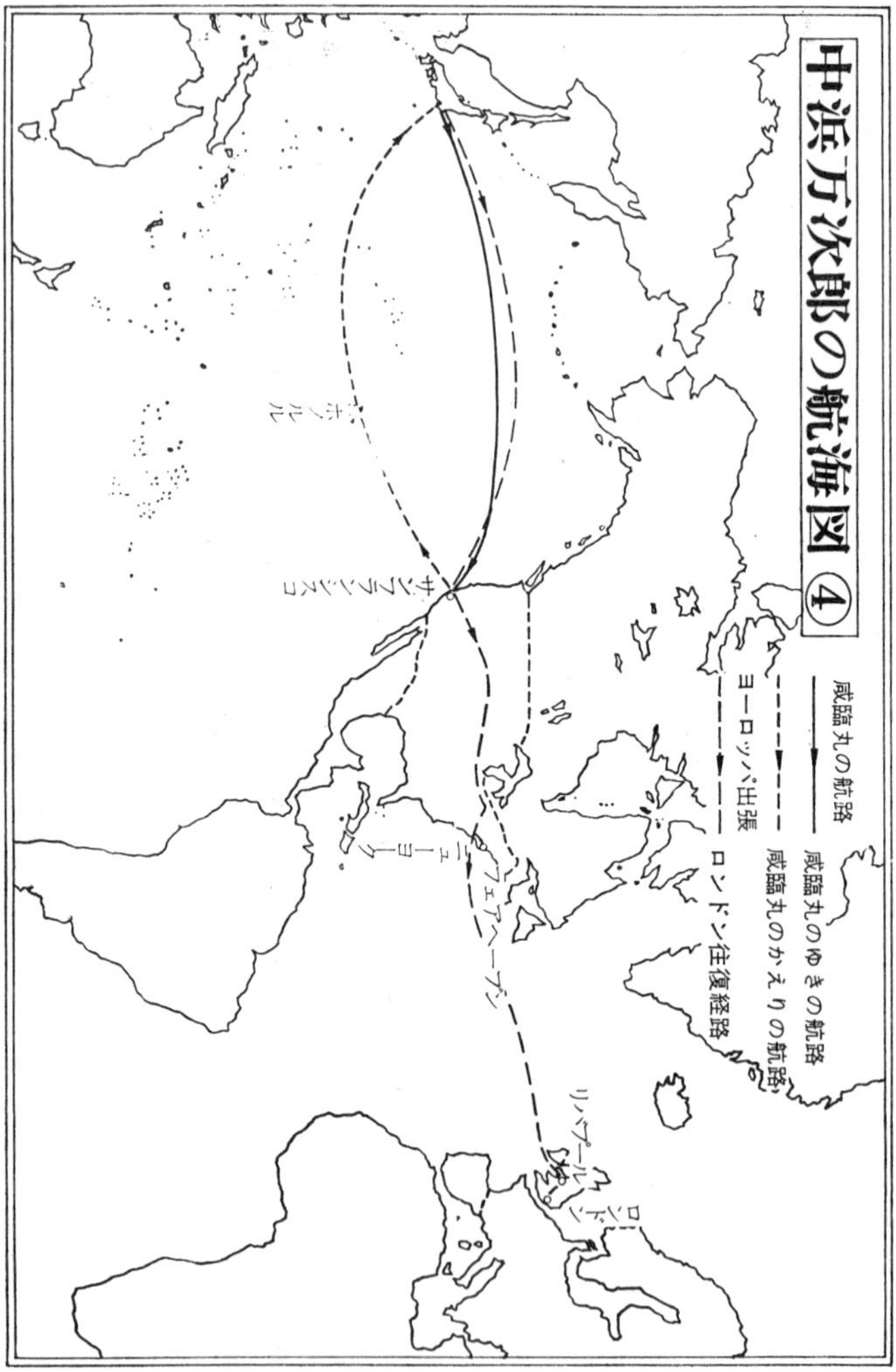
中浜万次郎の航海図④
咸臨丸の航路
咸臨丸のゆきの航路
咸臨丸のかえりの航路
ヨーロッパ出張
ロンドン往復経路
ホノルル
サンフランシスコ
ニューヨーク
フェアヘーブン
リバプール
ロンドン

丸の中でまで不貞寝《ふてね》を続けていたのです。

サンフランシスコは、万次郎にとって十年ぶりです。一八五〇年の初夏、カリフォルニアの金山に入る前に、海岸通りの宿屋にしばらく滞在したじぶんのバラック街とはすっかりちがって、立派な都市に生まれ変わっていました。金山に入る道のサクラメント渓谷には、汽車も開通していました。

咸臨丸がサンフランシスコに到達した日、佐々倉、浜口、中浜の三教授方と吉岡公用方（事務官）とは、午後四時に初めて上陸して、まず役所へ行って到着の届け出を終わると、市の参事官から非公式に迎えられ懇談をします。いずれ近いうち公式の歓迎会が催《もよお》されるというので、その打ち合わせを行います。一行四人、その夜は豪華な五階建てのインターナショナル・ホテル（International Hotel）に泊まります。手厚いもてなしを受けます。その晩、アイスクリームというものも初めてごちそうになりました。ピアノの演奏も聴きました。

翌日はサンフランシスコ市長、市議会の議長たちが咸臨丸を訪問して挨拶します。そして木村摂津守たちを伴って上陸します。馬車の行列をつくってホテルに案内されました。このホテルでカリフォルニア州のドーニー知事の来訪を受けます。万次郎の通訳で挨拶を交わしてから、摂津守は、知事に対して咸臨丸の修繕のことも依頼しています。

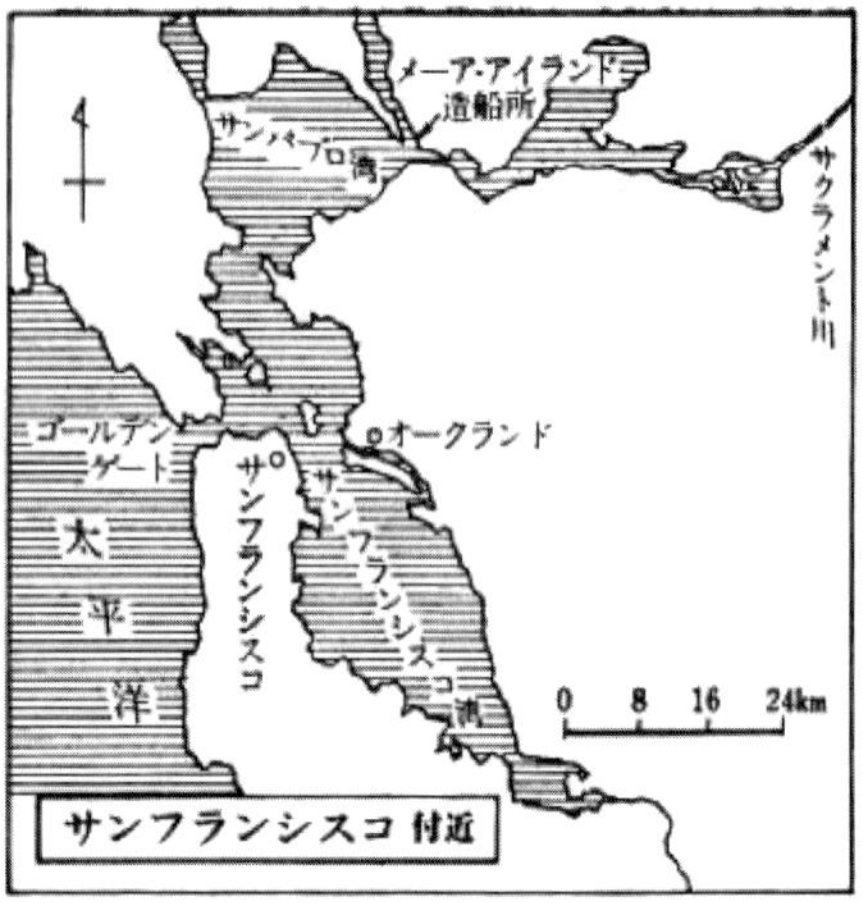

サンフランシスコ付近

サンフランシスコに到着して五日目の三月二日には、咸臨丸乗組員の公式歓迎会が市庁で催されました。この席で、木村摂津守は万次郎の通訳で挨拶を述べますが、その中で、大陸横断鉄道が早く完成するように望んでいる、ということばもありました。

咸臨丸は、大圏《たいけん》コースをとって、太平洋を横断するのに三十七日かかりました。が、大シケの日ばかり続いて、そのため船体はすっかり傷んでしまい、二七枚の帆も、めちゃめちゃでした。暴風と大波の中で、そのつど応急のつくろいはしてきましたものの、この先もう使い物にならないまでに傷んでいました。同じサンフランシスコ湾の北のはずれにあるメーア・アイランドの海軍造船所（Mare Island Navy Yard）まで蒸気力で行って、ドック入りをします。ここですっかりオーバーホールしてもらうことになりました。

これが三月三日で、サンフランシスコ着六日目のこと。日本では桜田門外の事変のあったあの日のことでした。

乗組員は、造船所構内の快適な宿舎に移ります。この宿舎は美しい庭園の中にあって、三階建ての煉瓦《れんが》造りが士官用。水兵のためには別の建物が割り当てられ、日本食も調理できました。春のカリフォルニアの花がいろいろに咲いている庭園からは、牧場がすぐ続いていて、家畜がゆうゆう草を食《は》んでいました。難航に難航を重ねてきた乗組員にとっては、まことに快い休養の場所でありますす。

こうしてよい休息の場所を与えられましたし、見物や買物にサンフランシスコの街へ出かけることもありましたが、咸臨丸を造船所にまかせっぱなしにしておいたわけではありません。日夜、当直をおいたのはもちろん、造船の勉強をしながら、めいめいそれぞれ修理の手伝いを怠っていません。相当に充実した滞在の日々でした。

トピックス

日本の医学

万次郎が伝えたアメリカ社会のようすは、日本人にとっては、ちょっと理解できないくらい珍しい、そして驚くことばかりでした。が、同じ珍しいみやげ話の中でも、別の意味で、日本人に特に不可解に思われたことが、たった一つありました。

それは、病人が診察や治療を受ける際に、向こうでは、お医者様にお金を払ったり、薬をお金で買う習慣だという話であります。が、西洋医学とは全く別系統の東洋医学の一派であるところの日本医学は、日本で大成したもので、世界的に進歩していたばかりでなく、予防医学から社会医療制度まで、立派に確立していたのですから、アメリカで医療が営利の対象となっていると聞いては何とも理解できず、野蛮国はやっぱりちがったものだ、と感じないではいられませんでした。

第十九章　遣米使節のワシントン行き

かんじんな遣米使節を乗せたポーハタン号の方はというと、咸臨丸よりも十二日おくれて、三月九日、小雨の降るサンフランシスコに到着しますが、まもなく錨をあげて、咸臨丸がドック入りしているメーア・アイランドまで行って、両艦の日本人が対面します。

あとになりましたが、ポーハタン号に乗って来た遣米使節一行というのは、

正使　外国奉行　新見豊前守《しんみぶぜんのかみ》
副使　箱館奉行　村垣淡路守《むらがきあわじのかみ》
監察　お目附《めつけ》　小栗豊後守《おぐりぶんごのかみ》

で、この三人には家来が九人ずつ付いています。別に随員の役人が八人。オランダ語の通弁三人。医師二人。その他で、

総員八一人

アメリカ海軍の巡洋艦(Frigate)ポーハタン号は、二四〇九トン。乗組四〇〇人あまり。日本使節を乗せるためにアメリカからわざわざ迎えに来たものです。

使節一行を品川で乗せてから、咸臨丸に五日おくれて一月十八日に品川沖を出帆。横浜に寄って、横浜を出帆したのが一月二十二日。咸臨丸はこれより三日先に浦賀を出港しているのです。

咸臨丸と同様、途中大シケにあってボートは流してしまい、艦の破損もひどく、さんざんな目にあいます。二四〇〇トンの本格的な巡洋艦でさえこれなのですから、咸臨丸の難儀のほどがおもわ

れます。

ポーハタン号は、ハワイ航路をとって二月十四日ホノルルに入港。横浜を出帆して二十二日かかっています。ホノルルに二週間も停泊して艦体の修繕。予定を変えてホノルルに寄ったのは石炭不足のせいともいわれています。

使節団へのハワイ国王の謁見《えっけん》も一回きりにしておきます。夜会にも招かれましたが、日本の風習でないからといってこれには出席しません。若い連中はポーハタン号の士官といっしょに夜会に出かけて、社交ダンスというものを見学して来ました。

二月二十八日、やっとホノルル出帆。十一日かかって三月九日にサンフランシスコに到着。横浜を出てから四十五日目のことでした。ポーハタン号は、その日のうちにメーア・アイランドに入港、十六日までそこに停泊。日本使節のサンフランシスコ往復にはアメリカの舟が送り迎えしました。

到着三日後の三月十二日（太陽暦の四月一日）には、日本使節の歓迎会がテシカマ、サンフランシスコ市長によって催されます。会場は市のタッカース・ホールです。これにはメーア・アイランド滞在中の咸臨丸の人々も迎えられます。摂津守は事情があって欠席しますが、乗組員のうち五八人が出席。アメリカ側ではカリフォルニア州議会の上下両院議長。外国領事たちも参会しました。

この晩、宴会が終わると、咸臨丸の五八人もインターナショナル・ホテルに泊まるのですが、このホテルというのは五階建てで一三六室あって、狭い部屋は八畳敷きから広いのは二五畳敷き。部屋ごとに錠前《じょうまえ》付きの開き扉《とびら》（ドア）があり、寝台、大鏡、洗面台、手燭《てしょく》にマッチ、それにガス灯をつける口が設けられています。壁にはヒモがかかっていて、その先に鈴が付いていて、これはボーイを呼ぶ道具。食事の時刻には銅鑼《どら》をたたいて報じる。そして大きな一部屋で会食させるのです。食物の器《うつわ》は白い大皿。最初に吸い物のようなものが出ます。鳥の油で調理したもの、塩気はさらにありません。大皿にパンが盛って出してあります。鶏の丸煮。大皿にご飯、これはいたって白いが味は陸稲《おかぼ》に似ています。牛肉の塩漬け。ボタン菜の浸《ひた》し物。白豆の煮つけ。カステラに砂糖味噌のようなものをかけたのが二回出ます。生鮭《なまざけ》の湯煮。日本のカレイに似た魚もある。茶のかわりにカウヒンというものが出ます。その味はいたってにがく、砂糖を入れなくては飲めません。それから塩、酢《す》、カラシの類が食卓のところどころに置いてあります。まことに料理に美を尽くし、この土地では大ご馳走《ちそう》というけれども、日本人にとっては塩気もなく、油の香りが強くて食べられたものではありません。しかし、空腹でやりきれないから、どれも少しずつ食べておく……。そして、男女がたがいに口を吸い、手を握るのが礼儀とされています。

こうした観察、体験を随行員は日記にしるしています。

メーア・アイランドに八日間停泊したポーハタン号は、使節一行を乗せて三月十六日の昼過ぎにここを出て、いったんサンフランシスコに寄ってから、十八日にいよいよパナマに向けて出帆しました。この三月十八日は西暦の一八六〇年四月七日に当たります。

護衛のはずだった咸臨丸は、まだ浮ドックに入っていて修理中なので、いっしょに行くわけにいきません。ポーハタン号は十七日間航海して四月二十三日にパナマ港着。翌日上陸して、汽車に乗って八〇キロほどのパナマ地峡を三時間で横切って、大西洋岸のアスピンウォール（Aspinwall）港に出ます。ここで出迎えの巡洋艦ロアノーク号（The Roanoke）三四〇〇トンに乗り込んで、二十六日出帆。十四日かかってニューヨーク着。それからちょっと引き返して、ワシントンに近い、ハンプトン・ロードに着いたのが五月十二日。翌十三日に小蒸気船に乗り換えて、その日のうちにワシントンに入ります。

一月二十二日（西暦一八六〇年二月十三日）、横浜出帆以来、満三ヵ月かかったことになります。

ワシントン到着の四日後の五月十七日に、使節一行はブキャナン大統領（President Buchanan）に謁見。国書を呈します。二年前に調印した日米修好通商条約の批准書の交換は、それから三日後の五月二十日に行われました。

合衆国の首都に、ゆるゆる二十六日間滞在した一行は、六月八日にこの地を辞去。汽車で二時間のバルティモア市（Baltimore）に一泊。次に建国の地フィラデルフィア市（Philadelphia）に一週間滞在。ここで井伊大老の死を初めて聞きました。三月三日は西暦一八六〇年三月二十三日でしたから、桜田門外の変があってから八十日目にニュースが達したことになります。

ブキャナン大統領に会う日本使節

次に、デラウェア湾から汽船で、六月十六日の土曜日にニューヨーク入りをするのですが、港から宿舎のメトロポリタン・ホテル（Metropolitan Hotel）に行くまで、軍隊の歓迎大行進の中に入れられて、途中の広場では閲兵《えっぺい》もさせられるのです。この時の情景を新聞各紙は、にぎやかをきわめた歓迎行事でニューヨーク始まって以来の人出、と大々的に報じています。と同時に、日本使節たちの烏帽子《えぼし》、狩衣《かりぎぬ》、太刀《たち》、鞋《くつ》、素袍《すおう》に髪形を物珍しく伝えています。これに引き替えて日本側はというと、一七個大隊七五〇〇の騎兵、砲兵、工兵、軍楽隊が最上の盛装をこらして、気どって行進するいろどりをただ愉快なものと見ていますし、男装した美少女の一隊、さらに婦人部隊の通過には、ただ、あれあれとながめるばかり。軍楽隊の指揮官が、先に銀の玉のついた棒をやたらに振りまわしているのは、よほど滑稽《こっけい》に感じたようです。黒船におびえた日本人一行も、ここでは威圧を覚えた風は少しもなく、盛大な歓迎の前後を通じて、日本人の記録（各人の日記）では、いっこうにありがたがっているようすもありません。夜会などにしても、……上体の露出した婦人の服装と、耳飾り、ネックレス、服飾から化粧ぶり。せっかくのアメリカ美人もくだらない風習のため野蛮じみている。もっと愛くるしく教育されなくてはならない……、といって同情しています。

使節一行はニューヨークのメトロポリタン・ホテルに一三泊してから、六月二十九日、軍艦ナイアガラ号（The Niagara）四五〇〇トンに乗り込んで、翌六月三十日、ニューヨーク港を出帆。いよいよ帰国の途につきました。このナイアガラ号は品川沖まで一行を送り届けて来るのです。

まず大西洋を横断、東南へ向かうのです。七月十七日に、アフリカの西岸に近いポルトガル領のケープ・ベルデ群島（Cape Verde Is.）の中のセント・ビンセント島（Saint Vincent I.）のポート・カランチ港に寄ります。軍艦ナイアガラ号では飲み水が不足していたのですが、この島でも水が欠乏していて、住民も困っているくらいでした。次に、アンゴラ国のロアンダ港に入ります。ここは水も豊かで、食物も十分に得られました。八月七日から十八日まで、この港に停泊。ここから南へ進んで喜望岬のはるか沖をまわってから、インド洋を東北へ向かって航海を続け、九月の末にジャワのアンジホエント港に到着。十月初めにここを出て、翌日バタビア（Batavia）―後のジャカルタ（Djakarta）―に入港。これが太陰暦八月十七日のこと。十日間ここに滞在して八月二十七日出帆。香港寄港は九月十日から十八日まで。そして九月二十八日の昼に横浜に着き、その夜、品川沖まで進みます。咸臨丸の方はこれよりもずっと早く、五月五日浦賀着。翌五月六日品川沖に帰着しますが、これは次の章に書いた通りです。

ナイアガラ号は、ニューヨークを六月三十日(太陰暦の五月十二日)に出帆しているので、品川沖まで四ヵ月半かかったことになります。使節一行が最初に横浜を出てから、地球を一まわりして帰国するまで(正月二十二日から九月二十八日まで—この間に三月閏うるう月づきがあったので)九ヵ月あまり要したことになります。

第二十章　咸臨丸の帰航

サンフランシスコと同じく金門海峡を入った中にあるメーア・アイランド海軍造船所で、浮ドック入りしていた咸臨丸は作業に手間取っていましたが、ポーハタン号がパナマへ向かって出発してから一ヵ月たって、やっと完全な修繕ができ上がりました。最初、咸臨丸の士官の中には、帰りの航路は南アメリカの南端をまわり、さらにアフリカの南をまわって、インド洋を経由して帰ろうという威勢のいい意見もあったのですが、もともと咸臨丸は小型船なので、この冒険は止めにして、やはり来た時と同じ太平洋を、しかし今度はハワイ航路をとって日本へ帰ることに決まりました。

咸臨丸にいっしょに乗って来たキャプテン・ブルックは、メーア・アイランドに着いてから半月ほど留まって、なお日本人のためにあれやこれやと世話をしてくれていましたが、いよいよ東部の故郷へ帰るので、パナマへ向けて出発することになりました。

最初、日本を出るじぶん咸臨丸の士官たちは、アメリカの海軍軍人の手伝いを受けるなど日本の恥と考えて、同船させるだけでも面白くない感じをいだいていたのですが、ことに大シケの航海中には、何やかや指導を受けないわけにはいきませんでした。日本側は大いに助けられるのですが、それだけにいまいましい思いをつのらせてもいました。

もともと咸臨丸に備え付けの水タンクにも限りがあることですし、途中から、水は飲用のほかには使ってはいけないと、勝艦長から命令が出ました。ところが、アメリカの帆縫《はんほう》水兵のフランク・コール（Frank Cole, sail maker）というのが、この貴重な水を使って、自分の下着の洗濯をしているところを見つけた吉岡公用方（事務官）は、いきなりこの水兵の顔を足げりにしたのがきっかけで、この水兵は何かわめきながら仲間を呼びに行って、連れて来たかと思うと、吉岡に向かってピストルをかまえ、吉岡も刀の柄《つか》を握ったところに、何事が始まったかと、日本の士官たちと勝艦長、万次郎もやって来ますし、それにキャプテン・ブルックも出て来たのです。事の次第を聞いたキャプテン・ブルックは、がやがやさわぐ自分の部下たちを制して、静かに日本側に向かって、よろしい斬ってください、と言って、共同生活のおきてを破った者に対して、落ち着いて、すすんで処刑を求めるのでした。

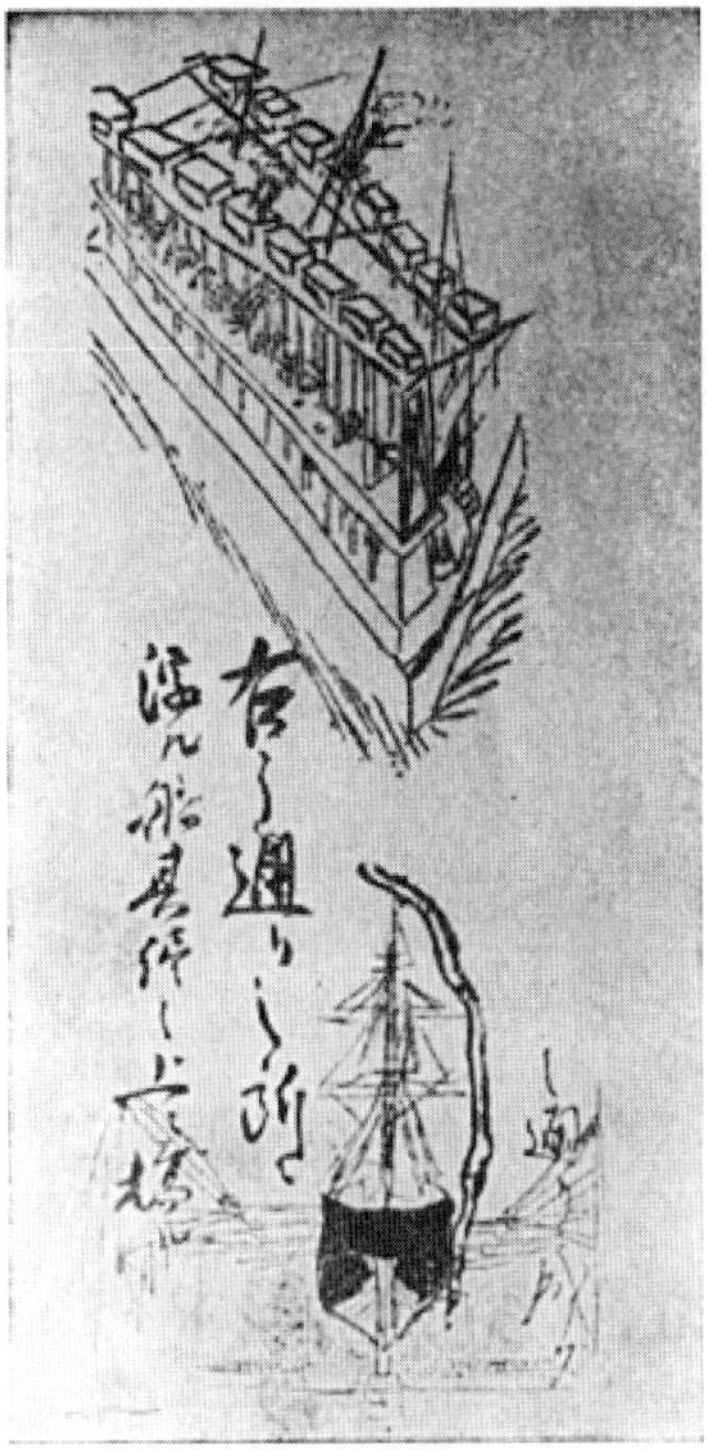

浮ドックに入った咸臨丸。メーア・アイランド海軍造船所で石川政太郎のスケッチしたもの

この事件は勝艦長とキャプテン・ブルックの握手となって治《おさ》まりましたが、この三十三歳のアメリカ海軍中尉に対する日本士官たちの見る目は、それ以来変わ

晩年のジョン・ブルック中尉
Lieutenant John M. Brooke

ってきました。

最近、日本で初めて発表された、このブルック中尉の日記によりますと、日本の乗組員上下は大帆船の航海経験が浅くて、その統率も訓練も行き届いていないことを指摘しています。士官にしても、船室のドアはあけっ放し。自分の食器の始末も整頓もできていない。当直も不規則。水兵は自分の部屋で火鉢《ひばち》をかかえ、お茶とキセルに腰が重く、バロメーターのガラスはこわしてしまうし、ブルック自身の船室の天井の明かり取りガラスは踏み破られたので、外光といったら円《まる》窓から入るだけ、羅針盤の照明も暗いままで平気といった有様。およそ船の中の規律、秩序というものは、日本人の生活習慣とは性が合わないものらしい、とまでいっています。これからの日本海軍の改革に必要な事柄についての見通しのある考えを持っているのは、乗組員の中で万次郎ひとりだけであると、そんな風にも日記にしるしています。

この時、万次郎は、キャプテン・ブルックと同年の三十三歳でした。

話をもとにもどします。

郷里へ帰るこのブルック中尉に対する感謝、お別れパーティーが、日本側の主催でメーア・アイランドの士官宿舎で開かれました。

木村摂津守は、中尉のこれまでの骨折りと親切に対して、あらためて心からのお礼を述べてから、かねて用意の千両箱の蓋《ふた》を開いて、ご厚意の万分の一にも報いたいから、この中からお好きなだけお金をお取りください、と申し出るのですが、ブルック中尉は辞退します。日本のすぐれた方々を合衆国までご案内して来ただけで満足です。自分はそれだけで、もう十分報いられています。これ以上、何を求めましょう。と言って千両箱のお金には手を触れようともしませんでした。

咸臨丸の士官たちは、このキャプテン・ブルックをサンフランシスコまで見送って、そこで別れます。これが三月十三日のことでした。

横浜から咸臨丸に乗って来た難破船フェニモア・クーパー号のアメリカ水兵のうち、五人が帰航する咸臨丸にあらためて雇い入れられて、また日本までいっしょに来るようになりました。というのは、往《い》きの航海で、日本の水兵の中から病気になる者がたくさん出て、向こうの病院に入院したり、中には死亡する者もあって、その手不足を補うための雇い入れだったのです。

塩飽諸島の中の広島の青木浦の源之助は、サンフランシスコの海軍病院で三月三日に死亡（二十五歳）。同じく佐柳島《さるしま》の富蔵が三月十二日の死亡（二十七歳）。ともにサンフランシスコのリンカーンヒルの墓地に埋葬《まいそう》されました。咸臨丸が帰国するころになって、別に新しい熱病患者が出ました。メーア・アイランドの宿舎で一〇名、海軍病院で一〇名が病床につくのですが、結局、十九日の出帆までに退院できなかった八名が残されるのです。塩飽の高見島の吉松と長崎の惣八の二人が、付添人としていっしょに残ります。費用として三千両を預かりました。

八人の病人のうち、長崎籠町《かごまち》出身の火焚《ひたき》の峰吉は五月になって死亡。後にサンフランシスコの日本名誉領事になったチャールス・オルカット・ブルックス（Charles Wolcott Brooks）が手厚く世話してくれて、前の二人と同じにリンカーンヒルの墓地に埋葬、大理石の立派な墓石が建てられます。

病気の治った七人と付添いの二人とは、後にアメリカ船で箱館に着いてから、それぞれの故郷へ帰りました。

さて、メーア・アイランドでは閏《うるう》三月七日の夕方、木村摂津守をはじめ日本の士官たちは、この地の司令官から招待され、司令官の官邸でもてなしを受けます。アメリカ士官たちが大勢集まってバイオリンを弾いたり、ダンスをするのを見ました。

閏三月十日（西暦四月三十日）には五週間世話になった宿舎を引き払って、修繕がすっかりでき上がった咸臨丸に、みな移りました。

翌十一日は艦の試運転です。調子は上々。摂津守は上陸して、あらためて造船所にお礼を述べに行きます。修繕費用を支払おうとしましたが、どうしても取ってくれません。それならば修繕の作業に当たってくれた人々にお礼のプレゼントをいたしたいと申し出ましたのに、これも辞退されてしまいます。そこで軍人の未亡人団体に二万五千両の寄付をすることにしました。これは取り次いでもらえることになりました。

咸臨丸の今度の航海に当たっては、幕府から相当の出張旅費、交際費といったものが用意されたのですが、摂津守は先祖代々の屋敷から、家に伝わる宝物まで、すっかり金やドルに替えて、千両箱いくつにも詰めて持って行ったのです。そして旅行中の公の費用や一行の給与から賞与までも、ずいぶん私財から出しています。公金は、ですからたくさん余る結果となりました。

修繕のでき上がった咸臨丸の試運転も行われ、その成績は大変よかったのです。その日の午後、アメリカ士官とその家族が咸臨丸へ招かれました。修繕に当たってくれた人々に対する感謝のお別れパーティーだったのです。

そして、閏三月十二日にはこの造船所に別れを告げ、咸臨丸は蒸気力でサンフランシスコに移ります。そして、ここでもまた、お世話になった各方面に挨拶します。病人八人が残っている海軍病院には、なお今後のことをお願いしてきます。

飲用水の汲《く》み入れも受けました。水船からホースが渡され、蒸気力でほんの短い時間のうちに咸臨丸のタンクはいっぱいに満たされてしまいました。

閏三月十九日（西暦五月九日）は咸臨丸が帰国の航海にのぼる日です。午前八時いよいよ出帆。まず蒸気力で進行。港内に停泊しているアメリカの軍艦から一三発の礼砲がうたれ、砲台からも二一発の礼砲を発射。このおのおのに対して咸臨丸は答礼の砲をうちます。

五十三日の間滞在したこのサンフランシスコ湾にもお別れ。午前十時、ゴールデン・ゲート（金門海峡）を出ると、ここで水先案内を帰して、太平洋帰りの航海が始まり、その夕方には蒸気を止めて帆走に移りました。来る時の荒天続きとはうって変わって、海上はきわめて平穏でした。

三月三十日　風と波とが初めて出て、にわか雨降る。
四月三日　波高く、艦の動揺《どうよう》も激しくなる。海上の左の方に島の影が見え出し、帆を減らして夜の明けるのを待つ。
四月四日（西暦五月二十四日）朝、ホノルル入港。こちらからハワイ国王に対して二一発の礼砲。それに対して応砲があって、十時過ぎ投錨《とうびょう》。勝艦長、小野、中浜の両教授方、小長井公用方たち上陸。午後、司令木村摂津守たち上陸。みな帰艦。
四月五日　朝五時。勝、小野、中浜ら上陸。十時十五分帰艦。
四月六日　国王の使者に迎えられて、十時、摂津守、宮殿に伺候《しこう》。中浜と吉岡随行。正午、勝艦長、宮殿に伺候。佐々倉、小野、山本ら付添い。それぞれ早く帰艦したが、中浜一人だけ夜九時三十分まで艦に帰って来ない。
四月七日（西暦五月二十七日）午前六時。中浜、鈴藤の二人上陸して八時帰艦。八時十五分、錨をあげて、三泊したホノルル出港。こちらから二一発の礼砲を発し、砲台からも答礼の発砲がある。午後、蒸気を止めて帆走となる。
四月十四日　左舷に大きな材木が流れている。ロシア船が破損したのだという。暑い日もあったり、まったく無風のため蒸気を入れる日もあったが、来る時の大シケ難航にひきかえて、きわめて穏やかな航海が続きます。
四月二十九日　二、三日前から艦首でカツオを釣る。
五月一日　夜、風が出て艦は矢のように走る。
五月二日　向かい風強く、夜波高く動揺激しい。波が艦内に打ち込む。
五月五日（西暦六月二十二日）西風強く、荒天。午前六時、右舷に山を見る。房州の洲《す》の崎《さき》。九時十分浦賀港に入る。端午《たんご》の節句《せっく》。去る三月三日の桜田門外の事変を初めて聞く。
五月六日　正午、浦賀発。横浜に寄って、夜十時二十分品川着。
この帰りの航海は四十五日。
去る正月十三日品川沖をたってから、サンフランシスコ往復、五ヵ月足らずの航海を成しとげたのでした。

帰りの航海で咸臨丸がハワイに寄った時のことでした。ホノルル停泊中の一日、万次郎は海員友の会所属のサムエル・デーマン牧師を訪問します。十年前、伝蔵、五右衛門、万次郎の三人のためにボートとその付属品、航海旅行用具などの寄贈方を、自身の発行するフレンド紙を通じて、ホノルル市民に広く訴えて募《つの》ってくれた、あの恩人デーマン牧師を訪ねるのでした。あの時から十年たっているので、このホノルル市には新しい建物もたくさん建てられ、道路もようすがすっかりちがっていました。道で偶然に出会った一人の少年に、チャプレンレーン（Chaplain Lane）の方角をきいてみましたら、「僕の家《うち》のあるところ。いっしょに行こう」と、答えたかと思うと、その少年は「マンジロウだったのねェ。兄さんからお話聞いている」と出しぬけに言うのでした。十年前、万次郎がホノルルを去る時、二歳の幼い子だったエディ・デーマン（Eddie Damon）が少年になっていたのでした。

「自分たち夫婦は、こんなにびっくりしたことがあるだろうか」とデーマン牧師は、さっそく、六月一日のフレンド紙にかいています（咸臨丸のホノルル出帆は五月二十七日）。

常々、万次郎の身の上を案じていた牧師は、ペリーの遠征に加わって日本へ行った士官たちに会っており、日本の万次郎について尋ねてみたのですが、その消息はちっともわからなかったのです。

デーマン牧師はあれから後のことを、それからそれへと息もつかずに万次郎に問いかけました。そして牧師は、また、万次郎が日本の開国に当たって重要な役割を演じたと、事実を一つ一つ取り上げて新聞の記事にしています。

万次郎はこの再会の席で、自分の腰にさげていた関兼房《せきのかねふさ》の脇差《わきざし》を記念としてデーマン牧師に贈ります。万次郎はまた、サンフランシスコで、日本へおみやげに買って来たのと同じミシンをデーマン夫人が使っているのを見て、満足の感じをいっそう深めます。

部屋の窓越しに三階建ての立派な海員ホームが見えます。三年前にでき上がったのだそうです。その敷地はハワイ国王から寄付されたという話でした。昔のドクター・ジャドは、この海員ホーム建設の資金集めにも骨を折ってくれたそうです。それから、万次郎がいちばん感動したのは、この海員ホームの落成式に、恩人ホイットフィールド船長もちょうどホノルルに来ていて参列し、祝辞を述べたということでした。かねて用意してきた日本の着物の包みを差し出して、ホイットフィールド船長へ届けてくれるよう牧師に依頼しました。

この訪問の答礼として、デーマン牧師は咸臨丸を訪れます。咸臨丸では大変歓迎され、万次郎の紹介で司令官木村摂津守、艦長勝麟太郎にも面会しました。牧師はこの時、フレンド紙の一八五二年から一八五九年までの分を、まとめて持って来たのを万次郎に与えます。万次郎は自分が翻訳したボーディッチの航海書一組を牧師に贈呈します。それから、前に書いておいたホイットフィール

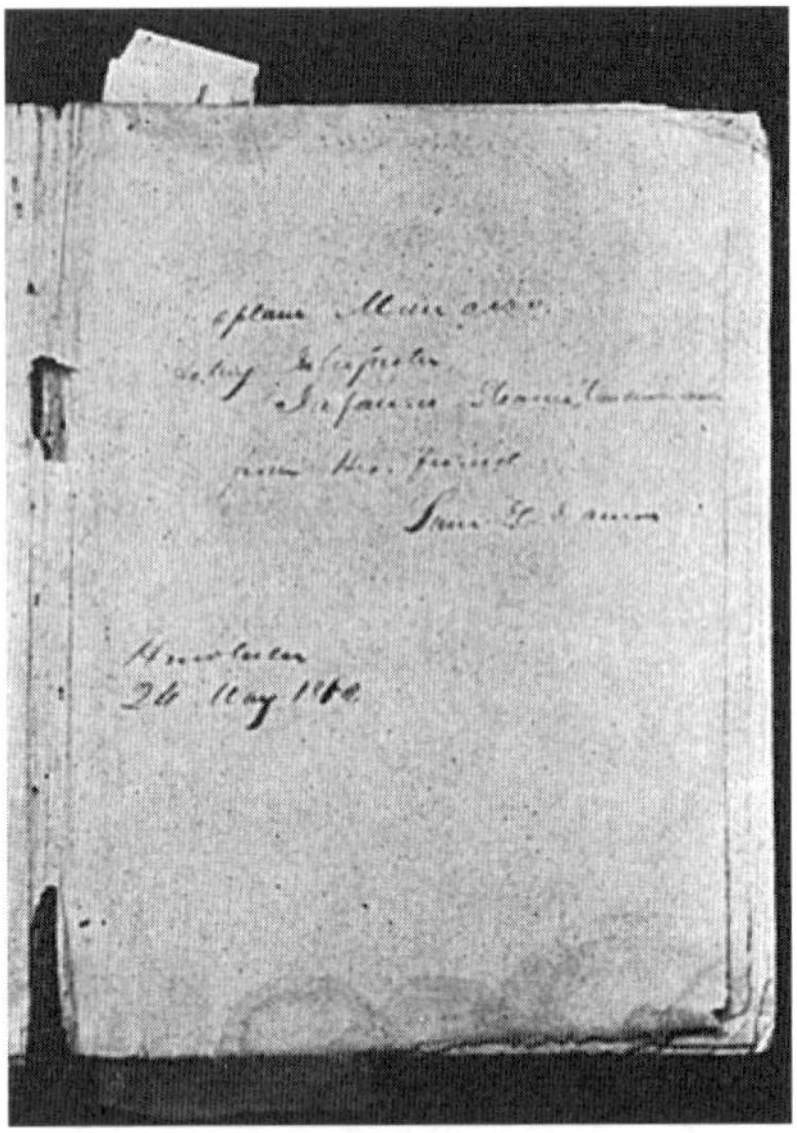

デーマン牧師から万次郎に贈られたフレンド紙の合本（1852～1859年）にしるされた贈呈文（1860年５月24日付）

ド船長へあてた手紙もいっしょにデーマン牧師に託《たく》すのでした。

手紙の中で本人も言っているように、文章に誤りもありますが、原文のままをここにご披露します。この手紙の書き出しの日付は五月二日（メーア・アイランド造船所に別れを告げた日）になっていますが、最後の署名の後に五月二十五日と付記されています。五月二十五日はホノルル停泊中です。

Sandwich Island, May 2. 1860

Captain William H. Whitfield.

My Honored friend —— I am very happy to say that I had an opportunity to say to you a few lines.

I am still living and hope you were the same blessing. I wish to meet you in this world once more. How happy we would be. Give my best respect to Mrs. and Miss Amelia Whitfield. I long to see them.

Capt. You must not send your boys to the whaling business; you must send them to Japan, I will take care of him or them if you will. Let me know before send and I will make the arrangement for it.

Now I will let you know how am I arrived to my Native Country. You know that I have been to the Gold Mine; here stayed 4 months, average eight Dolls per day, beside expenses, from here I made my mind to get back and to see Dear Mother and also Shipped in one of the American merchantmen. In this vessel I arrived to Sandwich Island.

I found our friend Mr. Damon and through his kindness bought a whale boat and put her into a merchantman. This vessel was going to Shanghai in China.

It was January very cold that part of country; Time I went on shore south off Great Loo Choo it was gail with snow. The Capt. of vessel he wish me to stay with him and to go to China, but I refused it, because I wanted to see Mother. The boat is ready for me to get in, myself, Denzo & Goyemon jump into the boat, parted with ship at 4 P.M. After ten hours hard pull we arrived lee of Island and anchored until morning. I went on shore among the Loo Choose, but I cannot understand their language, I have forgot all Japanese words. I stay here six months, under care of the King of Loo Choo, waiting for Japanese to come.

In the month of July get on board junk and went into the Harbour of Nagasaki Island, off Kieu-see-u, waiting to get permition for 30 month before we get to our residence. After all the things is properly regulated we were send to our residence. It was great joy to mother and all the relation. I have stay with my mother only 3 day and night the Emperor called me to Jedo. Now I became one emperian officer. At this time I am attached this vessel.

This war steamer were send by Emperor of Japan to The Compliment of the President of America. We went to San Francisco, California, and now homeward bound, at Sandwich to touch Island to secure some coal and provision. I wish to send the letter from San Francisco but so many Japanese eyes I can't. I wrote this between passage from San Francisco to Island. Excuse me many mistakes. I can write better after our arrived Japan Jedo.

I wish for you to come to Japan. I will now lead my Dear Friend to my house, now the port open to all nations. I found our friend Samuel C. Damon. We was so happy each other I cannot write it all. When I get home I will write better acct. I will send to you suit of my clothe. It is not new, but only for remember me.

I remain your friend.

John Mungero

(may 25, 1860)

一八六〇年五月二日、
サンドウィッチ島にて

（訳文）

船長ウィリアム・H・ホイットフィールド様

尊敬する友よ。とり急ぎ一筆したためる機会が得られまして、この上ない幸いでございます。私は健康で暮らしております。あなた様も同じく、このお恵みを受けておいでのことと存じ上げます。

あなた様には、もう一度お目にかかりたいと願望しております。この願いがとげられましたなら、どんなにか幸《しあわ》せなことかわかりません。奥様とミス・アミリアにはくれぐれもよろしくお伝えくださいますよう。お目にかかりたく切望しております。

船長。ご子息たちを捕鯨にお出しになってはいけません。それよりも日本へおよこしになりませんか。ご同意あれば、私がお世話いたします。ご実行のおりは前もってお知らせくださいますよう。準備いたしますから。

さて、ここで、私が故郷に帰り着いた顚末《てんまつ》をお知らせいたしたいと思います。金鉱へ参ったのはご存知のとおりであります。山で四ヵ月働いて、一日の実入《みい》りは経費を除いて八ドル。ここから国へ帰って母親に会おうと決心いたし、アメリカの商船に便乗してサンドウィッチ島に到着。この地で私たちの友デーマン牧師にお目にかかり、牧師のお世話で、捕鯨用のボート一せきを買い求めることもでき、シナの上海へ航海する商船にこれを積み込みました。

琉球諸島の南の地に上陸したのは一月の大変寒い日で、同地は吹雪でシケていました。その船長は船に留まっていっしょに上海に行かないかとすすめてくれましたが、私は母親に会いたいばかりにこれを断りました。

ボートの準備をして、伝蔵、五右衛門と私の三人がこれに乗り移り、本船を離れたのが午後の四時でした。十時間にわたる力漕の末に島かげに到着、翌朝までそこに停泊しました。翌朝、上陸しましたが琉球の人々とことばが少しも通じません。私は日本語をすっかり忘れてしまっていたのです。琉球国王の保護を受け、ここに六ヵ月滞在、日本船の来るのを待ちました。

七月に入り、船の便を得て九州の長崎港に行き、ここに抑留三十ヵ月。ようやく郷里の土を踏むことが許されました。母親の喜びようといったらありません。血縁の者たちも同様。しかし、母親のもとで暮らしたのはわずか三昼夜だけで、将軍に召し出されて江戸へ上りました。今日、私は日本国の海軍士官として本艦に勤務しております。

本艦は、日本の天子からアメリカ大統領に対して敬意を表するために派遣されたものであります。私たちはカリフォルニア州のサンフランシスコへ航海し、今帰国の途中、石炭と食料補給のためサンドウィッチ島に寄港したところであります。実はサンフランシスコからお手紙を差し上げるつもりでいましたが、日本人の眼がうるさくて、しかたなくサンフランシスコからサンドウィッチ島に来る航海中に書きました次第で、まちがいだらけの文章をお許しください。日本の江戸に帰着いたしましたら、もっとじょうずに書いたお手紙を差し上げるつもりです。

あなた様が日本へおいでになるのを切望しております。親愛なるわが友を、わが家へお招きいたしたいのです。日本も今は諸外国に対して港を開いております。

サムエル・C・デーマン牧師にもお目にかかりました。この時のおたがいの喜びは、筆では書き表すことができません。

帰国いたしましたら、もっと詳しい顛末をお知らせいたします。

私の着物を一重《ひとかさ》ねお送りいたします。新品ではありませんがただ私を思い出していただくために。

あなた様の友人である

ジョン・万次郎

（一八六〇年五月二十五日）

咸臨丸は、日本へ向かって五月二十七日の朝ホノルルを出帆したのですが、それから三日たった五月三十日に、デーマン牧師はホイットフィールド船長へあててさっそく手紙を書きます。万次郎から託された手紙（五月二十五日付）はこれに添えられました。

Honolulu, 30 may, '60

Capt. W. H. Whitfield.

Dear Sir.——Accompanying this letter I forward you a communication from your protéqé, John Mung, the Japanese. You will be doubtless as much surprised to hear from him as I was to see him. I have written out on account of his visit to Honolulu for The next No. of "The Friend." This I shall send to you, and it will furnish you the information whish I am confident will be most interesting to you. He speaks of you with the most grateful feelings and also of your family. He wished to learn all about your children. I have taken the liberty to read the letter, which he left with me for you, and also to retain a copy of the same. It is a very great souce of satisfaction to me to have seen him again. For years I have strove to learn something about him, but I could not obtain the least information. Judge then of my great surprise to have him come to my study, dressed like a Japanese official, with "his two swords."

He was very free and communicative, often called, and brought the captain of the steamer, who was a man of much intelligence. John has really become a man of importance of Japan. I could not state in print all he told me about his position, but let me say that it is my decided opinion that John Mung acted a most important part in opening Japan. The information which he furnished the Japanese Government was of immense importance. His translation of Bowditch's Navigator is most remarkable.

He left with me to be forwarded to you a suit of his Japanese costume! Unless I can send it by some gentlemen going overland, I will forward the same by some New Bedford whale ship.

I have become so much interested in John that I want you should write me and tell me when and where you first found him; also inform me respecting the education you gave him, for I am quite astonished at the ability which he displays.

I think when you write him you had better send your letter to my care, for we have frequent opportunities of sending letters to Japan. A vessel, the "Leo" arrived from Japan today. Do you feel like paying John a visit? He is placed in a position which he is constantly watched; in other words, there are 'Many eyes in Japan', so he says. The reason why he had not written as has been that he could not get his letters out of the country. He told me that at the end of two years, or when Yedo was open to foreigners that he hoped I would visit Japan. He offered me the hospitability of his house.

Your Honolulu friends, the Dimonds, the Smithes, the Damons, the Harris (the lawyer) are all well. Now I shall expect a letter from you and if you send on for John Mung, alias,

Captain Mungiro, etc, I will send it to him by the very earliest opportunity.

Yours.

Sam, C. Damon

P.S. Remember to your fellow townsman, Cap. A. Cox and family.

ホノルルにて、一八六〇年五月三十日

（訳文）

船長W・H・ホイットフィールド君

この手紙に添えて、君の被保護者である日本人ジョン・マンからの手紙をお届けします。君が彼の手紙を受け取られた時の驚きは、きっと、僕が彼に出会った時の驚きと等しいものでありましょう。フレンド紙の次号に彼のホノルル訪問について書いておきました。同紙は、いずれお送りしますが、この報道は君に最大の興味を呼び起こすものと確信しております。彼は心底《しんそこ》からの感謝の気持ちで君と君の家族について語り、お子さん方のことを詳しく知りたがっていました。君にあてた彼の手紙を私は不躾《ぶしつけ》にも通読し、そのコピーまでとってしまいました。

今回、彼との再会は、私に大きな満足を与えてくれました。ここ何年か、彼の消息を得たくて努力してきたにもかかわらず、なんの音信にも接することができないでいたところへ、彼が日本の侍の姿をして、大小を差して、突然私の書斎に入って来るのを見たのですから、私がどんなにびっくりしたことかご想像ください。

彼はきわめて人好きよく、話好きでもありました。たびたび訪れてくれて、大変聡明《そうめい》な艦長を伴って来たこともあります。ジョンは今や、真に日本の重要な人物となりました。彼の地位について彼が話してくれた全部を紙上に載せることはできませんでしたが、ジョン・マンは日本開国に当たって最も重要な役割を演じたものと僕は確信します。彼が日本政府へ提出した報告は、すこぶる価値あるものでした。ボーディッチの航海書の翻訳など最も著《いちじる》しいものです。

君に贈りたいからと言って、彼は一そろいの着物を私に託して行きました。そちらへ行く旅行者にお願いするか、それができなかったらニューベッドフォード市の捕鯨船の便でお届けします。

私はジョンについて、ひどく興味を持つようになりましたので、君が最初に彼を発見なさった時とところをぜひ君からの手紙でうかがいたいのです。同時に、君が彼に授けられた教育についても、お知らせいただきたいのです。というのは、彼が発揮した才能に私は全く驚いてしまったからです。

彼に通信なさる時は私にあててお送りください。当地からは日本へ、しばしば便があります。今日も「レオ」という船が日本から入りました。君はジョンを訪問する気はありませんか。彼は絶えず監視の中にある身で、彼のことばを借りると、日本には多くの監視の眼があるのだそうです。彼がわれわれに音信しないでいたわけは、手紙を国外に出すのが不可能だったからです。しかし二年後には、外国人に対して日本を開放するはずだそうで、私に日本訪問をすすめ、なお彼の家庭で、もてなしてくれると言っていました。

ホノルルにいる君の親友たち――ディモンド、スミス、デーマン、ハリス（法律家）の諸家では、みな健やかです。今や僕は君からのお手紙を心待ちしております。もし船長万次郎こと「ジョン・マン」に手紙をお出しのおりは、私はいちばん早い便を取りはからいましょう。

サムエル・C・デーマン

追伸。君のご同郷のA・コックス船長と、そのご家族によろしくお伝えください。

デーマン牧師が、六月一日のフレンド紙（咸臨丸のホノルル出帆は五月二十七日でした）に、万次郎の来訪を詳しく記事にしているのをぬき書きしてみます。

……私は万次郎に別れてから九年間、彼のその後のようすを知ろうと苦心した。ことに、ペリー遠征に随行した士官たちに尋ねもしたが、なんら得るところがなく、全く消息不明。今、ここに日本の咸臨丸が入港して、日本海軍の艦長の地位にあり、なお通訳として乗組んでいる一士官が、とつぜん私を訪問して、貴下の昔友だちで、一八五一年のボートの艇長、万次郎ですと、彼自身名乗り出たのを想像してみてください。彼はいかに私を驚かせたことであろう！彼の運命はなんとした変化であったろう！　彼は今、二本差しの日本の侍である。しかも彼は以前、日本に帰りたいと熱望しながらも、帰国すれば必ず打ち首の刑に処せられるのを恐れおののいていた、貧しい日本の漂流漁業少年であった……

……また、私の問いに答えて、日本の国情、政府、宗教、制度、民衆などに関する興味ある物語をしてくれた。

さて、この訪問の答礼として私は咸臨丸を訪れた。大歓迎を受け、万次郎の紹介によって木村摂津守、勝艦長にも面会した。この時、万次郎からボーディッチの航海書を日本語に翻訳したものを一組贈られた。これは二〇組を作って将軍家に一組を献上したものという。まことにみごとなできで、この翻訳事業は心から敬すべきもので、万次郎の非凡な能力を物語っている。彼は、陸地の見えない大海原のまっただ中を、学理にもとづいて航海した日本国最初の日本人である。もし、われわれの友人フェアヘーブンのホイットフィールド船長が、本紙のこの記事を読まれることがあったなら、この漁業少年を教育するために要した経費と時間が、みごとに報いられたのを悟《さと》るであろう。船長が自分の国に来ている外国の少年に対して示していた誠実な態度には、キャプテン万次郎は心から感謝している。彼の恩人にして友人であるホイットフィールド船長にあてた一通の手紙と、同船長に贈る記念品は私に託されている。

キャプテン万次郎はまた、今度日本へ帰るに際して、たくさんの珍器や美術品を買い求めたが、これらの物品の中で最も感動させられたのはカメラ（Daguerreotype）のあることで、これは彼の母の姿を写そうという目的で買い入れたもので、母を写し終わったならば、もはやこの機械は無用の物であろうと語っている。

ああ、母に対する子として最もうるわしい愛情！

九年前、キャプテン万次郎について私が公にした意見が、十分に実現したのを知るのは私の最も満足とするところである。彼は生まれ故郷に帰って、海外諸国と交際を開くために重要な役割を成しとげた。ただし、まだその事業は完成したものではない。私がまだ何年も生きていたならば、さらに記録にのせるたくさんの重要な仕事を見ることができるにちがいない。

私はキャプテン万次郎が、この上ともますます国事に尽くされるのを目を見開いて待っている者である。

われわれは九年前に「ボート冒険号を操《あやつ》る艇長万次郎の成功を祈る」と本紙に書いたことがあるが、今や、なおこれに加えて、「ボーディッチの航海書の翻訳者であり、咸臨丸の通訳官、日本海軍のキャプテン万次郎の成功を祈る」と書き添えなくてはならない。

日本文化の発達と繁栄幸福のため、献身するキャプテン万次郎の長く健在であることを祈る。日本に対する彼の愛情は実に広大無辺である。

（"The Friend" 一八六〇年六月一日号から）

咸臨丸がメーア・アイランドでドック入りしている間に、万次郎は福沢諭吉を案内して、サンフランシスコの本屋でウェブスターの字引を一冊ずつ買っています。これを手に入れることのできた

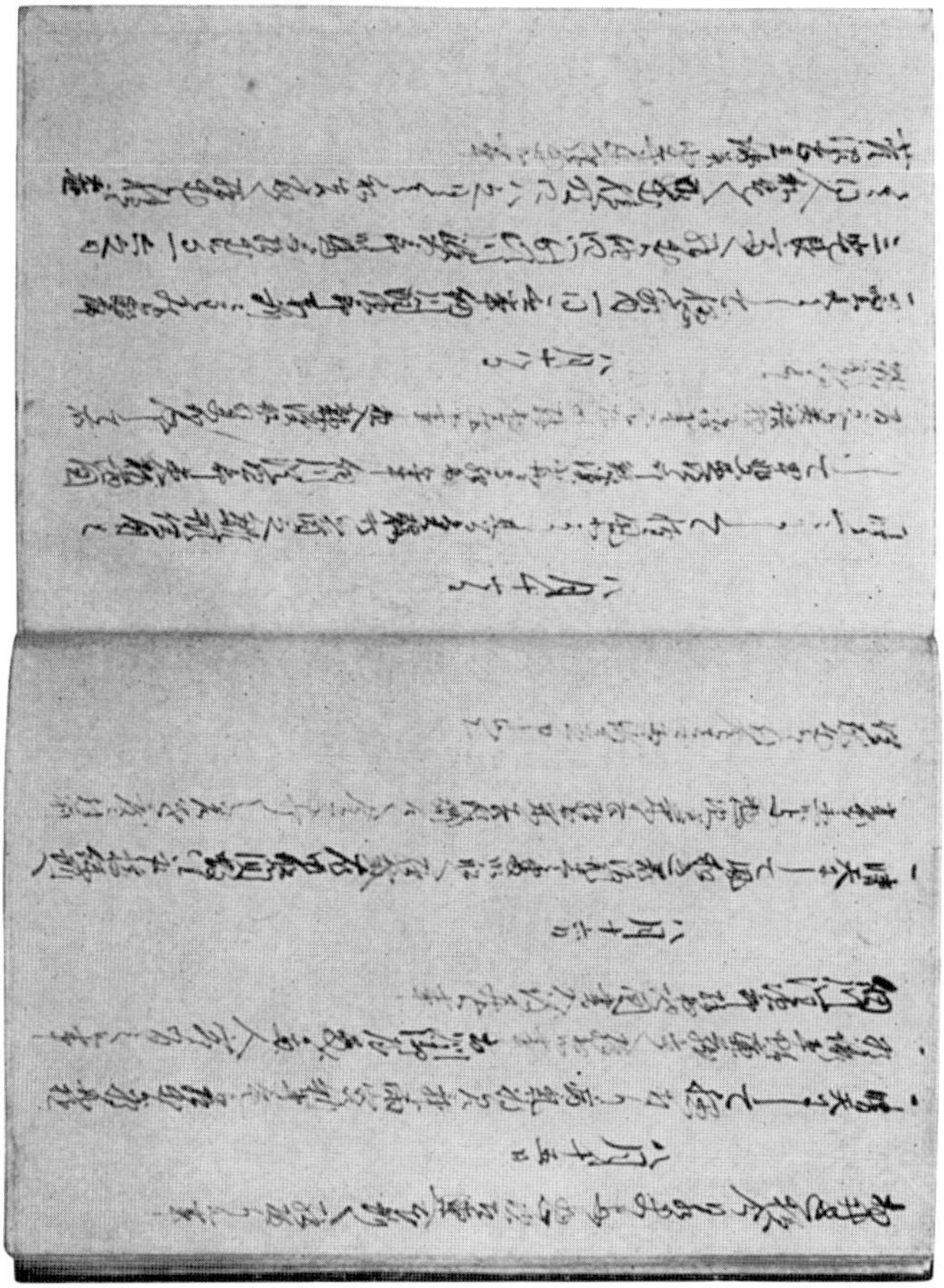

万次郎の自筆の日記。安政6（1859）年8月中のもの

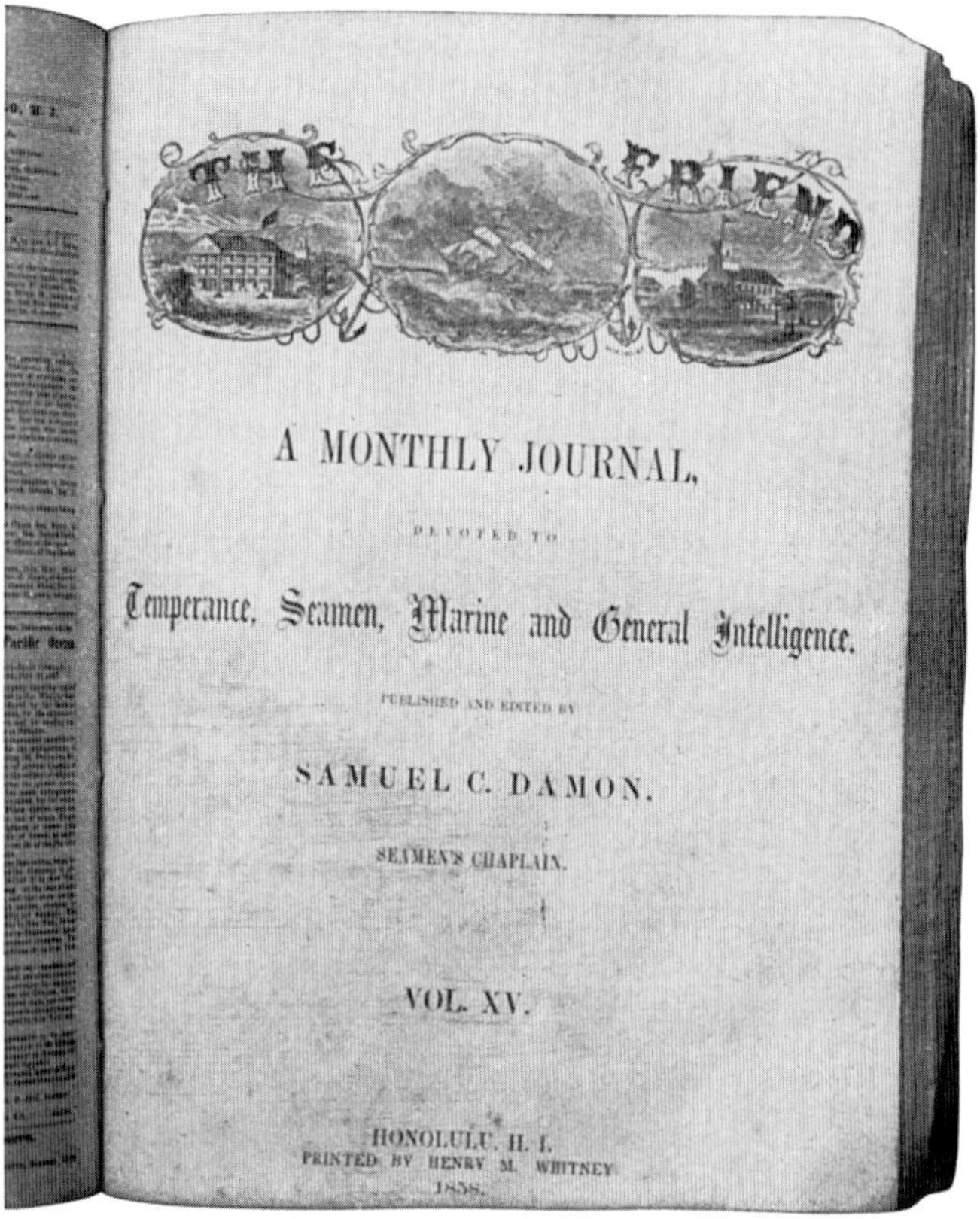

フレンド紙合本第5号（1858年）の扉。カットの
左は海員ホーム、右は海員礼拝堂

諭吉の喜びようといったらありません。ウェブスターが日本人によって持って来られた最初の二冊です。けれどもこれは、ノア・ウェブスター (Noah Webster) の大辞典ではなく簡略版の方です。

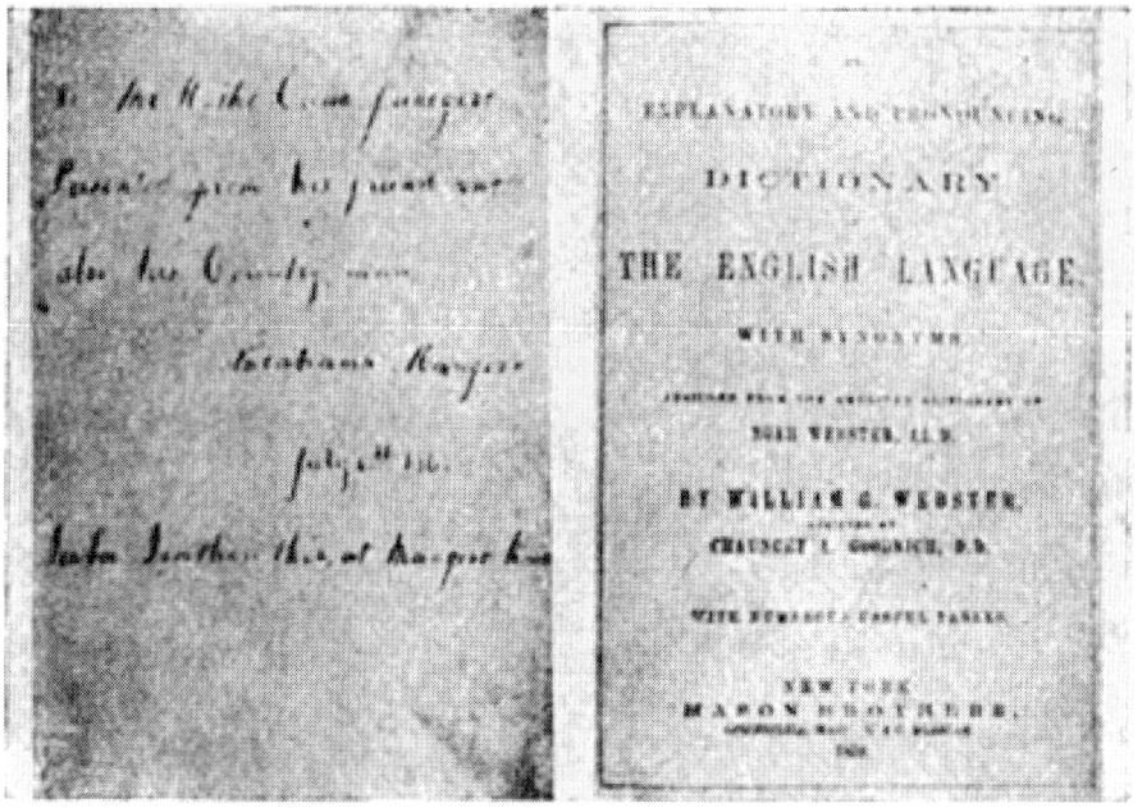

万次郎が1860年にサンフランシスコで買って来たウェブスター字典。左は見返しに記された贈呈文
ミスター細川潤次郎へ
友人であり同国人の中浜万次郎から呈す
1860年７月６日
芝新銭座　万次郎宅にて

四月四日のサンフランシスコ・ヘラルド紙の記事に、「……遠来の客たちは、昨日、市内の有名商店内の陳列品を視察してまわり、眼にとまった物品を、それぞれ賛美していた。彼らのひとりは、しかも、すぐれた英語でウェブスター辞典を尋ねた上、その価値をよく心得ているのには書籍商を驚かせてしまった。これが咸臨丸の海軍将官の通訳者で……」などと書かれもしました。

万次郎が買って来たこのウェブスターの字引は、日本に帰ってまもなく七月六日付で細川潤次郎に与えます。細川潤次郎は同じ土佐の出身で、万次郎よりも七歳年下。万次郎の英学の門弟の一人です。明治にな

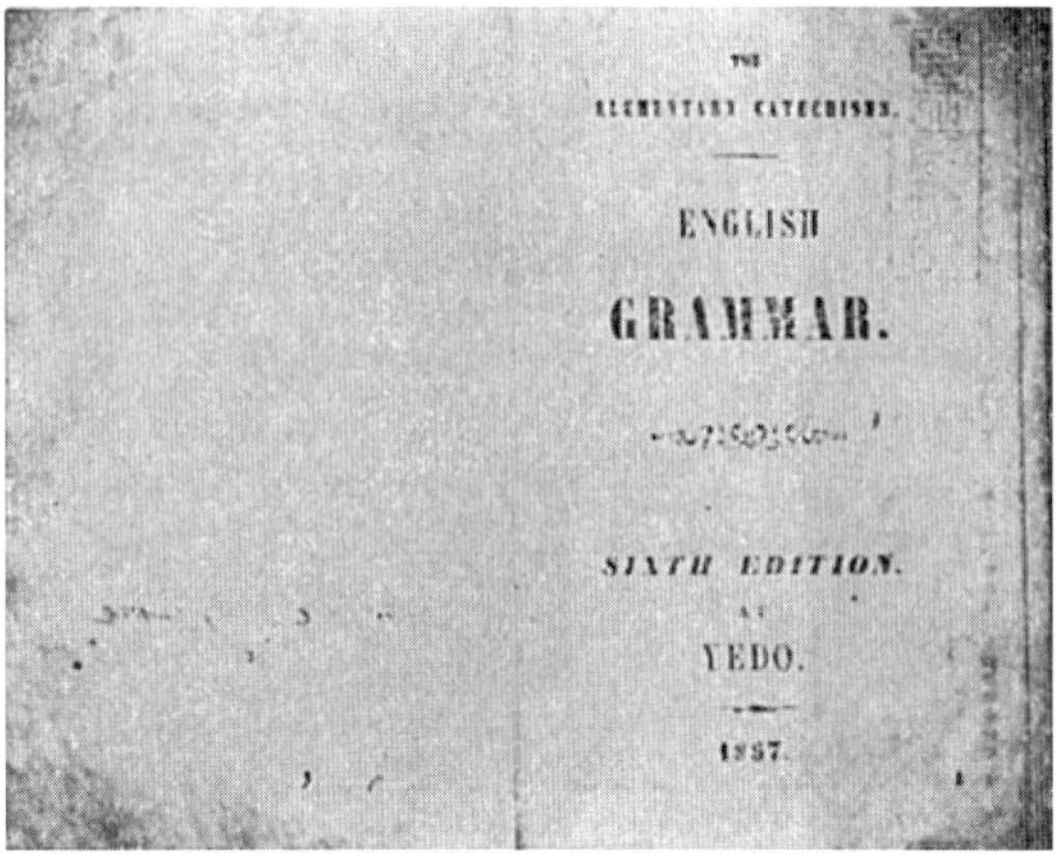

「英吉利文典」の扉（飯久保直雄氏蔵）

ってから枢密顧問官にもなり、東京女子師範学校長や華族女学校長も何年かずつ務めています。けれども、かんじんなこの字引は、その後、岩崎克己さんに所蔵されていましたが、太平洋戦争の末期、アメリカ空軍の東京爆撃の時に戦火にあって灰になりました。

これよりも九年前に、万次郎はディクショナリを一冊持ち帰っています。長崎奉行所で一時、取り上げられ、後で返してもらったものです。

この他に、イギリス文法書 "Elementary Catechisms English Grammer"（初等英文法問答）を持ち帰っているはずなのですが、それがいつのことだったかわかりません。このイギリス文法書は、幕府の蕃所取調所で、慶応三年に複刻されました。「英吉利《イギリス》文典《ぶんてん》」という日本名が表紙にしるされてはいますが、いうまでもなく中身は英文で、翻訳ではありません。複刻本です。

話がさらに枝になりますが――

国語学者である大槻文彦《おおつきふみひこ》は、この「英吉利文典」で英語を学び、これを参考にして日本文法を研究したものです。ですから「言海」も「広日本文典」も、その源《みなもと》をたずねると、この「木の葉《こは》文典」（小型で六四ページのうすいものなので世間でこう呼んでいます）に発していたといえましょうか。

ここについでですが、万次郎の英学の門下生の中には、尺振八《せきしんぱち》、中村敬宇《けいう》（正直）、榎本釜次郎（武揚《たけあき》）、箕作麟祥《みつくりりんしょう》、大鳥圭介、大山巌の名も見えています。

万次郎はまた、アメリカの知人ベンダー（A. L. Bender）からジュリアス・ワイズバハの機械学書上下二巻を贈られて持ち帰っています

「英吉利文典」（木の葉文典）の表紙
（飯久保直雄氏蔵）

Julius Weisbuch. "Principles of The Mecharnics of Machinery and Engineering." Edited by Walter R. Johnsan in 2 volumes. 1849.（ジュリアス・ワイズバハ著「機械と運転の原理」オルター・R・ジョンソン編、上下、一八四九年）

これには一八六〇年四月十三日付でベン

万次郎が写した大鳥圭介の肖像

ダーから万次郎に贈呈のことばがしるされています。

咸臨丸に乗組んだ医師の牧山修郷は、やはりサンフランシスコで解剖学書を一冊買って来ました。

A System of Human Anatomy, general and special, By Erasmus Wilson, M.D.（エラスムス・ウィルソン著「人体解剖学―総論と各論」）

日本人が外国から持って来た最初の英文の医書のようです。

万次郎はまたミシンを買って来ました。ミシンという機械は一八五一年に初めて売り出されたものですから、万次郎が初めアメリカにいた時には見たこともありませんし、知ってもいませんでした。咸臨丸で行った時、初めてこの裁縫機械にお目にかかります。ウィラー・ウィルソン・ミシン（Wheeler and Wilson Sewing Machine）で手まわしのものでした。日本に入った最初のミシンです。

その他、ピストルや測量器の一種は十年前の帰国の時にも持ち帰って来ましたが、カメラは今度が初めてです。

カメラといっても、写真機を一台買ってくればよいというものではありません。自分の手で、まず感光板作りから始めなくてはなりません。その薬の調合法からしてなかなかめんどうなのです。撮影した後の処理。これがまた、なまやさしいものではありませんでした。その時その時の研究も怠ることができません。カメラといっしょに薬品類の荷物が大変な種類と分量でした。そして、その技術ですが、咸臨丸が修理されている間にサンフランシスコの写真技術者から伝授を受けるのです。今日の乾板法と印画紙焼付式は、明治十四年になって初めて日本に輸入されたものですが、これはそれよりも二十数年も前の話なのです。勝麟太郎もこの時、カメラを買い、技術も勉強して来ました。

万次郎の妻、鉄（万延元〈1860〉年に万次郎がアメリカから持って来たカメラで写したもの）

日本に帰って来ると希望者が多くて、万次郎は多くの人々を写します。山内容堂の求めに応じて、その肖像も写しています。万次郎の住宅のあった芝新銭座の江川邸内には、練兵場があって、毎年観兵式も行われました。そのおりに集まる幕府の幹部連中からも求められて、馬上の勇ましい姿などを写すのに忙しいおもいをさせられます。江戸のアマチュア・カメラマンの走りといえましょう。二六〇頁の写真の大鳥圭介は、早くに江川太郎左衛門坦庵に兵学を学んでいます。幕府の歩兵奉行でしたが、エゾ共和国の陸軍奉行となって、榎本武揚たちと五稜郭にたてこもって官軍に抗戦しましたが、明治新政府では清国、次に韓国駐在公使をも務め、外交家として活動した人物です。

それから三年後の文久三（一八六三）年になると下田出身の下岡蓮杖《しもおかれんじょう》が横浜に写真館なるものを開業します。これが関東地方の営業写真館の初めです。

長崎には、咸臨丸より二十年も早く、天保十一（一八四〇）年にオランダからカメラが入って、長崎の科学者上野俊之丞《しゅんのじょう》がこれを研究して、翌年には薩摩の殿様に献上して、島津斉彬の写真研究が始まりました。また、全国各地の有志が、オランダ書を通して、あるいは長崎まで出かけて写真術の勉強もやっています。

カメラのことを島津斉彬は印影鏡《いんえいきょう》といっていましたし、佐久間象山は留影鏡《りゅうえいきょう》ということばを作りました。

かんじんな万次郎の母の写真というものは中浜家にはありません。万次郎が写した家族のものでは、妻の鉄《てつ》の写真が今日残っているきりです。

第二十一章　国内旅行

1　軍艦操練所罷免

咸臨丸で江戸に帰り着いたのは万延元（一八六〇）年五月六日でしたが、万次郎は、その年の八月二十五日付で軍艦操練所教授方を免職されます。その辞令によると、安藤対馬守殿仰せ渡され候間その段申し渡され候、松平出雲守殿仰せ渡さる。といった体裁《ていさい》のもので、いっこうに責任の所在が不明です。それに、この首切りの理由が明らかに示されていません。が、実は咸臨丸で帰国してからまもなくのこと、万次郎が横浜港に停泊していた異国船に招かれ、その船に行った、というそのことが問題になったのでした。その首切りの発頭人《ほっとうにん》が、実は開国論者の老中安藤対馬守《つしまのかみ》であり、その対馬守はそれから一年五ヵ月後の文久二年正月、攘夷《じょうい》派のために江戸城坂下門で襲撃され負傷しています。

八月二十五日付で免職にはなりましたが、その後、同じ年の十二月一日付で、咸臨丸でアメリカへ往復した功績を大変ほめられて、幕府から褒美《ほうび》を賜わりました。

　　　　　　　　　　　　　　　　　　御代官
　　　　　　　　　　　　　　　　　　　鉄砲方兼帯

中　渡

江川太郎左衛門手附
御普請役格
中浜万次郎

銀　五十枚
時服　二

御軍艦操練所教示方出役の節アメリカ国へ御用で出張骨折り候につき御褒美のためこれをくださる。

右御用は御国はじめ以来、初めてのところ、航海中格別骨折り相勤め候に付き別段御手当のため出張中、御扶持方七人扶持これをくださる。

右の通り申し渡され候

2　小笠原諸島の開拓調査

小笠原諸島は昔から日本の領土でしたが、江戸幕府では開拓、殖民のこともしないで、長く放ったままにしていました。異国人が来て住んでいるといううわさが伝わってもいたくらいです。もともと小笠原諸島は、徳川の初め、信州の深志の領主小笠原貞頼が、家康の命令によってこの島々を探検しています。それで小笠原諸島という名が付けられたのです。

ペリーも、小笠原諸島の中の父島で、アメリカ海軍の石炭置場として住民から土地を買収して国旗を掲げましたが、アメリカはその後、この土地を捨てています。

老中安藤対馬守は、この島を調査しようと乗り出して、文久元（一八六一）年の暮れに、外国奉行水野筑後守忠徳《ただのり》たちに島の取り調べ方を命じました。そこで咸臨丸と、その他三せきの船が派遣されます。万次郎もこの時いっしょに出張を命じられました。軍艦操練所を免職されて間もないのですが、島の住民と対応するのに万次郎が必要だったのでしょう。

文久元年十二月三日、品川沖出帆の咸臨丸に乗って出かけます。小笠原へ行ってみると、父島にはイギリス人とアメリカ人が一九戸三六人いました。本人たちはイギリスの領土だと思っていたというのです。幕府の役人は持って行った材木を使って事務所を建てます。住民が開墾した畑を測量して図面も作り、畑は開墾した者に与えました。

父島を離れて次に母島へ行きます。ここにはイギリス人、オランダ人、カナカ人（ハワイ出身者）など一四人。ここでも測量して図面作りなどをしました。こうして翌文久二年四月に品川沖にもどりました。この小笠原出張中、正月に老中安藤対馬守が坂下門で襲撃された話を、帰って来て初めて聞きました。

万次郎の妻、鉄は、文久二年七月二十一日、二女一男を残して二十四歳で病死します。関東地方に流行したハシカにかかったのでした。万次郎はこの時、満五歳になったばかりの長男東一郎に、医学を学ばせようという気持ちになります。

万次郎はその後、熊本藩の医師樋口立卓の妹、琴《こと》を後妻にします。琴は細川越中守（熊本の殿様）の江戸屋敷の奥女中でした。男児二人を生んでから離別します。

3　小笠原近海の捕鯨

この文久二（一八六二）年の末に、今度は越後の地主平野廉蔵《れんぞう》の出資で、万次郎は一番丸の船長となって小笠原諸島近海の捕鯨に出かけます。この時は抹香鯨《まっこうくじら》を少しとったくらいでたいした獲物はなく、翌文久三年の五月に浦賀へ引き揚げて来ました。

ここで捕鯨業のスポンサーを務めた平野廉蔵という、一般にあまり知られていない人物にちょっと触れておきましょう。

平野廉蔵は越後の村松浜の豊かな地主の息子に生まれましたが、幼児のころ肢体《したい》不自由となったので西洋医の治療を受けるため、はるばる長崎まで行きました。療養しながらオランダ人について蘭学《らんがく》を学び、ヨーロッパ文化のすばらしいのに魅了《みりょう》されます。足の不自由はとうとう治りませんでしたが、蘭学を身につけて故郷にもどって来ました。

廉蔵はかねがね万次郎のうわさを聞いていたので、男の召使《めしつか》い一人を連れて、今度は江戸に出て万次郎について英学を学びます。

廉蔵は、捕鯨業が国を富ませると同時に、海員養成にもよい手段であるのを感じると、さっそく幕府に建議して自分から捕鯨業を出願します。この際、万次郎は廉蔵のために、以前から親しくしている勘定奉行の川路左衛門尉と、軍艦教授所の総督をしていた永井玄蕃守《げんばのかみ》に口添えして許可が下り、万次郎は事業の準備万端をまかされたので、外国人から帆前船一せきを買って、捕鯨に必要な機具設備を整え、こうして一番丸ができ上ったのです。

廉蔵はまた、アメリカで使い始めている石油というものの話を聞くと、故郷の越後に昔から「燃える水」といわれているものがあるが、あれにちがいないと思い当って、イギリス人の技師を招いて長岡の近くで日本で最初の西洋式石油掘りを始めます。またヨーロッパやアメリカの上水道のことや、夏に氷を作る話を聞くと、すぐ箱館へ行って西洋式の上水道を敷設《ふせつ》したり、同じく箱館で漁業目的の製氷事業を試みたりもします。さらに小笠原諸島開拓のために自分のお金を出して移民を送ることもしました。こうしていろいろと新しい試みを実行するのですが、どの仕事も完成にまで至らないで、大きな家の資産もすっかり失ってしまって、明治十五年に五十三歳で亡くなります。

一番丸はその後、北海道の沿岸で難船して沈没したということです。

同じく船の末路について、ここで思い起こすのは咸臨丸の最期です。江戸幕府が倒れたおり、咸臨丸も榎本武揚軍に加わろうとして品川沖から脱出して北海道へ向かったものです。ところが銚子沖で暴風にあって、逆に伊豆の下田まで押し流されたあげく、駿河の清水港に入ったところを官軍に捕らえられました。その後、軍艦の籍から除かれて貨物船となりますが、明治二年八月には北海道開拓使の所属となり、輸送の仕事を続けていましたが、明治四年九月二十日、函館に近い上磯町の泉沢海岸（男子トラピスト修道院の西南六キロほどのところ）で岩に乗り上げて大破。これで咸臨丸の一生は終わったのでした。

平野廉蔵の一番丸に、もう一度話をもどします。この一番丸が小笠原近海で捕鯨中のことでした。薪水に欠乏したので兄島に寄った時、船の中で一つの事件が起こりました。

一番丸はその前に、父島で外国水夫を六人雇い入れたところ、その中のウィリアム・スミスという者が、船中で仲間の船員の物品をよく盗むので注意人物となります。そして兄島に寄った時、本人は上陸して、その夜は帰って来ません。別に父島に住んでいたジョージ・ボーウィンという者がこの兄島に来ていて、無断外泊したウィリアム・スミスと悪事を働く相談をして、ジョーンという もう一人の仲間を連れて、三人で翌朝ボートで一番丸へやって来ました。船長の万次郎は、このジョーンから、ボーウィンが弾丸《たま》をこめたピストルをかくしているという訴えを受けたので、日本船員に調べさせると、その通りピストルが出て来ました。ボーウィンは乱暴なことばと態度で船長に迫って来ましたが、船長の取り調べの結果、スミスが借金の抵当《ていとう》として一番丸の乗組員に預けてあった品物を奪い取る手伝いを頼まれて来たもので、もし妨害されたらピストルを放つつもりでかくし持っていたということがわかりました。ボーウィンは手錠《てじょう》をはめられ、スミスも逮捕されました。

一番丸はすぐに兄島を出港して父島の二見港に入り、そこの日本役人に二人を引き渡しました。

船長の万次郎は、ふだんからボーウィンが評判の乱暴者であるのを知っていたので、父島から追い払ってしまいたいという島の外国人一三人に署名入りの証明書を書かせ、また、スミスに物を盗まれた一番丸乗組みの外国人水夫にも被害の証明書を書かせて、この二人の不良イギリス人を再び船の中に監禁して、五月一日父島を離れ、文久三（一八六三）年五月九日、浦賀に帰って来ました。そしてこの事件を幕府へ報告すると同時に、イギリス領事へ二人を引き渡したのです。

これは文久二年八月の生麦《なまむぎ》事件（二七三ページ参照）の後のことで、イギリス軍艦七せきが鹿児島を砲撃する（文久三年七月）すぐ前のことでした。日本人がイギリス人を逮捕した最初のものだといわれています。

4　ホイットフィールド船長からの便り

二冬続けて小笠原近海へ出かけていますが、その間の文久二（一八六二）年中、万次郎にとってまことに喜ばしい一通の手紙が届けられました。それは恩人ホイットフィールド船長からの久しぶりの便りだったのです。

San Francisco
Mar. 9, 1862

To the friend I have not seen for a long time:

I have missed you for such a long time and now the newly appointed minister offers to take a letter to you. If you care to send a reply after receiving this letter I hope you will take the same means which I am sure will bring your letter to me. I too will send more letters to you.

My wife is well and "Aunt" is married. My son Marcellus is thirteen years old now and grown to be as big as you were at the time of tour sailing on the Howland years ago. I have two daughters, eleven and nine, both healthy and lovely.

The old gentleman next door still praises your honesty and good nature whenever he recalls the time you were at our home.

We are now trying to overcome a trouble in our country that may lead to serious consequences. War causes a great loss of life and wealth in any nation, but cannot always be avoided.

You must have become an important man by now. We are looking forward to the time we can trade with your country, and your people may come here and do business as ourselves. Why don't you come? Bring the Japanese products for sale.

Your sincere friend

William Whitfield

一八六二年三月九日
サンフランシスコにて

（訳文）

久しく会わない友よ。

ずいぶんごぶさたしたものです。今度新しく日本へ赴任《ふにん》するアメリカ公使が、君に届けてあげるからというので、この手紙を託します。ご返事をくださる時には同じ方法をとられるよう。必ず届きましょう。私からもたびたび手紙をあげたいのです。

妻は健在。「おばさん」は再婚しました。息子（次男）のマーセラスは十三歳になり、君がジョン・ハウランド号で最初に航海したころと同じくらいに成長しました。十一歳と九歳の娘がいますが、そろって丈夫で、可愛《かわい》らしいです。

隣の老人は、君がわが家にいたころを思い起こすたびに、君の誠実と善良な人柄を、いつも称賛しています。

アメリカは今、重大な結果を招くような国難にあっていますが（注―南北戦争）、これに打ち勝つために皆が努力しているところです。

戦争というものは、国を問わず人命と富とを恐ろしく浪費しますが、絶対に避けられないものではないはずです。君は今や、日本の重要な人物となっておいででしょう。わが国が君の国と貿易の出来る日を、そして日本の人たちがアメリカへ来て、アメリカ人と等しく仕事のできる日を待ち望んでいます。
来たまえ。売りひろめる日本の産物を携えて。

ウィリアム・ホイットフィールド

5　薩摩藩の開成所教授

薩摩藩は元治元（一八六四）年五月に万次郎を開成所の教授として鹿児島に招きます。

これには理由があるのです。

この二年前のこと、薩摩の殿様島津忠義の父、久光が江戸から鹿児島への帰り道、大名行列をつくって横浜近くの生麦のあたりを通過する時、ちょうどその場に来合わせた四人のイギリス人が、すぐに馬からおりて平伏して行列に道をゆずることをしなかったという理由で、薩摩の侍がリチャードソンというイギリス人を切りすて、他の二人に傷を負わせたのです。これがいわゆる生麦事件(The Richardson affair）ですが、これについてイギリスは薩摩へ厳重な抗議をします。しかし、なかなからちが明かないので、翌文久三（一八六三）年七月にイギリスの軍艦七せきが鹿児島湾に入って来て賠償金《ばいしょうきん》を要求しました。そして、鹿児島の町を砲撃して薩摩の船三せきを焼きましたが、その時、暴風が起こったのでイギリス艦隊は退却します。

またこれとは別に、同じ年の十一月には、薩摩藩が幕府の長崎製鉄所から借りていた蒸気船の長崎丸（一三八トン）が、関門海峡を通って小倉領の田ノ浦沖に停泊していたところを長州の砲台から砲撃され、長崎丸は火災を起こして沈没。乗組み六七人のうち有能な士官二八人が死んでしまいます。これは長州側が外国船と見誤ったという弁解でした。

こうした有様で、薩摩としては海陸軍をもっと整えなくてはならない事情にあったのでした。それで鹿児島に新しく開成所という学校を設けて、海陸軍の砲術、兵法をはじめ、築城、天文、地理、数学、測量、物理、医学の諸学科を置いて、学生に研究させ、同時に外国からは船を買い集めます。薩摩藩は元治元（一八六四）年五月九日付で幕府へ書を奉って、中浜万次郎を鹿児島へ迎えて向こう三年間、蒸気船の運用その他の教授を受けたいと願い出ます。これに対して幕府は「三ヵ年ほど、今度限り、お貸し渡し相成り……」と、五月十三日付で返答しています。

万次郎は、最初アメリカから帰って来た当時、鹿児島で大変わかりのよい殿様島津斉彬から親しくしてもらってもいて、そうした縁故もあったので快くこの任《にん》に赴《おもむ》くのでした。医師であって漢学の素養があり、英語の門弟である立花鼎之進《たちばなていのしん》を従者とし、伊豆の網代出身の与総次を従僕として、万次郎は十一月に江戸を出立《しゅったつ》します。

途中、京都では薩摩の家老小松帯刀《たてわき》に面会します。そして薩摩の海軍を再建することについて意見を述べ、また外国の事情なども話して家老を満足させました。この小松家老から鹿児島の大久保一蔵（利通《としみち》）へあてて手紙が送られるのですが、十一月十九日付のこの手紙のあらましは、……中浜万次郎は航海が得手《えて》であるから、そちらへ着いたら本人の考えを建言させるよう。今日の世態になったら、航海も上海《シャンハイ》あたりまでなどといわないで、アメリカ、イギリスまで直行するのがよいでしょう。しかし、今急にといってもむずかしいから、士官から水兵まで人選して、琉球あたりまで遠洋訓練させるよりほかありません。とにかく当人に詳しく質問なさるのが良策です。私もゆっくり話してみましたが異国の事情にきわめて明るく、その上、航海術にも達していて、今日必要の人物です。

中浜氏着の上は、旅館のことは私から頼んであげると言っておいたので、よろしくお取り計らいください。

大阪では当時、大阪を警備していた土佐の殿様山内豊範《やまのうちとよのり》（容堂の甥《おい》）と夜おそくまで対談。酒《しゅ》肴《こう》のもてなしも受けました。

鹿児島に着くと、万次郎は、藩に新しく設けられた総合大学ともいえる開成所で、慶応元（一八六五）年正月早々から、航海、測量、造船、英語などの教授を始めます。

薩摩藩では、伊地知壮之丞《いじちそうのじょう》を長崎に派遣して、鉄砲と、それに汽船五せきを買い入れることになりました。万次郎はこれに同行しています。翌慶応二（一八六六）年正月には、薩摩の殿様から許しを得て、土佐の中ノ浜へ老母を訪ねました。この時も立花鼎之進、与総次の二人が従って行きます。中ノ浜では、文筆が達者で土地の名望家である池道之助方に滞在しました。この時七十二歳になる母は、兄時蔵の家にいましたが、万次郎は、その家のすぐそばに、母のために小さな隠居所を建てました。

6　土佐藩の開成館で教える

中ノ浜の老母のところに滞在を続けているうちに、三月になると、山内容堂から高知に来るようにと呼ばれました。これは後藤象二郎が、その先輩吉田東洋の志を受け継いで、開成館という藩の学校を設けるのについて万次郎の意見を求めたのです。中ノ浜の池道之助も同行して、三月三十日に高知に着きましたが、この道中で雨にあたって、万次郎はのどを痛めて五日ほど引きこもります。開成館は城の東南、鏡川に沿って、九反田《くたんだ》にありましたが、貨殖《かしょく》、勧業、鉱山、捕鯨、海軍などの諸局に分かれており、別に訳局というのがあって、イギリス語、フランス語を教えていました。貨殖局では、土佐で生産される土佐半紙や樟脳《しょうのう》を長崎で売って、外国人から買い入れる船艦、武器の費用を支払う仕事もします。

万次郎は、この開成館でしばらく英語を教えたり、別に航海、測量、捕鯨のことを有志の学生に講ずるのです。さらに、後藤象二郎が藩の命によって長崎へ船を買いに行くというので、これにも同行しました。留守《るす》の間、立花鼎之進は高知に留まって、万次郎に代わって英語の授業をするのでした。

この長崎行きは、高知を七月七日に出立します。一行一三人に人夫二〇人という同勢でした。まず窪川から田野々《たのの》を経て江川崎へ。それから西ケ方《にしがほう》と葛川口の二つの御番所で出切手を渡して通過。伊予の国に入って七月十三日に宇和島に到着。高知をたって七日目のことでした。

後藤象二郎と万次郎とは宇和島の殿様伊達宗城《だてむねなり》に召されて登城します。諸外国の情況から航海に関すること、捕鯨業のことなどを話し、当時宇和島藩でも蒸気船一せきが買ってあったので、港に案内されてこれを見分します。このおり伊達家の侍医《じい》で蘭学者の志賀天民《てんみん》は、待ちかねて万次郎を自分の屋敷に招きました。この時、この家の幼い男児にも引き合わされるのですが、この男児というのは、十二歳のころの志賀泰山《たいざん》(林学博士)だったのです。

左はデーマン牧師の子息。手に持っているのは万次郎から贈られたわき差し。右は志賀重昂
(1912年にホノルルで写したもの)

七月十六日、宇和島を船出します。逆風で波高く難航でした。それでも豊後の臼杵《うすき》に上陸して、陸路を竹田城下にも泊まって、内の牧、大津を経て七月二十一日熊本城下に入ります。二十二日、雨の中を高橋村から舟で白川を下って有明海に出、対岸の島原に泊ま

り、島原半島をまわって茂木に上陸、長崎に到達したのは七月二十四日でした。

長崎は前の年、薩摩藩の重役とやはり船を買いに来たところです。後藤象二郎を助けて、銃砲、弾丸、汽船を買うため、毎日外国商人と交渉をしたのです。オランダのレーマン商館にはよく訪れました。

7 上 海 行 き

ところが、こちらで希望するような船が長崎では手に入らないところから、後藤象二郎たち六人とアメリカ船で上海に出かけます。八月二十五日出帆して二十七日夜上海着。ここで汽船と帆船を一せきずつ買いました。この時万次郎は、イギリス商館でオルゴールを一台買って来ます。そして九月四日夜上海をたって、六日の昼に長崎に帰着しました。

十月十七日には薩摩藩の三国丸《さんごくまる》が長崎港に入って来ました。この船に、前に京都で会った家老の小松帯刀が兵四〇〇を率いて乗っていたので、万次郎は船に家老を訪ね、長崎で土佐藩の用務を終えたら、いったん江戸へ帰って、鹿児島の開成所の方へは、またあらためて赴任したい希望を述べて、家老の承諾を得ました。

ところが、この長崎逗留《とうりゅう》中、万次郎はまたまた上海へ行く用事ができたので、橋本喜之助、中ノ浜の池道之助たちと、今度はオランダ船に乗って十月二十四日の夜に長崎を出帆し、二十七日午後四時に上海に着きました。そしてアスターハウス（The Aster House）に泊まります。この二度目の上海行きでは汽船一せきを買い、一せきを注文するのですが、その造船を監督するため、万次郎は毎日造船所通いをします。

この上海滞在中に、日本の軽業師《かるわざし》、コマまわしの一行、男女一四人が横浜から船で上海に立ち寄りました。一ヵ年、千両の契約でロンドンへ興行に行く途中だという話でした。この人たちは、そのころから明治にかけて有名だった松井源水、山本亀吉、山本小滝、矢奈川嘉七たちで、七歳と八歳の日本少年もその中にいました。

万次郎たちは、上海での用務をすませると、十一月十五日にイギリス船でたって十八日の夜九時に長崎にもどります。土佐藩のために舶来の物資を買い入れるので、万次郎は長崎のフレンチ商会、グラバー商館（イギリス商人、トーマス・B・グラバー）へ、いつも掛け合いに行っていました。

忙しい用務もやっと一段落ついたので、十一月二十九日付で長崎奉行へ願書を出します。

私は海軍復興のため、薩摩守様に三年間お貸人《かして》仰せつけられ、まだその年期中でありますが、船便でひとまず江戸へ帰りたいと存じますので、その便船と、それから横浜上陸のところおさしつかえないようお願い申します。

というもので、十二月十二日にイギリス船に乗って長崎を出帆。この時、中ノ浜の池道之助は一度乗船したのに上陸してしまいます。

横浜に入港して、二年あまり留守にしていた芝新銭座の江川邸内の自宅にもどったのは慶応二（一八六六）年の暮れでした。

江戸の自宅に落ち着くこと三ヵ月で、またまた万次郎は出かけるのです。慶応三年二月二十六日、従僕の与総次を連れて江戸をたち、東海道を陸行します。大阪からは船便で、三月十八日に長崎着。高知の開成館で英語教授の代わりとして残してきた立花鼎之進と長崎で落ち合い、そして四月の初めに鹿児島に到着します。一年三ヵ月も中をあけていた鹿児島開成所の教授に復したのですが、その秋には招聘《しょうへい》の契約期限になったので、十一月に鹿児島を辞して薩摩の船で海路長崎へ。長崎からはアメリカ船で大阪を経て江戸に帰り着きました。これは慶応三年のやはり年の暮れでした。

江戸に詰めていた薩摩の侍たちは、万次郎の家によく出入りしていましたが、近くの薩摩屋敷が幕府の兵によって焼き払われたのは、やはりこの年（慶応三年）の暮れのことでした。

第二十二章　明治維新と万次郎

1　再び土佐藩にかかえられる

何か事件があるごとに実力を失ってきた幕府に対して、薩摩と長州とは幕府を徹底的に倒してしまおうと策を練っていましたが、諸藩には、これに同調するものと反対するものとがあって、これが二つに分かれて国中はさわがしさの限りを尽くしていました。

徳川一五代の将軍慶喜《よしのぶ》は、京都で将軍職を自分から辞さないではいられないまでに追い込まれましたが、その軍隊が鳥羽、伏見で薩摩と長州の軍隊と衝突して敗北。慶喜は大阪から軍艦で江戸へ退きましたが、錦《にしき》の御旗《みはた》に対して鉄砲をうったという罪名をかぶせられて、徳川家は断絶ということになります。これが慶応四（明治元年、一八六八）年の一月のことでした。

それから江戸城の明け渡しとなるのですが、慶喜が素直《すなお》にあやまって、おとなしく、慎んでいたので、五月になると徳川の家名が再興されて、水戸藩主の息子の徳川家達《いえさと》が駿府《すんぷ》七〇万石の殿様にされました。このどさくさで、これまでの幕臣たちは俸禄《ほうろく》から見放されて大恐慌《だいきょうこう》となります。新しい藩主の家達に従って駿府へ行く者もありましたが、大部分はちりぢりバラバラとなります。

万次郎は、こうした最中にも江戸に留まっていて、引き続いて山内容堂の知遇《ちぐう》を得ていましたが、明治元年十月二十三日にあらためて土佐の侍に召しかかえられることになりました。そして翌年には、深川の砂村にある土佐の下屋敷を容堂から贈られたので、長く住みなれた芝新銭座の江川邸に別れを告げて、一家は砂村へ移りました。

この新居は七千坪（二・三ヘクタール）ほどの土地で、鴨《かも》のおりる池があったりして広い屋敷でしたが、中川（後の荒川放水路）の河口に近いところで、台風のため東京湾の高波を受けることもあって、古い文書など、ここで水害にあったものが少なくありません。この砂村には明治十三年まで住まいます（当時の国鉄、小名木川《おなぎがわ》貨物駅の西のあたりでした）。

万次郎一家が、江川邸内にいたじぶんの慶応四年に、芝新銭座の隣の空地に新しい建築が始まりました。朋友、福沢諭吉が慶應義塾の校舎を建てたのです。この慶応義塾は三年後の明治四年に、西南二キロあまりの三田の高台へ引っ越します。それよりも前のことですが、諭吉は最初、江戸鉄《てっ》砲洲《ぽうず》にあった中津藩の奥平家の屋敷内に、福沢塾という家塾を開いたのですが、それが安政五（一八五八）年で、それから十年の後、芝新銭座に移って慶應義塾と名を新たにするのです。

現在の東京では鉄砲洲という町名はなくなり、中央区湊町一丁目（八丁堀橋の南二〇〇メートル）に鉄砲洲小学校というのがあって（後、中央小学校と改称）わずかにその名だけを残していました。

2　開成学校教授

明治の新政府は各藩の有能な者を江戸に召集して、それぞれの役につけます。これを徴士《ちょうし》といっていましたが、万次郎も、この徴士にされます。

明治２年の開成学校開校式の図（絵草子）

明治二年三月、行政官の名で、山内豊範に、

その方の家来中浜万次郎義徴士仰せつけられ候間、出仕申し付く可き事。

同時に万次郎本人に対して、同じく行政官の名で、

徴士開成学校二等教授仰せつけられ候事。

こんなふうになっています。

開成学校というのは、東京帝国大学（現在の東京大学）の前身なのです。幕府が安政二（一八五五）年に設けた洋学校に起源していて、その後、蕃書取調所、洋書取調所、開成所、それが開成学校、と順々に名が変わってきたのです。これがさらに明治新政府に引き継がれたのでした。

同期の二等教授の中には、田中周太朗、鈴木惟一、箕作秋坪《みつくりしゅうへい》。三等教授に、佐藤純吉、荒川

貞次郎、緒方正、伊藤昌之助、田中録之介。なお、教授補には立花鼎之進、矢田部良吉など、おなじみの名も見えています。

翌明治三年の二月には二等教授という名前が変わって、万次郎は中博士に任ぜられます。大、中、小博士。大中小助教。大中小得業士、といった教授陣でした。

3　ヨーロッパ出張

ヨーロッパではプロシア・フランス戦争が一八七〇（明治三）年の夏に始まります。明治政府は、この戦争を観戦させるために人を派遣することになりました。

大山弥助（後の元帥、巌《いわお》）、品川弥二郎、肥前の池田弥一、土佐の板垣退助たちが選ばれますが、万次郎もこれに加えられました。明治三年八月二十八日（西暦一八七〇年九月二十四日）、アメリカ船グレート・パブリック号（The Great Public）で横浜を出帆するのですが、板垣は急に藩政のつごうで留守にすることができなくなって、同じ土佐の林有造がこれに代わります。林は万次郎とい

足摺岬に建っている万次郎の銅像。開成学校の時代（43歳）の姿。当時としては珍しい三角定規とコンパスを左手に持っている（製作、大谷研氏。像の身長４メートル）

っしょの船室でした。

この五人のほかに藩の命令で出張する長州の有地《ありち》品之允《しなのじょう》（後の海軍中将）、備前の松村文《ふみ》亮《すけ》、それから知恩院宮《ちおんいんのみや》たちも同船でした。

出帆の九月二十四日というと、もうナポレオン三世が、セダン（Sedan）でプロシア王に降参した（九月二日）後ですし、パリもプロシア軍に包囲され始めたじぶんでした（九月十九日から包囲）。そしてパリ包囲攻撃中の翌年一月にはプロシア王ウィリアム一世がドイツ皇帝の位につき、同じ一月の二十八日にはパリ陥落となります。

グレート・パブリック号は十月二十日にサンフランシスコに到着。サンフランシスコは万次郎にとって、また十年ぶりで、今度は三回目になります。二十二日にアメリカ大陸横断鉄道に乗ってサンフランシスコ発、途中シカゴに一泊、ナイアガラの滝も見物して二十八日にニューヨークに着きます。

ボストン、サンフランシスコ間の大陸横断鉄道が全通したのは、その前の年（一八六九年五月十日）のことでした。

ニューヨーク滞在は五泊の予定です。

4　ホイットフィールド船長の家庭を訪問

ニューヨークに着いた翌々日の十月三十日に、一行の同意を得て、万次郎は汽車でゆっくり一日行程のフェアヘーブンに一人で訪れました。フェアヘーブンは二十一年ぶりのこと。この時、万次郎は四十三歳。出しぬけの訪問というのに、ホイットフィールド船長はよいあんばいに在宅。夫妻健在でした。船長は六十五歳になっていました。次男のマーセラス（十五歳）と長女のアルベルティーナ（十七歳）に初めて紹介されます。夜おそくまで話が続いて一泊。住宅は昔のままでした。ただ台所の流しのそばにポンプ井戸がついて、昔苦労した水汲み仕事がいらなくなったのがちがっているくらいなものでした。

ホイットフィールド船長の長女、アルベルティーナ。ドレスは万次郎がおみやげに持って行った日本絹で仕立てたもの

翌日は船長の親類の人々、昔いつも会っていた近所のおじさん、おばさんたち、前には子どもだったのが、今は大きくなった連中が伝え聞いて、後から後から押しかけて来るのです。万次郎は日本から用意してきたおみやげを少しずつみんなに分配します。

翌々日はヨーロッパへ向けニューヨークをたたなくてはならない旅程なので、一泊しただけで、一同に別れを告げて、夜おそくニューヨークにもどりました。このおり、親友の一人のヤコブ・トリップには、とうとう会うことができないでしまいました。

この時のホイットフィールド船長の話では、近くのペンシルバニア（Pennsylvania）で石油が出るようになったので、ローソクの原料としての鯨油も、たくさんはいらなくなってきたそうです。南北戦争で捕鯨船がだいぶ失われたこと。鯨そのものも数が少なくなって、これからは北極海へでも出かけなくてはなるまいというのです。そういえば、港に、なつかしい捕鯨船の姿が少なかったのもうなずけます。この地方の産業は、だんだん金属機械工業に変わってきているという老船長の話でもありました。

観戦の一行は、十一月二日にアメリカ船ミネソタ号に乗ってニューヨークを出帆、大西洋を横断して、ちょうど二週間かかって、十一月十六日にイギリスのリバプール港（Liverpool）に入ります。そこから汽車に乗り、一晩かかって翌十一月十七日にロンドンに着きます。

一行のロンドン滞在中に、万次郎は足にオデキができて痛みが烈しくなり、医師の治療を受けるのですが、急には治らないという見立てです。自分ひとりのため一行の旅行にさしさわりができてはと思って、一行にヨーロッパへたってもらって、万次郎はひとりロンドンに残って治療を受けていましたが、全治するまでにゆきません。それで、そのままひとりで日本へ帰ります。これが明治四年の春のことでした。

日本にもどって来て足の潰瘍《かいよう》が治りきるまでに何ヵ月もかかりました。この間、砂村の屋敷で英語教授もします。また土佐藩公の屋敷へも出勤していました。明治二年に隠退した山内容堂には、いつも呼ばれて、明治五年六月、容堂病没まで、よしみを続けます。

万次郎は、ロンドンから帰った年に軽い脳溢血《のういっけつ》を起こして、言語渋滞、下肢《かし》の麻痺《まひ》で病床にいましたが、これは半年もしないで全快しました。

5　最後の老母見舞い

明治になってからは、万次郎は明治六年と八年の二回、土佐の中ノ浜に老母を見舞っていますが、明治八年の時には、東大医学部の学生であった十八歳の長男東一郎が、ちょうど夏休みに入ったので、東一郎を伴って行きます。

明治の初めの国内旅行の一つの例として、この時の旅を東一郎の日記から見てみます。

明治八年七月九日　午後一時十五分、新橋駅発。横浜弁天町通二丁目の西村屋に一泊。

七月十日　午後四時、飛脚船オレゴニア号に乗って十一日の明け方、神戸入港。湊川神社参拝。汽車で大阪へ。三菱商会で尋ねると土佐行きの平安丸は修繕中で欠航とのこと。玉造橋の土佐の定宿に滞在三泊。

七月十四日　十一時、安治川を下って修繕のできた平安丸に乗船、正午出帆。神戸港で石炭積み込みなど。その間、再び湊川神社参拝。平安丸は三菱商会の汽船だが、船長も士官もすべてイギリス人。万次郎父子は士官の食堂で彼らとテーブルをともにする。会話ぶりをみると、万次郎は、このイギリス人たちと前から親しい間柄らしい。

七月十五日　大シケ。午後二時高知着。新町の井出淵の邸に入る。知友など来訪する者多く、その中には河田小龍、河野、岡村父子などもいた。反政府の首領林有造たちの自由党の本拠だけあって、旧藩士の気性荒く、まだ刀を差して歩いている者もいた（帯刀は明治九年三月に禁止された）。ようやく船便が得られて、二十四日、まず小舟で高知発。海に出て小さい汽船に乗り移って、二十五日の白々明けに四万十川口の下田港着。ここで小舟に乗り換えて九時出帆。途中無風で進行おそく、付近の海上の漁船を呼んで、とり立ての魚を買い、それを調理して昼にする。足摺岬をまわって——

七月二十六日　午前八時にやっと中ノ浜の海岸に到達。東京を出てから十七日目。初めて引き合わされた八十二歳の祖母汐《しお》はきわめて元気で、働き者であった。

七月三十日　父と、小舟に乗って釣りに出て、エビを餌にして一メートル近いスズキを釣る。

八月二日　中ノ浜峠の大覚寺参詣。十四歳の父が行方不明になった時、墓石として建てたという直径三〇センチほどのそまつな丸石が置いてあった。

八月五日　涙を流して別れをおしむ祖母に、またしばらくの暇《いとま》を乞うて、十泊した祖母のもとを辞去。小舟に乗って足摺岬をまわり、佐賀で親船に乗り移る。

八月六日　風雨激しく出帆不可能。佐賀の宿屋に入って泊まる。

中浜万次郎（48歳の時）
高知でアメリカ人が写したもの

八月七日　午後になって雨はやんだが、風波激しく舟は出ない。

八月九日　空は晴れたが大波のため船行きはだめ、山籠《やまかご》を雇って、これに乗って添水《そうず》峠を越えて、夜に入って久礼《くれ》着。

八月十日　乗合船で須崎《すさき》まで。須崎から籠で夜十時高知着。再び高知に十日滞在。

八月二十日　朝七時高知発。浦戸で、

来た時と同じ平安丸に乗り込む。

八月二十一日　午前一時大阪着。汽船を乗り換えて東京へ。私はひとり東海道を歩いて帰京。

万次郎のこの時の帰省は、母との最後の別れとなりました。母は、それから四年後の明治十二年に、日本に大流行したコレラにかかって八十六歳で中ノ浜で逝去します。

6　デーマン牧師夫妻の日本訪問

ホノルルのデーマン牧師は、夫妻して一八八四（明治十七）年の夏に日本を訪問します。その時、牧師は七十歳でした。

この日本漫遊からホノルルに帰るとじきに、日本訪問の分量多い記事を、その年の十月中のフレンド紙に載せました。


今回の私たちの日本訪問のいちばんの目的は、もしできるならば、万次郎に会いたい、ということであった。万次郎はすでに故人となっている、といううわさが、これまでもしばしば伝えられていた。

長崎に上陸するやいなや、私たちの始めたことは、まず彼を探し出すことであった。神戸、大阪、京都、横浜と、その後も行く行くこの仕事を続けたが、どこへ行っても効果はなくて、とうとう東京にたどり着いてしまった。この日本の首都でもやはり、万次郎はすでに故人と聞かされるだけであった。

それが、農業新聞の編集者である津田氏に会うことによって、幸いにも万次郎の古い友人のひとりに面接する機会が得られるようになった。そのような経過をたどって、私たち夫婦はついに旧友万次郎にめぐり合う喜びが得られたのである。なかば生存していないように聞かされていた彼は、実はきわめて健康で、幸福な一家の父親であったのである……。

彼の語るところによると、明治時代に入ってから、一時大病をしたこともあったそうである。ここでデーマン牧師は、万次郎の前半生について、読者に対して、あらためて詳しい長い報道をするのです。フレンド紙が万次郎の記事を扱ったのは、咸臨丸帰航の時以来二十四年ぶりのことです。もともとこの記事の表題は「まだ公にされていない日本歴史の一章」といったもので、その書き出しには、

グリフィス著の『ミカド帝国の歴史』や、その他の日本歴史を読んでみても、歴史記録に値する事柄や人物について言及していないもののあるのに気づくが、今から四十年前、ペリー提督による日本開国よりも、もっと前に、何人かの日本人がこのホノルルに来ている。われわれはその人々と知り合っているし、帰国する際には世話もしているが、その中の一人、中浜万次郎は、ボーディッチの航海書を日本語に翻訳もしている上、西洋文明に向かって国を開くという日本歴史上重大な時期であった日本国民の危機に当たって、大きな功績を残している。

万次郎の一家。左より万次郎、長男東一郎、綾子（東一郎の三女）、お守りさん、清（東一郎の二男）、幸（同長男）、糸子（同長女）、芳子（同妻）

と、述べています。

そして、万次郎の事績についての長い記事の最後を、次のように結んでいるのです。

私たちの今回の旅行の目的は完全に満たされ、かつ、われらの旧友が四人の子息と一人の娘を持った、最も著名な家族の長であるのを発見したことを報ずるのは、大きな喜びとするところである。私たちは、彼の妻と家族の、いくつもの写真を贈られもした。別れに当たって、彼は子息たちとともに横浜まで見送ってくれた。

私たち夫婦は、今回の日本訪問の記憶を将来長く心の奥深くにいだくことであろう。今回の旅行の中で最も喜ばしかったことどもの中には、中浜万次郎との何度もの会合があった。ボーディッチの航海書の翻訳本は、彼は現在一冊しか所持していないと言っていた。私たちは一八六〇年に彼から贈られたのを持っている。他に存在しているかどうかは不明。維新の争乱にあたって、日本国の役所や公の文庫は焼失したものもあるので、翻訳本もその戦火にあったにちがいない。今さらながら、かえりみると彼は英語の知識を獲得した最初の日本人であった。後に帝国大学（現在の東京大学）と呼ばれるようになった学校でも、教授をしていたことがある。

今や彼は六十歳。子息の扶養を受け、自身の財産というものを持っていない。日本政府は、この年老いた、その昔、日本国のために尽くした忠実な臣民に対し、豊かな恩給を与えることによって政府自身の誉《ほま》れを高めるよう心から希望してやまない。

彼の長寿と繁栄を祈る。

万次郎の長寿を祈ったデーマン牧師は、日本を訪れた翌年の二月にホノルルで病死します。七十一歳でした。

第二十三章　万次郎の晩年

万次郎の墓

万次郎は、東京で、明治四年に軽い卒中を発しましたが、それも半年で全治しています。その後は世間的に全く無為。鎌倉の別荘で暮らしたり、閑静というよりは、当時ひどく寂しかった熱海《あたみ》温泉へ、時おり出かけることもあるくらいで、おおかたは長男の家庭の一員として、散歩を欠かすことなく、よい祖父として孫たちと生活をともにし、時間的に規律正しい朝夕を送っているだけでした。

一八九八（明治三十一）年の十一月十二日、京橋弓町の長男宅で死亡します。七十一歳でした。墓所は豊島区南池袋の雑司ヶ谷霊園にあります。生前、自身で用意しておいたもので、妻の鉄といっしょに神式で葬《ほうむ》られています。

ドイツ医学を修めた長男は、脳溢血《のういっけつ》というありきたりの病名をつけました。

明治に入って、新しい時代が生まれたとはいうものの、早くに万次郎たちの伝えたデモクラシーなどはどこにも見当たりません。いわゆる藩閥政治という、力の強い藩の出身者が、政府の要職を独占して、政治はその利害関係によって動かされていたのです。そして、対等の尊い人間同士の奥ゆかしいものとはほど遠い、上下の差の大きな世の中が現れてきたのです。倫理や道徳、教育にしても、明治という時代は、前の時代とはまた別種の暗い影を持ったものになっていきます。万次郎の朋友、福沢諭吉の教育事業にしても、天は人の下に人を作らなかったはずなのに、現実には大実業家たちに奉仕する結果となるのです。

こういう情況の中にあって、新政府に取り入るといった器用さも好みもなく、明治の革命家になる環境条件にも置かれていなかった万次郎は、健康のバランスを失って、生理の調子を崩して、その晩年を無気力に過ごしたのも当然のことで、素直に死に至るのは万次郎らしい自然の道でもありました。

中浜万次郎年譜

旧暦	西暦	年齢	略記事（カッコ内は内外事情、月は旧暦）
文政一〇年一月一日	一八二七年		土佐国幡多郡中ノ浜に生まれる
天保一二年一月五日	一八四一年一月二七日	14	土佐国高岡郡宇佐から出漁
〃	〃		（アヘン戦争。一八四〇〜一八四二年）
〃 一月七日	〃 一月二九日		漂流始まる
〃 一月一四日	〃 二月五日		無人島の生活が始まる
〃 五月九日	〃 六月二七日		捕鯨船ジョン・ハウランド号に救助される
〃	〃 一二月		ホノルル上陸
文政一三年	一八四二年一月	15	捕鯨船員となって太平洋で捕鯨
〃	〃		（英軍南京に迫り、清国屈服して南京条約を結ぶ）
文政一四年	一八四三年五月七日	16	マサチューセッツ州フェアヘーブン着。アメリカ大陸の生活が始まる
弘化元年	一八四四年		（三月—フランス船、琉球に来航し通商要求。八月—オランダ国王、幕府に開国を勧告）
弘化三年	一八四六年五月一六日	19	フランクリン号に乗組んで捕鯨航海に出る
	〃		（アメリカ・メキシコ間に戦争始まる）

嘉永元年	一八四八年		（アメリカ・メキシコ戦争終わる。パリ二月革命）
嘉永二年	一八四九年 八月	22	フェアヘーブンに帰着する
〃	〃 一〇月		カリフォルニアに向かって出発
〃 閏四月	〃		（英艦マリーナ号下田に入港。港内を測量する）
嘉永三年	一八五〇年 五月 末	23	カリフォルニア金山に入る
〃	〃		（幕府、洋書の翻訳を制限し流布原書を検察する。江川英龍、韮山に反射炉を建設する）
〃	〃 八月 末		ホノルル着
〃	〃 一二月一七日		サラボイド号に乗組んでホノルル出帆
嘉永四年 一月三日	一八五一年 二月三日	24	琉球の摩文仁海岸に上陸
〃 八月一日	〃		鹿児島着。島津斉彬の聴き取りを受ける
〃 九月二九日	〃		長崎着。長崎奉行の取り調べが始まる
〃	〃		（薩摩藩島津斉彬、製練所を設ける）
〃	〃 四月		（アメリカ、メキシコと国境決定）
嘉永五年 七月一一日	一八五二年 八月二五日	25	高知に着く
〃 一〇月五日	〃 一一月一六日		中ノ浜に帰着。高知城下の教授館へ出仕する
〃 八月	〃		（オランダのクルチウス国書をもってアメリカ船

			の来航を警告、日蘭通商条約の締結をもとめた）
嘉永六年六月三日	一八五三年七月八日	26	（ペリーの日本遠征艦隊、第一回渡来）
〃　六月二〇日	〃		老中首席阿部伊勢守により江戸に召される
〃　八月三〇日	〃		江戸に着く。本所の江川太郎左衛門の邸内に住まう
〃　九月	〃		（幕府、大船建造解禁する）
〃　一二月五日	〃		幕府の直参となる
〃　七月・一二月	〃		（ロシア使節プチャーチン長崎に来航、通商要求）
嘉永七年一月一四日	一八五四年二月一二日		（ペリーの日本遠征艦隊、第二回渡来）
〃　三月三日	〃		（日米和親条約―神奈川条約―結ばれる。続いて八月に日英和親条約、一二月に日露和親条約を結ぶ）
〃	〃		（アメリカ共和党結党。クリミア戦争起こる）
〃	〃	27	団野鉄と結婚。幕府の命により西洋型帆船の建造にかかる。
（一一月、安政に改元）			
安政二年一月一六日	一八五五年	28	江川太郎左衛門病死
〃　一二月	〃		（日蘭和親条約締結）
安政三年七月	一八五六年		（アメリカ総領事ハリス、下田に着任）
安政四年	一八五七年	30	土佐、中ノ浜に老母を見舞う

〃　四月	〃		軍艦教授所の教授に任命される
〃　春	〃		江川家といっしょに芝新銭座に移転する
〃　六月	〃		航海書の翻訳完成。阿部伊勢守病死（六月一七日）
〃　七月七日	〃		長男生まれる
〃　一〇月一三日	〃		捕鯨術伝授のため箱館へ出張。北海道で越冬
〃　一〇月二一日	〃		（ハリス、将軍と会見、通商条約締結を要求）
安政五年六月	一八五八年		（日米修好通商条約調印。九月―安政の大獄）
安政六年三月	一八五九年	32	幕府の命により小笠原近海の捕鯨に出帆
〃　中	〃		英会話書を編む
〃	〃		（六月―神奈川、長崎、箱館を開港し英露仏蘭米に貿易を許す。一〇月―吉田松陰死罪）
万延元年一月一九日	一八六〇年二月一〇日	33	咸臨丸に乗組んで浦賀出帆
〃	〃		（三月―桜田門外の変）
〃　五月六日	〃　六月二四日		咸臨丸、品川沖に帰着する
〃　八月二五日	〃		軍艦操練所教授方を免職される
文久元年一二月	一八六一年	34	小笠原の開拓調査に行く
〃	〃　四月		（アメリカで南北戦争始まる）

文久二年七月二二日	一八六二年	35	妻、鉄病死する―二四歳
〃	〃		（一月―坂下門外の変。八月―生麦事件）
〃 一二月	〃		一番丸の船長となって小笠原近海捕鯨に出帆
文久三年	一八六三年 一月		（リンカーン大統領、奴隷解放を宣言）
〃 七月	〃		（イギリス艦、薩摩を砲撃する）
元治元年七月	一八六四年		（長州藩士、京都に迫り敗戦する―禁門の変）
〃 一二月	〃	37	鹿児島の開成所教授に赴任
慶応元年五月	一八六五年	38	薩摩藩のため伊地知壮之丞と長崎へ行って船を買う
〃	〃		（アメリカ、南軍降伏し南北戦争終わる）
慶応二年一月	一八六六年	39	土佐の中ノ浜に老母を見舞う
〃 三月	〃		高知の開成館に赴任
〃	〃		（四月―幕府海外渡航解禁。六月―幕府、長州軍と戦い連戦連敗）
〃 七月	〃		後藤象二郎と長崎へ行く
〃 八月	〃		後藤象二郎と上海へ行って土佐藩の船を買う
〃 一〇月	〃		再び上海へ行く
〃 一二月 末	〃		江戸へ帰着する

〃 〃	〃		（徳川慶喜、将軍宣下）
慶応三年四月	一八六七年	40	長崎を経て鹿児島へ行き、開成所で教授を続ける
〃 一〇月一四日	〃		（徳川慶喜、政権奉還を朝廷に申し出る）
〃 一二月九日	〃		（明治天皇、王政復古を論告する）
〃 〃	〃		開成所教授の任期終わり、鹿児島から江戸に帰着
慶応四年	一八六八年		（四月一一日―江戸城明け渡し。七月一七日―江戸を東京と改める。九月八日―慶応を明治と改元）
明治元年一〇月二三日	〃	41	再び土佐藩にかかえられ、山内容堂から江戸砂町の下屋敷を与えられ、これに住まう
明治二年三月	一八六九年	42	明治新政府より開成学校教授に任命される
〃	〃		（五月―函館戦争、榎本武揚・大島圭介ら降伏。六月―版籍奉還。公卿諸侯を華族と称す）
明治三年八月二八日	一八七〇年九月二四日	43	ヨーロッパ出張のため横浜出帆
〃	〃 七月		（プロシア・フランス戦争始まる。翌年一月休戦）
〃	一〇月三一日		ホイットフィールド船長の家庭を訪問、一泊
明治四年春	一八七一年	44	ヨーロッパより帰国
〃	〃		（七月―廃藩置県。九月―切捨御免を禁じ、斬髪

			廃刀を許す）
明治五年一二月三日	一八七二年		（太陽暦を採用。この日を新暦で明治六年一月一日とする）
〃	〃		（一〇月—僕婢娼妓開放布告。一二月—徴兵令公布）
明治六年	一八七三年	46	土佐の中ノ浜に老母を見舞う
〃	〃		（二月—キリスト教解禁。仇討を禁ずる）
明治八年七月	一八七五年	48	長男を伴って老母を見舞う
明治九年三月二八日	一八七六年		（廃刀令）
明治一二年五月二七日	一八七九年	52	母、汐病没する—八六歳
明治一七年	一八八四年	57	ホノルルのデーマン牧師来日する
明治一八年二月	一八八五年	58	デーマン牧師、ホノルルで死去—七一歳
〃 一二月	〃		（内閣の制度が定まる）
明治一九年二月一四日	一八八六年	59	ホイットフィールド船長死去—八二歳
明治二二年二月一一日	一八八九年		（憲法発布）
明治三一年一一月一二日	一八九八年	71	万次郎死去—七一歳

著者と孫たち（紋別の旧自宅前で）

著者略歴

中浜　明（なかはま　あきら）

●一九〇〇（明治三三）年一月八日、東京に生まれる――万次郎の長男東一郎の三男

●麹町区下二番町（現在の千代田区二番町）と神奈川県鎌倉町長谷で育つ

●逗子開成中学校、第七高等学校造士館（鹿児島）を経て、京都帝大の哲学科、ついで東京帝大の心理学科に籍を置く

●一九二八（昭和三）年一月、北海道へ移住。オホーツク沿海の紋別在で農業を生業《なりわい》とする

●母親が江戸の古い家――三河以来の徳川の家来――の出のせいもあって江戸方言しか話せない

●一九八三（昭和五八）年一〇月二三日、紋別市にて逝去

中浜万次郎の生涯　新版

中浜　明　著

一九七〇年一二月一〇日　初版発行
二〇二四年　六　月二四日　新版第一刷発行

発行者――坂本嘉廣
発行所――㈱冨山房企畫
東京都千代田区神田神保町一－三　〒一〇一－〇〇五一
電話〇三（三二三三）〇〇二三
発売元――㈱冨山房インターナショナル
東京都千代田区神田神保町一－三　〒一〇一－〇〇五一
電話〇三（三二九一）二五七八
印　刷――㈱冨山房インターナショナル
製　本――加藤製本株式会社

ISBN978-4-86600-124-1 C0023

冨山房インターナショナルの本

中濱万次郎
――「アメリカ」を初めて伝えた日本人
中濱博著
日本の夜明けに活躍したジョン万次郎。直系の著者しか知りえない手紙や日記、資料などをもとに、波乱に満ちた生涯を描いた渾身の遺作。　三〇八〇円

ジョン万次郎の羅針盤
中濱武彦著
語り継がれてきた史実を、新資料を加えて改めて生涯を活写。躍動する米国の民主主義と、日本の鎖国の現状を体験した万次郎の真実。　三〇八〇円

ジョン万次郎
――日米両国の友好の原点
中濱京著
一八〇年前、海の孤島でのアメリカ人船長との奇跡的な出会い。その時の友好関係は今も生きている。わかりやすい万次郎伝。[英訳付]　一七六〇円

ジョン万次郎琉球上陸物語
なかみや梁著
出漁中の遭難から十年、アメリカから鎖国日本に命がけの帰国をした万次郎。琉球にたどり着いた時の行動と心情をつぶさに描いた物語。　二二〇〇円

ジョン万次郎物語
ウェルカムジョン万の会文
アーサー・モニーズ絵
土佐清水市の市民グループによる文章とアメリカ人画家による絵。わかりやすい英文も併記し、日米交流の新しい芽をのぞかせている。　一九八〇円